新商科
MBA新形态特色教材

服务创业管理

杜 鹏 樊 帅◎主 编
蒲虹竹◎副主编

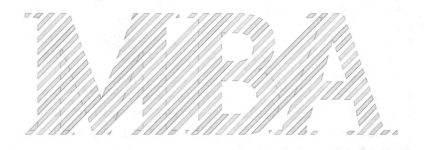

清華大學出版社
北京

内 容 简 介

本书针对服务行业特点,融入了中国传统文化和新时代中国特色社会主义思想,系统全面地阐述了服务行业创业管理的基本理论和方法,具有较强的实用性和操作性。本书分为十章,以经济学、管理学作为服务创业管理的理论基础和研究工具,以不同层次的新建事业以及新的服务创业活动为研究对象,以创业过程中组织与资源之间的关联性和耦合作为研究重点。其主要内容围绕中国创业环境及发展历程、市场洞察与需求分析、产品与服务设计、竞品分析、商业模式、营销策略、团队管理、融资与财务管理、法务管理、商业计划书等进行详细的展升。本书采用实际案例与理论相结合的编写方式,每一章都设置了案例导入、课后习题、思政课堂等供读者选择使用,让读者能够结合实践更加深入地理解与服务创业相关的各项理论知识。

本书不仅适合作为经管类研究生、MBA(工商管理硕士)、EMBA(高级管理人员工商管理硕士)教材,也适合作为相关研究者和企业界人士的必备参考书。

图书在版编目(CIP)数据

服务创业管理/杜鹏,樊帅主编.—北京:清华大学出版社,2022.5
新商科·MBA新形态特色教材
ISBN 978-7-302-60680-2

Ⅰ.①服…　Ⅱ.①杜…②樊…　Ⅲ.①服务业-创业-企业管理-研究生-教材　Ⅳ.①F719

中国版本图书馆CIP数据核字(2022)第069393号

责任编辑:张　伟
封面设计:汉风唐韵
责任校对:王荣静
责任印制:宋　林

出版发行:清华大学出版社
　　网　　址:http://www.tup.com.cn, http://www.wqbook.com
　　地　　址:北京清华大学学研大厦A座　　　　邮　　编:100084
　　社 总 机:010-83470000　　　　　　　　　邮　　购:010-62786544
　　投稿与读者服务:010-62776969, c-service@tup.tsinghua.edu.cn
　　质量反馈:010-62772015, zhiliang@tup.tsinghua.edu.cn
印 装 者:三河市科茂嘉荣印务有限公司
经　　销:全国新华书店
开　　本:185mm×260mm　　印　　张:14.25　　　　字　　数:328千字
版　　次:2022年7月第1版　　　　　　　　　　印　　次:2022年7月第1次印刷
定　　价:49.00元

产品编号:094100-01

前言

　　"十四五"以来,我国服务业发展进入一个新时期,服务业一直以高于GDP(国内生产总值)增速的速度增长。习近平总书记指出,放眼未来,服务业开放合作正日益成为推动发展的重要力量。现代服务业对我国经济生活的贡献不可忽视。为此,我们将创业聚焦于服务业,利用营销专业知识,剖析新领域、新业态、新模式下的服务创业,为相关研究者和企业界人士提供方向。

　　本书共十章。第一章是中国创业环境及发展历程,主要介绍了我国服务业发展历程,以及创业相关概念和我国服务创业环境的 PEST(政治、经济、社会、技术)分析;第二章是市场洞察与需求分析,主要介绍了市场细分的方法,以及目标市场的评估和策略、市场定位的步骤和策略,以及如何估算市场需求;第三章是产品与服务设计,主要介绍了传统实体产品和新兴服务产品产生的条件与不同的特点,强调了产品与服务是一个整体,两者关系不能割裂;第四章是竞品分析,主要介绍了竞品分析的确定和目的,竞争对手的确定以及竞品分析的操作方法;第五章是商业模式,主要介绍了商业模式的定义、核心原则、六要素模型以及典型的商业模式类型和当前新兴的商业模式类型等;第六章是营销策略,主要介绍了经典的 7Ps 营销理论,基于 7Ps 元素相对应的服务营销策略,以及企业对于消费者购买决策过程中的一些关键时刻的营销;第七章是团队管理,主要帮助读者比较全面地认识团队管理,掌握领导者与员工角色的相关知识,了解组织目标及组织架构的相关理论;第八章是融资与财务管理,主要介绍了公司初步融资时需要考虑的渠道、策略、投资人等方面的问题,以及在公司创建后,如何优化对资金的利用;第九章是法务管理,主要介绍了公司设立的流程及注意事项,公司知识产权的经营与维护,创业者应当具备的法律风险意识及相关规避方法;第十章是商业计划书,主要介绍了商业计划书的定义与分类,商业计划书的目的与用途,如何撰写商业计划书等内容。

　　本书具有以下特点。

　　(1) 将学科发展的前沿理论与传统理论有机结合起来。本书将钻石定位法、关键时刻理论、品牌轮模型、竞品跟踪矩阵、7Ps 营销理论、服务质量管理理论等营销新理论融入相应的各章内容中,而不是孤立地论述。

（2）基于中国本土思想。将中国传统文化、新时代中国特色社会主义思想融入教材各章节之中，并设置了"思政课堂"，避免了单一的西方学术思想体系，弘扬了以爱国主义为核心的民族精神和以改革创新为核心的时代精神。

（3）强化可操作性和可借鉴性。本书引用了近几年有关中国经济和中国企业发展的案例，能够引导学生认识到我国服务型企业的发展现状，全面深入了解我国的服务业发展潜力，增强学生对服务创业管理的认知。

本书是国家级精品在线开放课程"创业：道与术"、国家级精品在线开放课程"人人学点营销学"、国家级一流本科课程"市场营销学"（线上线下混合）的配套教材，是国家一流专业建设阶段性成果。同时它也是中央高校教育教学改革项目"双一流"建设背景下财经类院校大学生创新创业教育体系研究、中南财经政法大学基本科研业务费"三全育人"项目"新时代研究生导师立德树人考核与保障机制研究"、中南财经政法大学一流课程建设项目"市场营销学"的阶段性成果。

作为配套教材，本书在编写过程中我们力求更完美一些，但由于作者水平有限，本书必定存在许多不足之处。恳请读者不吝赐教，以便今后进行补充和修正。

编　者

2022 年 1 月于武汉

目录

第一章　星星之火,可以燎原——中国创业环境及发展历程 ……… 1

　　第一节　我国服务业发展历程 ……………………………………… 2
　　第二节　我国服务领域创业概述 ………………………………… 5
　　思政课堂 ……………………………………………………………… 13
　　本章课后习题 ……………………………………………………… 14

第二章　立于风口,顺势而为——市场洞察与需求分析 ………… 16

　　第一节　如何探寻服务对象 ……………………………………… 17
　　第二节　如何捕捉目标顾客 ……………………………………… 20
　　第三节　如何精确服务导向 ……………………………………… 24
　　第四节　如何摸清顾客需求 ……………………………………… 28
　　思政课堂 ……………………………………………………………… 32
　　本章课后习题 ……………………………………………………… 32
　　即测即练 ……………………………………………………………… 33

第三章　文不按古,匠心独妙——产品与服务设计 ……………… 34

　　第一节　好产品还是好服务 ……………………………………… 35
　　第二节　产品生命周期与服务设计 ……………………………… 44
　　第三节　服务中的关键时刻 ……………………………………… 51
　　第四节　产品与服务设计工具 …………………………………… 56
　　思政课堂 ……………………………………………………………… 60
　　本章课后习题 ……………………………………………………… 61
　　即测即练 ……………………………………………………………… 61

第四章　知己知彼,百战不殆——竞品分析 ……………………… 62

　　第一节　服务创业前期的调研工作 ……………………………… 63
　　第二节　为什么前期要竞品调研 ………………………………… 65
　　第三节　服务创业者如何分辨竞争对手 ………………………… 66

第四节　服务创业前期如何开展竞品调研 ································· 69

思政课堂 ··· 80

本章课后习题 ··· 80

即测即练 ··· 80

第五章　运筹帷幄，决胜千里——商业模式 ····················· 81

第一节　服务创业的商业模式是什么 ································· 82

第二节　影响服务创业的商业模式要素 ······························· 87

第三节　服务创业的商业模式范例 ··································· 94

第四节　服务创业的新兴商业模式 ··································· 99

思政课堂 ·· 103

本章课后习题 ·· 103

即测即练 ·· 104

第六章　兵无常势，水无常形——营销策略 ····················· 105

第一节　7Ps 营销理论 ·· 106

第二节　常见服务营销策略 ·· 114

第三节　关键时刻营销 ·· 122

思政课堂 ·· 127

本章课后习题 ·· 128

即测即练 ·· 129

第七章　独脚难行，孤掌难鸣——团队管理 ····················· 130

第一节　服务创业者 ·· 131

第二节　如何搭建服务团队 ·· 138

第三节　如何创建以顾客为导向的企业文化 ··························· 147

第四节　如何设置服务类初创型企业的组织架构 ······················· 154

思政课堂 ·· 161

本章课后习题 ·· 162

即测即练 ·· 162

第八章　兵精粮足，战无不胜——融资与财务管理 ··············· 163

第一节　培养财务理念 ·· 164

第二节　服务创业者如何吸引合适的投资人 ··························· 164

第三节　服务类初创型企业如何融资 ································· 166

第四节　服务创业者如何制订经营计划和价值管理 ····················· 169

第五节　服务创业者如何进行利润分配 ······························· 171

第六节　服务类初创型企业如何合理避税 ····························· 172

思政课堂 ………………………………………………………………… 176

本章课后习题 …………………………………………………………… 177

即测即练 ………………………………………………………………… 177

第九章　懂法明鉴,守法享安——法务管理 ……………………… 178

第一节　工商注册 ……………………………………………………… 180

第二节　知识产权 ……………………………………………………… 187

第三节　法律风险 ……………………………………………………… 195

思政课堂 ………………………………………………………………… 199

本章课后习题 …………………………………………………………… 200

即测即练 ………………………………………………………………… 200

第十章　事预则立,不预则废——商业计划书 …………………… 201

第一节　什么是商业计划书 …………………………………………… 202

第二节　服务创业者如何撰写商业计划书 …………………………… 205

思政课堂 ………………………………………………………………… 212

本章课后习题 …………………………………………………………… 212

即测即练 ………………………………………………………………… 213

参考文献 …………………………………………………………………… 214

后记 ………………………………………………………………………… 218

延伸阅读 …………………………………………………………………… 219

第一章

星星之火，可以燎原——中国创业环境及发展历程

五行无常胜，四时无常位，日有短长，月有死生。

——《孙子兵法·虚实篇》

【本章要点】

本章主要介绍了我国服务业发展历程，以及创业相关概念，包括定义、特征、服务行业创业的独有特性，还包含了我国服务创业环境的 PEST 分析。

通过本章的学习，我们能够了解我国服务业的发展脉络及发展环境，结合基础概念的掌握，对后续知识的学习打下基础，帮助理解未来服务业的发展前景。

【思维导图】

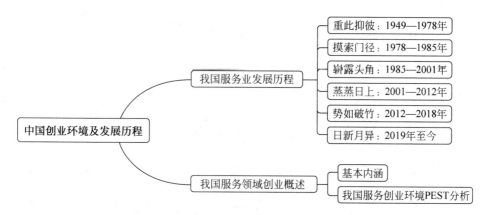

【核心知识点】

创业的概念及特征、服务行业创业的独有特性

【案例导入】

构美：MCN 机构如何破局电商直播？

第一节　我国服务业发展历程

改革开放以来,三大产业均不断发展,我国农业的基础地位不断强化,工业得到快速发展,服务业迎来发展机遇。目前,服务业已经成为我国国民经济的第一大产业。服务业的发展成为测试经济发展"体感温度"的最佳指标。天眼查数据显示,截至2021年4月,全国服务业企业注册数量为194.05万家,较2020年同期(164.84万家)增加29.21万家。"服务业"作为《中华人民共和国国民经济和社会发展第十四个五年规划和2035年远景目标纲要》的高频词之一,累计出现27次。曾有学者指出,我国服务业的发展及内部结构的升级与居民的消费能力(收入水平)直接相关,城镇化的推进、居民消费结构升级等都为服务业发展提供了契机,而对服务业的改革和开放政策、新的信息技术的突破式发展、知识密集型及资本密集型产业发展催生对服务业的内生需求等,都直接促进现代服务业[①]进入新的发展阶段。当然,中国服务业的发展又具有中国特色社会主义的独特性和创新性,这主要表现在各个阶段对服务业的改革和对外开放政策中。

2011—2020年我国三大产业的增加值占国内生产总值的比重如图1-1所示。

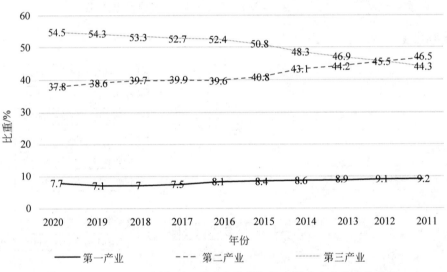

图1-1　2011—2020年我国三大产业的增加值占国内生产总值的比重

2011—2020年我国三大产业对GDP的贡献率如图1-2所示。

首先,我们简要地了解一下服务业从新中国成立到现在的发展脉络(图1-3)[②],以帮助我们更好地掌握未来趋势。

---

① 现代服务业是指在工业化比较发达的阶段产生的、主要依托信息技术和现代管理理念发展起来的、信息和知识相对密集的服务业,包括传统服务业通过技术改造升级和经营模式更新而形成的服务业,以及伴随信息网络技术发展而产生的新兴服务业。

② 朱平芳,王永水,李世奇,等.新中国成立70年服务业发展与改革的历史进程、经验启示[J].数量经济技术经济研究,2019,36(8):27-51.

图 1-2　2011—2020 年我国三大产业对 GDP 的贡献率

资料来源：国家统计局。

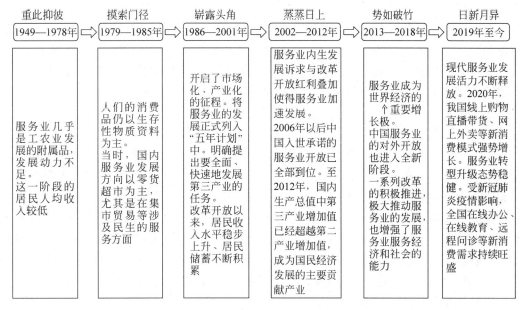

图 1-3　我国服务业的发展脉络

一、重此抑彼：1949—1978 年

1949 年,我国处于工业严重落后的阶段,所以我国在百废待兴之际,优先大力进行工业化建设。在当时,服务业处于一个畸形发展的状态,除了商业、交通运输业等日常生活所必需的服务业,其他均很难得到发展,甚至还被打压。对于经济发展的模式也还处于一个探索阶段,一切都还处于摸着石头过河的状态。国家统计局公开数据显示,1952—1978

年服务业增加值占国内生产总值的比重不升反降,由 1952 年的 28.73% 上升到 1960 年的 32.43% 峰值后一路下滑至 1978 年的 24.6%。

二、摸索门径:1978—1985 年

1978 年,党的十一届三中全会拉开了改革开放的序幕,开启了我国经济社会发展的历史新时期。人们对于具体物质产品的追求是这一阶段消费文化的主要特征。整体上,居民食品类的生活消费是当时家庭整个消费的主要支出,衣着方面的消费占总体的 15% 左右。但实际上,中共中央对服务业仍然没有清晰的认识,只是从现实的需求出发并在实践中总结经验,按照先易后难、解决人民急需的步骤有序地推进服务业的改革,具有浓厚的实用主义色彩,这也符合中国国情。

三、崭露头角:1985—2001 年

1986 年正式发布的《中华人民共和国国民经济和社会发展第七个五年计划》将服务业的发展正式列入"五年计划"中,并提出"要大力开展咨询服务,积极发展金融、保险、信息等事业",这在国家"五年计划"中提及尚属首次。1992 年发布的《中共中央、国务院关于加快发展第三产业的决定》明确提出要全面、快速地发展第三产业的任务。在理论、政策以及实践层面对服务业对外开放的态度均从较多限制向鼓励开放转变。改革开放为服务业创造了良好的发展环境,并且自 1978 年改革开放以来,我国居民收入水平稳步上升、居民储蓄不断积累,新的消费需求不断催生,对服务业的多样化提出了要求,服务业内生发展诉求与改革开放红利叠加使得服务业加速发展。

四、蒸蒸日上:2001—2012 年

中国不断打破服务业垄断和壁垒,逐步开放服务业市场,开放的广度和深度逐年递增。服务业对外开放及改革不仅刺激了国内服务业的活力,而且也给国内服务企业带来了竞争压力,极大地激发了国内服务企业主观能动性,促使其开始进行技术创新和服务创新。尤其信息技术的快速发展为服务业发展带来革命性变化,如金融交易的快捷性和便利性提高了居民金融参与度;便捷的网络购物催生了国内繁荣的电商,由此也为邮政仓储、快递服务等行业带来了新的生机和活力。与 1978 年相比,2012 年第一产业比重下降 18.1 个百分点,第二产业比重下降 2.6 个百分点,第三产业比重大幅上升 20.7 个百分点。国家整体产业结构在不断优化。

五、势如破竹:2012—2018 年

此时,服务业成为世界经济的一个重要增长极。自 2013 年开始,我国就成为全球第二大服务业国家,服务业规模仅次于美国。2015 年,我国服务业增加值相当于美国的 40.1%,2019 年持续提升到 44.6%。近年来我国高度重视服务业发展,着力优化服务业投资环境,积极推动服务业综合改革试点,服务业规模不断扩大,产业结构持续优化,载体建设进展显著,发展环境逐步改善。另外,随着居民收入水平持续提升,居民对高品质旅游、教育、医疗健康等需求非常旺盛。我国在加大服务业开放力度和提升服务业质量中进

入高水平的服务经济发展时代。

六、日新月异：2019 年至今

2019 年,直播带货、新零售、物联网等一系列新词汇逐步走入我们的生活。虽然经济发展态势受新冠肺炎疫情一定的影响,但 2020 年,我国现代服务业仍然保持着快速增长,现代服务业发展活力仍在不断释放。信息传输、软件和信息技术服务业,金融业,房地产业增加值比 2019 年分别增长 16.9%、7.0% 和 2.9%,合计拉动服务业增加值增长 2.7 个百分点,有力支撑了总体经济的恢复。我国的线上购物、直播带货、网上外卖等新消费模式在疫情影响下更为强势增长。国家统计局数据显示,2020 年实物商品网上零售额比 2019 年增长 14.8%,高于社会消费品零售总额增速 18.7 个百分点,占社会消费品零售总额的 24.9%(图 1-4)。人们逐渐形成网络购物的新消费习惯,现代服务业发展的内生动力在不断增强。

图 1-4　2015—2020 年全国实物商品网上零售额统计情况

资料来源:国家统计局、中商产业研究院。

第二节　我国服务领域创业概述

一、基本内涵

(一)概念

《激荡三十年》中提道,"财富会改造一个人,如同繁荣会改变一个民族一样。"曾经的中国创业者被称为"个体户",往往还被微微蔑视;但近十年来,越来越多的创业者身上不仅承载了自己的事业,还通过互联网承载了更多的情感寄托。创业不仅仅是个人的选择,更是时代的呼唤。那么,何为"创业"?我们先来看看学者们对"创业"的理解。

> 推荐视频:中国大学 Mooc,《创业:道与术》(汪军民),1.1 想创业,您准备好了吗

霍华德·H. 斯蒂芬(Howard H. Stephen)认为:创业是一种管理方式,即对机会的

追踪和捕获的过程,这一过程与其当时控制的资源无关。[①] 并且他进一步指出,创业可由以下七个方面的企业经营活动来理解——发现机会、战略导向、致力于机会、资源配置过程、资源控制的概念、管理的概念和回报政策。"创业教育之父"杰弗里·蒂蒙斯(Jeffry Timmons)则认为:创业是一种思考、推理结合运气的行为方式,它为运气带来的机会所驱动,需要在方法上全盘考虑并拥有和谐的领导能力。创业促使价值的产生、增加和更新,不只是为所有者,也为所有参与者和利益相关者。并且,他提出商业机会、创业者和资源为创业的关键三要素。美国学者帕尔特·蒂·维罗斯(Paud D. Reynolds)把创业概念延伸到从人们创业意识产生之前到企业成长的全过程。他认为创业应该分为四个阶段:①未成年;②创业行动开始之前;③开始创办企业;④企业成长。未成年就是创业意识萌芽阶段,创业者心里有创业的冲动,只是还没有找到合适的机会。当机会出现后,创业欲望加强,开始进行各种准备活动,进入第二个阶段。接着,创业者或者独自一人,或者组建创业团队,开始进行市场调研、拟订创业方案、融资、注册登记、建厂生产、提高产品或者服务质量。最后,企业进入发展期,进入第二次创业阶段。

在中国的文化和研究体系中,《孟子·梁惠王下》中有"君子创业垂统,为可继也"的表述,在这里"创业"则是创立基业的意思。MBA智库中提到,创业是指发现、创造和利用适当的创业机会,借助有效的商业模式组合生产要素,创立新的事业,以获得新的商业成功的过程或活动。学者林嵩指出,机会是创业的中心问题,创业过程是围绕着机会的识别、开发、利用的一系列过程。

他们无疑都提到了"创业"是一个过程,是一种行为,而非仅仅是一种结果。创业"不能等别人为你铺好路,而是自己去走,去犯错误,而后,创造一条自己的路",所以创业尤为强调行动力。并且,创业本身存在风险,讲求"天时地利人和",需要我们用动态发展的意识促使创业前行。

综上,我们可以认为创业是一群人朝着一个共同目标,去一个未知的地方,干一件未知的事情。

(二)特征

推荐视频:中国大学 Mooc,《创业:道与术》(汪军民),1.3 创业,哪些因素重要,哪些因素不重要

不同学者对创业有着不同的理解和认知,但通过对比可以发现,创业的一般性特征如下。

(1) 创业是创造价值的过程。价值属性是创业的重要社会性属性,同时也是创业活动的意义和价值。

上海秋林阁饮食服务有限责任公司(以下简称"秋林阁")[②]自成立以来,不断建立健全公益服务管理体系,完善管理服务制度,形成公益服务长效机制。秋林阁公益计划持续推行,公益活动不断落实,公益项目影响力逐渐扩大,现代慈善格局逐步形成。相继推出公益菜品计划、节日"家"计划、高校活动赞助计划以及秋林奖助计划,逐步将

案例 1-1   "公益"还是"商业"?民营企业秋林阁高校餐饮道路之抉择

---

① 斯蒂芬,等.企业风险与创业家[M].北京:机械工业出版社,1998.

② 注:完整案例信息详见二维码。

公益服务计划落到实处。

秉承"师生利益第一"的指导思想,秋林阁主动承担社会责任,经过协商讨论,秋林阁决定主动提供公益低价食品,每天早上,秋林阁食堂至少推出白米粥和玉米粥两种低价粥,要求做到保质、保量、保温;同时,为用餐的师生提供免费小菜,自用自取;其次,秋林阁食堂中、晚餐每次推出至少三种 2 元低价菜以及低价面,三餐均提供免费汤,确保学校部分家庭困难学生能够在食堂吃饱、吃好,提升了贫困学生的饮食质量。

为了让节假日不回家的师生感受到家庭的温暖,秋林阁秉承"节节有惠民"的核心理念,推行节日"家"计划,每逢中秋佳节,食堂都会为留校用餐的师生送去月饼,端午假期还会举行包粽子活动。一年一度的传统春节,秋林阁更是为在学校过年的师生提供免费年夜饭。新年前夜,留在学校的学生将获得热腾腾的年夜饭,捧在手里,暖在心里,也让无法回家的师生有了"家"的感觉,同时,秋林阁还提供意大利面、牛排、沙拉供外籍师生免费享用,以满足不同地域人群的用餐习惯。

(2) 创业需要付出时间、精力、金钱。很多创业者都是在艰难环境中奋起的,需要在这个过程中不忘初心,要有面对九十九次失败也不放弃的坚韧。

陈秋林常常想,自己从浙江建德的一家小饭店老板到上海拥有十几家高校食堂网点的企业负责人,这样的结果也该知足了,能够为社会做些公益,人生还是挺有意义的。然而,现实却让陈秋林进退两难,一是物价上涨,成本增加。从 2010 年到 2015 年,上海食品物价提高了 30%,秋林阁运营成本也随之增加。但是由于国家政策、学校管理规定,食堂饭菜的价格必须控制在合同范围内,不得随意涨价。这使得秋林阁的利润逐年下降。只有到年末,国家的政策减免、高校的学生补贴,才使得秋林阁勉强实现盈亏平衡。二是水电气运营成本比重非常大,尤其是夏天空调电费高。三是设备保养、维护成本高。除此之外,餐厅的人工成本也在逐年增加。各项运营成本的不断增加使得秋林阁从 2010 年 10%的年收益率已急剧下降到 2015 年的 4%左右。每年缩减的利润,给秋林阁的经营带来了更大压力。虽然学校已经积极协商,为民营食堂专门建立了菜价与市价的联动机制,但秋林阁依然感到难以为继。

2013 年左右,一通来自建德经营的两家酒店的委托人的电话激发了陈秋林再创业的信心。陈秋林从那里得知,国家一直有意引导非公有制经济的发展。这两位建德地区的委托人正是电力公司,一来二往,陈秋林对电力行业也有了些了解,几人一拍即合,准备合伙开办一家民营的电力企业。但当时地方垄断行业改革阻力很大,提出的申请迟迟得不到批复,这条通往高利润的转型之路一直停滞不前。现在,危机近在眼前,陈秋林不得不又开始浙沪两地的奔波。2015 年,建德市电力系统终于放开了电力承装施工市场,秋林阁注资浙江宇浩电力安装有限公司,成功在公司内部实行生产结构和效益结构的改革,成为搅动建德国有电力安装市场的民营"鲶鱼"。

之后在一次与好友畅游张江的旅行中,陈秋林通过与好友的闲聊,再一次发现商机。房地产是目前最具投资价值的投资方式之一,一是房产升值潜力巨大;二是获益周期长,房地产作为耐用消费品,产权年限较长,为投资盈利提供广阔的时间机会,且可做商用自住或出售;三是可获得金融机构的支持,可向商业银行等第三方金融机构抵押贷款。经考察,陈秋林在上海浦东新区购置了 6 000 平方米物业作为公司的固定资产,目的是未来能产生更好的现金流。多年耕耘,到了 2017 年,秋林集团的商业版图扩充了张江物业管理业务,又加入建德电力系统的浙江宇浩电气有限公司、上海汇祝电力工程有限公司建德分公司、上海华亭电力工程有限公司建德分公司,发展电力工程。靠着多元化经营和集团的支持,秋林阁持续发展,获得了"先进集体""明星企业""明星酒家""高校 A 级食堂"等荣誉。

(3) 勇于承担社会责任,敢于面对市场风险。通常的创业风险主要是人力资源风险、市场风险、财务风险、技术风险、外部环境风险、合同风险、精神方面的风险等几个方面。历史从不眷顾因循守旧、满足现状者,机遇属于勇于创新、永不自满者。所以,创业者一般都需要有一颗强大的心脏和敏锐的市场洞察力,以不变应万变的沉着之态投身于一场风险搏斗。

2019 年,一场突如其来的新冠肺炎疫情彻底打乱了秋林阁社会创业的计划。随着学校大门关闭,秋林阁下辖几处分店相继停业的同时,还需承担多项成本费用的支出,陈秋林看着自己储备的物资腐烂过期,非常心痛,这是陈秋林创业以来遇到的最严重的亏损,让他措手不及。

疫情期间,秋林阁餐饮门店虽然几乎没有营收,但是其经营的酒店作为疫情防控的固定隔离点供政府使用,为疫情防控作出了很大贡献,同时,秋林集团通过调动张江物业和建德电力的资金,维持了秋林阁的运转。不久后,国家和学校及时出台补贴政策,减免税费,秋林阁有了时间进行资金调整。这次秋林阁抗击疫情的主动作为,受到了学校的肯定、师生的好评。目前来看,国内疫情已然基本得到控制,全面复工复产正如火如荼地展开,秋林阁的餐饮、酒店、旅游等各项业务也得到全面恢复。

我们需要知道,这是一个互联网的时代,信息是前所未有的开放,也是前所未有的封闭。在这个既封闭又开放的猎场中要立于不败之地,台前的功夫只能应付狂热的粉丝,各类服务商还需要加强幕后的功夫,勇于承担社会责任,敢于面对市场风险。

(4) 创业也会获得相应的金钱、独立自主、个人满足。作为一个创业者,最重要的回报可能是其从中获得的独立自主,以及随之而来的个人物质财富的满足,它是创业者进行创业的动机和动力。

除此之外,这里我们还要强调服务行业创业的独有特性。

1. 服务对象的异质性

服务的生产与消费过程通常是同时发生的,具备不可分离性。产品分为有形产品和服务,两者的不同之处在于,有形产品的生产与消费存在时间间隔,消费者一般无法直接接触到终端设备,而服务则是直接与消费者见面,提供服务与消费服务在本质上是同时进行的,所以服务具有不可分割性。因此,服务提供者也需要时刻关注消费者的动态,了解其潜在的、真实的诉求,提供更具针对性的服务,才可以避免其产生不信任、抵触或反感等心理。

我们作为消费者知道淘宝,知道京东,知道很多电商平台,其中猪八戒网这个企业的平台规模是相当大的(图 1-5)。

猪八戒网做什么呢?它给生产企业提供全生命周期的专业生产性服务。淘宝面向C 端消费者,而猪八戒网面向企业。它的总注册用户数超过 2 400 万。共享的人才数,即

图1-5 猪八戒官网截图

服务商有1 400多万家,雇主企业数1 000多万,开店的服务商有120余万家。已经有10万多家在平台上,由于各种生产性服务到位,被孵化成公司。它为1 000多万个买方、雇主方提供了1 000多种生产性服务。其中,给300多万家企业设计了品牌,给100多万家企业设计了Logo,给180多万家企业提供了营销服务。给企业做IT(互联网技术)系统80多万次,提供知识产权服务120多万次。

2．技术投入程度的多样性

随着科学技术的发展,服务行业发生了质的变化,使得服务业规模迅速扩大、服务项目迅速增加,一跃成为社会经济中的生力军。在这一过程中,许多服务行业从制造业分离出来,形成独立的经营行业,其中以技术、信息、知识密集型服务业发展最快,其他如金融、管理咨询等服务业门类,由于运用了先进的技术手段,包括硬件技术和软件技术,也很快在全世界范围内扩展,即使是传统的服务业,如运输、贸易、旅游、饮食、建筑等也借助先进的科学技术,加快生产设备的更新换代,大大提高了劳动生产率。可以说,当代服务业明显体现了知识经济的特征。所以,创业过程中需要关注技术投入,传统的创业商业模式可能已不适用于当今高速发展的社会。

3．与其他行业的关系性

服务业不同于有形产品行业,但又离不开其他行业。相反,服务业,特别是为生产和市场服务的产业,与制造业、农业等其他产业的发展是相互依存的。随着技术的进步,服务业与其他行业有着越来越细化的专业分工趋势,具有相互渗透、相互融合的特点。

尤其在与制造业的关系链中,从国际经验来看,在工业化中后期阶段,经济的稳定发展要两条腿走路,制造业和服务业缺一不可。历史经验表明,部分国家只注重发展制造业,经济整体会缺少活力和持续发展的动力,而另一些国家和地区因为制造业过度转移,仅仅发展服务业,忽略了制造业,大大削弱了实体经济基础及国际竞争力。因此,我国开始大力推动先进制造业与现代服务业融合发展。《中共中央关于制定国民经济和社会发展第十四个五年规划和二〇三五年远景目标的建议》提出,推动现代服务业同先进制造业、现代农业深度融合,加快推进服务业数字化。2019 年 11 月,国家发展改革委等部门联合发布《关于推动先进制造业和现代服务业深度融合发展的实施意见》,提出到 2025 年,形成一批创新活跃、效益显著、质量卓越、带动效应突出的深度融合发展企业、平台和示范区,企业生产性服务投入逐步提高,产业生态不断完善,两业融合成为推动制造业高质量发展的重要支撑。随着新一轮信息产业发展和全球制造业逐渐由单一生产型向"生产＋服务"型转变,促进制造业与服务业相融共生、协同发展,成为推动制造业高质量发展的必然选择。

案例 1-2　国色天乡乐园:以变应变的成功服务模式

二、我国服务创业环境 PEST 分析

我国服务创业环境 PEST 分析如图 1-6 所示。

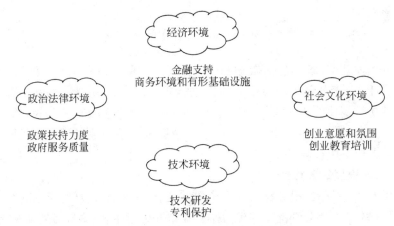

经济环境

金融支持
商务环境和有形基础设施

政治法律环境

政策扶持力度
政府服务质量

社会文化环境

创业意愿和氛围
创业教育培训

技术环境

技术研发
专利保护

图 1-6　我国服务创业环境 PEST 分析

(一)政治法律环境

政治法律环境直接影响到人们创业的积极性,良好的政治法律环境是营造良好的创业环境的重要前提和基础。

1. 政策扶持力度

国家针对小微企业制定了一系列税收优惠政策。以厦门为例,从 2019 年开始,每年动态遴选当地具备"高技术、高成长、高附加值"特征的企业纳入"三高"企业培育库。在企业孵化、研发项目攻关、科技成果转化、建设实验室、信用贷款、人才个税奖励、研发设备补贴、公共技术服务平台、政策兑现和涉税服务方面都有较大力度的扶持。各地都在相继展开创新创业扶持工作,在这些资金、人才、税收等方面出台优惠政策无疑会对我国的创业活动起到推动作用。

2．政府服务质量

创业者在创业过程中不免要与各级政府机关打交道，因此高质量的政府服务对某一地区的创业环境有很大的影响，是推动大众创业、万众创新的重要支撑力量。审批管理的复杂性、行政机构的办事效率和公务员的素质水平都是影响政府服务质量的重要因素。例如，北京市对企业登记程序进行了一些改革，实行"一次申请、多证联办"之后，创业者只要到一个窗口提交资料，剩下的都由政府部门内部流转完成，最后一次领取全部证照，时间缩短至 4 个工作日，大大降低了审批的复杂性，提高了政府部门的办事效率。

（二）经济环境

一个地区的经济是否充满活力，决定了企业的发展前景，也意味着是否具有较多的投资机会。因此，一个地区的经济环境可以直接反映出该地区的创业潜力。

1．金融支持

2020 年 7 月，国务院办公厅发布《国务院办公厅关于提升大众创业万众创新示范基地带动作用 进一步促改革稳就业强动能的实施意见》（以下简称《意见》）。《意见》指出，鼓励以双创示范基地为载体开展政银企合作，探索多样化的科技金融服务。鼓励金融机构与双创示范基地合作开展设备融资租赁等金融服务。支持双创示范基地内符合条件的企业发行双创孵化专项债券、创业投资基金类债券、创新创业公司债券和双创债务融资工具。支持在双创示范基地开展与创业相关的保险业务。鼓励国家出资的创业投资引导基金、产业投资基金等与双创示范基地深度合作，加强新兴领域创业投资服务，提升项目路演、投融资对接、信息交流等市场化专业化服务水平。诸如此类的金融支持政策在不断提出，能够很好地帮创业者打下经济基础，也能适应不同企业与商业运作模式的需求，更好地帮助企业甄别和规避风险。

2．商务环境和有形基础设施

随着中国国内消费的增长，中产阶级的崛起不断推动着中国各行业的增长。环境保护是工业和资源行业会员企业的最佳机遇，而对技术企业来说，数字技术和电子商务则是最大的商机。在"一带一路"倡议下，中国不断投资和开发亚洲贸易路线，内资企业也逐渐全球化，服务行业的企业也可从中获利。优越的商务环境有利于创业活动的发生，我国综合商务环境位居前三的城市分别是上海、北京和深圳，近几年杭州等新一线城市也不断跃入大众视野。

初创企业离不开良好的基础设施建设的支持，这些基础设施建设为创业者实现创业梦想提供了基础性的支持。基础设施主要包括交通运输、机场、港口、桥梁、通信，以及城市供排水、供气、供电设施和提供无形产品或服务于科教文卫等部门所需的固定资产，它是一切企业、单位和居民生产经营工作和生活的共同的物质基础，是城市主体设施正常运行的保证。历经数十年发展，总体而言，中国的基础设施已经达到世界领先水平。

将视角置于国内横向对比，中国首都北京的交通建设仍排在首位。北京作为全国政治中心，无疑也是重要的交通枢纽，其基础设施建设在全国也是名列前茅，优越的商务环境和良好的基础设施建设都为创业活动提供了必要的条件。

（三）社会文化环境

社会文化环境可以反映一个城市的价值取向，现存的社会和文化规范是否鼓励创业行为,人们对于创业的一般态度,以及对待失败、风险和财富创造的态度,影响着人们创业的热情。

1. 创业意愿和氛围

创业意愿是创业活动的起点,一个人的创业意愿越强烈,表明其创业的积极性越高。为了促进创业活动在我国大范围内广泛开展,有必要降低其门槛,颁布更多的鼓励性政策,进而营造出一种全民积极创业的文化氛围。例如,通过一系列大学生创新创业活动,设立一些类似于车库咖啡、3W咖啡的创业服务机构。这样不仅能够帮助创业者找到志同道合的朋友和共同创业的合作伙伴,挖掘各方面的人才,并能吸引投资者注意,还能够促进创业意识的不断增强。近几年,我国企业孵化器数目不断增加,种种迹象表明随着我国经济的不断发展,人们的创业意识和创业氛围都在不断地增加,从而在某种程度上改善了创业环境,在中国有越来越多的人投入创业活动中,这也会为我国市场经济的发展和繁荣注入新活力。

2. 创业教育培训

创业活动要想顺利开展,就必须重视相关的教育和培训,这两项工作做好了能培养创业者敏锐的商业头脑,也有利于他们快速捕捉到商业机会,并且利用机会为自己创业工作添砖加瓦。创业教育重点是培养人们的创业意识,创业教育并不是单纯的学校的创业指导和培训,或者就业前的入职辅导,它还包括相关的创业咨询、创业分析与建议等。我国的有关创业培养土壤还不是很充分,相关的创业教育和培训开展仍比较滞后,并且相关的创业资料大都停留在理论上,实践的操作和运用指导比较缺乏,这就造成理论强、实践弱的困局,也会阻碍创业者进行相关的创业活动。

(四) 技术环境

1. 技术研发

技术研发能力是很多高科技企业发展和竞争的基石,有许多科技型企业最初的创业活动都源于相关创业者在一开始就掌握了一项关键的技术,然后才不断萌生创业的想法。所以,良好的技术研发环境为当前科技型企业的诞生和发展提供了一个良好的技术氛围。我国拥有众多高校,相关的科研机构也众多,科研技术环境是十分良好的。尤其北京、上海、武汉等地,其人才和科技研发机构方面的绝对优势使得当地的技术研发环境相当优越,在这里,创业者可以找到相关领域的专业人才,寻求技术支持,这给增强新创企业的科技创新能力和竞争优势注入许多新活力。

2. 专利保护

当代企业要想在激烈的市场竞争中取胜,创新往往是其主要的制胜法宝,而为这些创新型技术提供相应的法律保障和专利保护已成为必需。只有保护好创业者的知识产权,才能刺激其创业的积极性,才能使创新型企业得以发展。虽然我国知识产权保护形势有了新的发展,已经建立了一整套知识产权司法保护体系,但是我国专利保护存在许多不足之处。个人和企业保护专利权的意识不强,成果转化率低,技术流失严重。一项调查显示,我国90%的高科技人才分布于各大高校和研究院等机构,只有大约7%的人才处于企业生产第一线,表明我国大部分创新源头在科研机构和高校,许多发明游离于企业之外,造成产、学、研的脱节。另外,我国专利权的专门人才极度匮乏,甚至专利法律方面的律师都为数不多。

　　总的来说,目前全球产业结构由"工业型经济"向"服务型经济"加速转型,现代服务业的面貌日新月异。所以,我们处在一个充满挑战也充满希望的时代。传统服务业将不断朝着现代服务业转变,行而不辍,未来可期。相信创业能够激发市场活力,相信服务业的创新创业能够助力绿色经济可持续发展。

思政课堂

　　在百年发展历程中,中国共产党带领全国各族人民完成一个个改天换地的壮举,形成了一部开天辟地的创业史。站在中国特色社会主义新时代的历史起点,中国共产党人艰苦奋斗再创业,铺展开一部新的创业史。艰苦奋斗再创业,是中国共产党人对初心和使命的执着坚守,是中国共产党人一脉相承的精神特质。

　　有梦想,一张蓝图绘到底。中国共产党自成立之日起,就立下为中国人民谋幸福、为中华民族谋复兴的伟大志向。"为有牺牲多壮志,敢教日月换新天。"胸怀伟大梦想的创业,就像是一次目的地明确的远航。筚路蓝缕、风雨兼程,矢志不渝地团结带领人民攻克一个又一个看似不可攻克的难关,创造一个又一个彪炳史册的人间奇迹,铸就民族复兴的伟大业绩。"中国共产党的领导是中国特色社会主义最本质的特征,是中国特色社会主义制度的最大优势。"回望历史,我们不难理解这个论断的历史内涵和时代价值。没有中国共产党一以贯之铺展开胸中的蓝图,就没有中国人民的站起来、富起来、强起来,就不会有中华民族伟大复兴的美好前景。环视世界,比较的视野让人更加清醒。当今一些国家执政党与在野党为了各自的利益纷争不断,"你方唱罢我登场",却把民众的期待扯成碎片。今天,在中国特色社会主义新时代,中国共产党人带领广大人民振奋精神再出发。在十三届全国人大一次会议上,习近平总书记指出,新时代属于每一个人,每一个人都是新时代的见证者、开创者、建设者。只要精诚团结、共同奋斗,就没有任何力量能够阻挡中国人民实现梦想的步伐!

　　有担当,咬定青山不放松。创业无坦途。中国共产党秉承马克思主义政党的政治基因,夙夜在公,不因困难而却步,不因风险而退缩。在革命战争年代,中国共产党以非凡的智慧和大无畏的英雄气概,战胜千难万险,取得了新民主主义革命的伟大胜利,开启了古老中国凤凰涅槃、浴火重生的新征程。面对新中国百废待兴、百业待举的局面,从推进土地改革到完成社会主义改造,从过渡时期总路线到对社会主义建设道路的探索开拓,为当代中国发展进步奠定了根本政治前提、基本政治制度和基本经济制度。改革开放以来,中国共产党团结带领全国各族人民开创了中国特色社会主义道路。在中国特色社会主义新时代,以习近平同志为核心的党中央把实现中华民族伟大复兴的历史使命扛在肩上,解决了许多长期想解决而没有解决的难题,办成了许多过去想办而没有办成的大事,党和国家事业取得历史性成就、发生历史性变革,中华民族比历史上任何时期都更接近、更有信心和能力实现伟大复兴的目标。中国共产党一次又一次向人民和时代交出亮丽的答卷,正是源自艰苦奋斗的勇毅,源自永不止步的进取。

有方法,知明行笃相激荡。"马克思的整个世界观不是教义,而是方法。它提供的不是现成的教条,而是进一步研究的出发点和供这种研究使用的方法。"自从马克思列宁主义传入中国,中国共产党就始终牢牢把握马克思主义思想武器,抓住不同历史时期的时代方位和社会主要矛盾,不断推进马克思主义中国化、时代化,形成了毛泽东思想、邓小平理论、"三个代表"重要思想、科学发展观、习近平新时代中国特色社会主义思想等一系列马克思主义中国化成果。实践是理论之源。中国共产党把实践作为检验真理的唯一标准,形成理论联系实际的优良传统,用马克思主义中国化最新成果指导实践创新,成功开辟出符合中国国情、具有中国特色的革命、建设和改革之路。更具有特色的是,理论创新每前进一步,理论武装就跟进一步,由此实现理论力量向实践力量的转化;同时把实践中的成功经验理论化、制度化,转化为思想力量,形成理论创新、实践创新和制度创新的有机互动。"根据时代变化和实践发展,不断深化认识,不断总结经验,不断实现理论创新和实践创新良性互动"。这就是中国共产党成为伟大创业者的重要方法论。我们正在做的和将要做的都是史无前例的创举,继续运用好这个方法论,就能够顺时应势、精进臻善,使党和国家的事业直挂云帆济沧海。

有朝气,打铁始终自身硬。中国共产党一直葆有美国记者斯诺20世纪30年代在陕北革命根据地看到的那股"朝气","东方魔力""兴国之光"依然闪耀。这种朝气和活力的根基在于马克思主义政党的政治基因,来自中国共产党永葆的先进性、纯洁性以及自我革命精神。这种朝气使中国共产党始终保持创业的使命感、责任感和危机感,无论是面对顺境还是逆境,总能满怀信心,迸发出不屈不挠的昂扬斗志,激发出干事创业的蓬勃热情,攻坚克难,开辟新局,蹄疾步稳地写好时代答卷。近百年犹未老,一世纪正青春。中国共产党始终保持着坚守理想的骨气、敢为人先的志气、迎难而上的勇气、革故鼎新的锐气、蓬勃向上的朝气,足以应对波谲云诡的国际形势,艰巨繁重的改革发展稳定任务,打好防范化解重大风险、精准脱贫、污染防治"攻坚战"。

资料来源:http://theory.people.com.cn/n1/2018/0403/c40531-29904167.html.

 本章课后习题

一、名词解释

1. 创业
2. 创业的一般性特征
3. 服务行业创业的独有特征

二、简答题

请根据所学,简述服务行业创业的环境分析(可结合其他环境分析工具)。

三、案例分析

请阅读案例并回答问题。

共享经济很火,但除了我们市面上常见的面向个人的共享经济,如共享单车、共享雨伞、共享充电宝、共享健身仓以外,还有共享租赁服务。凌雄租赁公司作为中国领先的IT设备租赁服务提供商,一直深耕于企业服务领域,是目前国内规模最大的一站式租赁服务平台,业务涵盖长期办公租赁、技术解决方案、回收处置,构建闭环式租赁服务。

2013年起,大众创业成了创业领域新风潮,创业公司的数量也开始变得越来越多,最开始做电脑组装、涉足短租业务的凌雄科技成立了凌雄租赁公司,拓展出了企业IT设备的长租业务。

对于中小企业来说,在设备采购方面主要存在如下四个方面的痛点。

第一,企业如果选择大量采购的话,一次性投入太高,起步门槛很高。此外,对于大多数创业公司来说,项目失败的风险率也很大,选择租赁一方面能降低成本,另一方面也能固定投入成本。

第二,对于中小企业来说,IT设备的维修保养成本很高,消耗大量的人力、物力。

第三,中小企业项目灵活度比较高,且周期短,自己购买的话,设备处置也是难题。

第四,整个社会随着人员成本越来越高,公司对员工的办公效率要求也很高,但电脑的性能是逐年下降的,公司无法做到每年为员工更换设备。

面对这些中小企业痛点,凌雄科技希望通过企业轻资产化来解决。

创始人胡祚雄表示,IT设备的市场存量接近1.7亿台,其中商用电脑5000万台,但国内的设备租赁市场渗透率却极低,不足5%,租赁业务本身就是减少创业者的资金投入,让设备流动率更高,每多共享一次也就少生产一台。

IT设备这一共享项目,与共享单车一类市场上常见的共享项目不同的是,它面对的用户是企业而非个人,企业相对于个人会更注重声誉与影响,凌雄科技也已经建立了自己的征信与风险系统。

为了不断完善用户体验,现在的凌雄科技除了能为用户保证租前、租中到租后的在线监控,还在租赁的基础上整合了全产业链。胡祚雄表示,未来的凌雄科技将为创业公司打造一个从销售到租赁再到回收等所有环节的租赁闭环生态。

从成立开始,凌雄科技就是赚钱的,年营收超1亿元,京东表示将为凌雄科技提供数据、流量、入口、金融、资源等方面的支持。共享办公很可能是共享经济的下一个风口。

对于创业者来说,这是共享经济创业的又一个新思路,针对个人的共享经济创业可控性太低,但针对企业的共享经济创业无论是稳定性还是利润,都更可观。

1. 请结合案例,分析共享租赁服务行业的创业特征。
2. 请结合案例,分析共享租赁服务行业的创业环境。

第二章

立于风口，顺势而为——
市场洞察与需求分析

圣人不能为时，而能以事适时，事适于时者其功大顺势而为。

——《吕氏春秋》

【本章要点】

本章主要介绍了市场细分的方法，以及目标市场的评估和策略、市场定位的步骤和策略、如何估算市场需求。

通过对本章内容的学习，我们能够知道从何处入手去完成市场洞察和需求分析，希望读者能够尝试运用学到的方法对所属行业或感兴趣的行业进行分析。

【思维导图】

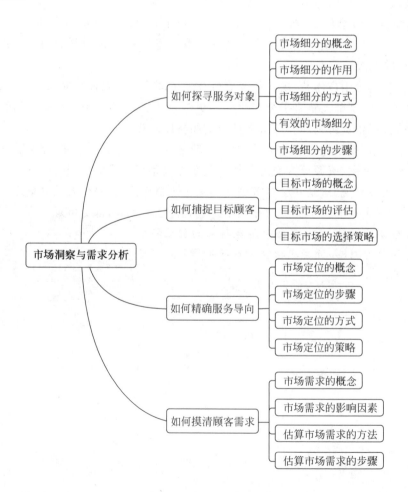

波特五力模型、钻石定位理论

【案例导入】

蜜雪冰城——饮品界"低价王者"之路

如今的大街上,饮品店形成了"五步一店"的新趋势,众多饮品店为了迎合消费者,抢占市场,大多数定位较低。低价饮品店随着饮品业的飞速发展,如雨后春笋般出现了一波又一波,可是低价饮品店的生意并不好做,低成本难以做到高收益,低价饮品店太多,竞争又激烈,导致刚开不久的多数低价饮品店很快陷入"关门"的困境。

来自郑州的一家饮品店品牌——"蜜雪冰城"鹤立鸡群,成为低价饮品店之"王"。追溯蜜雪冰城的发展历程,我们可以发现蜜雪冰城打入市场的节奏是环环相扣的,从以超低价冰激凌锁定目标顾客,细分市场接近目标顾客,到通过一系列有节奏的营销手段扩大顾客群,请专业团队打造出自己的品牌资产,最后在饮品市场占有一席之位。

作为初创企业,如何通过细分市场和市场定位在行业内获得竞争优势?让我们走进本章的学习。

第一节　如何探寻服务对象

一、市场细分的概念

细分在生活中具有十分重要的作用,在经济社会中市场细分(market segmentation)也是一个很重要的概念,市场细分的概念是由美国市场学家温德尔·史密斯于 1956 年提出来的。市场细分是指营销者通过市场调研,依据消费者的需要和欲望、购买行为和购买习惯等方面的差异,把某一产品的市场整体划分为若干消费者群的市场分类过程,每一个消费者群就是一个细分市场,每一个细分市场都是具有类似需求倾向的消费者构成的群体。通俗来说,就是把整个市场切割分成几个小块,企业应按照某种标准将市场上的顾客划分成若干个不同的顾客群,每一个顾客群构成一个子市场,不同子市场的消费者需求存在着明显的差别。

案例 2-1　如何"投其所好"?无人鲜食"宅人私厨"营销策略研究

二、市场细分的作用

雅客是一个糖果企业,它将糖果市场分为奶糖、硬糖、软糖、酥糖、功能型糖果、酵母型糖果和巧克力这几种类型(表2-1),然后通过对市场上现有的糖果类型及其竞争力的分析,发现在糖果的口味、包装、价格等方面,市场上的不同品牌的差距很小,而在非传统创新糖果这方面,却相当有发展潜力。传统糖果像软糖和奶糖虽然销售量仍然占据主导地位,但是销售额比例却呈下降趋势,加上现有企业的领导地位,留给其他糖果企业的空间有限。相比之下,各类新型糖果却发展迅速,因此雅客选择进入功能性糖果市场,集中火力进攻这一子市场。

表 2-1　糖果市场的细分

类　型	特　　点
奶糖	大白兔奶糖是领军者,销售量奇高,争夺不易
硬糖	技术含量低,生产厂家多,质量参差不齐,价格低,利润低
软糖	市场容量大,技术含量低,品牌多,竞争激烈
酥糖	门槛低,产品同质化严重
功能型糖果	市场在发展,品牌可以差异化
酵母型糖果	技术含量高,产品附加值高,有大品牌坐镇
巧克力	德芙、吉百利、好时、金帝已经瓜分完市场,属于寡头竞争

雅客经过市场细分,确认了糖果的细分市场有七个,然后根据现有的细分市场情况确定自己应选择功能性糖果市场。市场细分可以给企业带来很多好处,对企业的生产、发展、营销起着至关重要的作用。

(1) 为企业选择目标市场提供助力。在将市场进行细分后,大市场像分蛋糕一样被分为几小块,这几小块就是子市场,子市场内都是具有相似需求的顾客,企业可以根据自身的目标、产品的类型和技术水平确定自己可以满足的顾客群体,这些顾客群体组成的子市场就是目标市场。

(2) 有利于企业制定营销策略。子市场的顾客数量是有限的,这些顾客的需求信息容易收集和调查,企业可以针对这些顾客的需求制定出特别的营销策略,当目标市场的需求改变后,企业可以根据变化快速作出反应,以提高竞争力。

(3) 有利于抓住市场机会,开拓新市场。通过市场细分,企业可以对比不同的子市场,评估每个市场的进入门槛、竞争程度、市场潜力和市场规模,找出还没有被满足或有发展潜力的市场,探索出新的市场机会,并可以制订计划迅速占领取得优势。

(4) 有利于企业进行管理。每一个企业拥有的资源是有限的,人力、物力、资金都需要进行合理有效的分配,通过市场细分,企业可以根据自身情况选择最适合本企业的目标市场,并集中优势资源占领该市场,赢得成长机会。

(5) 有利于培养顾客忠诚。通过市场细分,企业可以选择自己要进入的目标市场,通过详尽的市场调研,深入了解顾客群体的需求并竭尽全力满足,提升顾客满意度,建立属于本企业的粉丝群体,增加顾客黏性。

三、市场细分的方式

不同的企业应该按照本企业的实际情况进行市场细分,市场细分有不同的方式,其中两种极端的细分方式是完全市场细分和无市场细分,这两种方式适用范围狭窄,在实际操作中并不常见,除此之外还有其他几种更好运用的市场细分模式,分别是同质偏好、分散偏好和集群偏好,下面我们分别来进行学习。

(1)完全市场细分。完全市场细分即市场中的每一位消费者都单独构成一个独立的子市场,企业根据每位消费者的不同需求为其生产不同的产品。理论上说,只有一些小规模、消费者数量极少的市场才能够进行完全市场细分,这种做法极其耗时耗力,成本极高且风险大,每位顾客的需求都不尽相同。尽管如此,在某些行业如飞机制造业,还是在采用完全市场细分,再比如近些年流行的"私人定制"也是对市场进行完全细分的一个表现。

(2)无市场细分。无市场细分即市场中的每一位消费者的需求都是完全相同的,或者是企业忽略消费者需求的差异性,不对市场进行细分。这种方式的最大优点是成本低,如制造业的标准化大量生产。

(3)同质偏好。如图 2-1 所示,消费者具备大致相同的偏好,顾客对产品不同属性的重视程度都大致相同,集中在偏好的中央。如食盐,所有消费者对普通食盐的需求都大体相同,只需要食盐的"咸"的属性,这就是同质偏好。

(4)分散偏好。如图 2-2 所示,消费者的偏好各不相同,如果市场上同时存在几个品牌,那么这些品牌可能定位于市场上不同的空间满足不同的消费群体,以突出自己的差异性。如爱吃川菜、爱吃鲁菜、爱吃杭帮菜等菜系的人口味不同,这些不同口味的消费者对菜品的偏好差异极大,每个人口味各不相同,市场上就会存在不同的餐馆品牌定位于不同的消费者群体。

(5)集群偏好。如图 2-3 所示,不同的消费者群体有不同的消费偏好,但同一群体的消费偏好大体相同,这种市场也称为自然细分市场。如山西和陕西的消费者喜欢食醋,四川和湖南的消费者爱吃辣椒等。

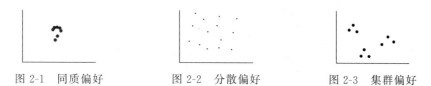

图 2-1　同质偏好　　　　图 2-2　分散偏好　　　　图 2-3　集群偏好

四、有效的市场细分

市场细分的方式多种多样,企业如何才能知道自己的市场细分是正确的、有效的呢?企业进行市场细分的目的是区分消费者的不同需求,针对某一类消费者的需求进行满足以获得较大的经济利益,所以企业需要在市场细分中对细分带来的成本和收益进行权衡,进行有效的市场细分,归纳出的有效的市场细分特征如下。

(1)可衡量性。可衡量性是指各个细分市场的购买潜力能被测量的程度,如果某一市场无法被测量有多少潜在消费者,那么企业大致能得到的收益就是未知的,这样风险太大。

(2)可盈利性。可盈利性是指企业选择的细分市场能够使企业获利,通俗来讲就是市场规模要让企业有利可图,如果市场消费群体人数过少,企业的销售量就少,企业盈利就少，企业需要一定的盈利来保证自身的发展。

（3）可进入性。可进入性是指企业选定的细分市场必须与企业情况相匹配，企业有足够优势可以在该市场占据一席之地。企业要分析竞争状况、行业规模、自身资源等来保证可以进入该目标市场。

（4）差异性。差异性是指产品能够被区别，顾客对不同的营销组合有不同的反应程度。消费者需求有差异，企业可以采取不同的方案吸引不同需求的消费者，使本企业与其他企业区分开来。

（5）稳定性。稳定性是指细分后的市场在一段时间里要保持稳定性，市场稳定，企业的生产才会稳定，特别是库存周转周期长并且不易转变的企业，稳定性至关重要。若市场处在变幻莫测的环境中，经常变化，则会造成企业经营困难、成本升高。

五、市场细分的步骤

（1）选定市场范围。企业应该先确定为谁服务、潜在顾客是谁、顾客需求是什么，然后据此确定经营范围，也就是确定产品市场范围，产品市场范围应以市场的需求而不是产品特点来确定。

（2）列举潜在顾客的基本需求。公司的市场营销专家可以使用"头脑风暴法"，从地理、人口、行为和心理等几个方面的变量出发，列出影响产品市场需求和顾客购买行为的各项变数，大致罗列出潜在顾客有哪些基本需求。

（3）分析潜在顾客的不同需求。分析潜在顾客的不同需求，可以通过以下方法：①对所列举的需求进行总结分类；②按照不同变量对顾客进行分类；③设计调查问卷；④进行市场调查；⑤对问卷进行统计分析。

（4）制定相应的营销策略。通过以上步骤，经过调查分析、评估各细分市场，最终确定可进入的细分市场，并为其制定相应的营销策略。

第二节　如何捕捉目标顾客

案例 2-2　缘何大起大落：牛大坊营销诊断及目标市场战略

一、目标市场的概念

第一节讲述了市场细分，市场细分有利于明确目标市场，应用市场营销策略，有利于满足目标市场的需要。著名的市场营销学者麦卡锡提出应当把消费者看作一个特定的群体，称为目标市场，目标市场就是通过市场细分后，企业准备以相应的产品和服务满足其需要的一个或几个子市场。对于企业来讲，所谓目标市场，就是指企业在市场细分之后的若干"子市场"中，运用企业营销活动之"矢"瞄准市场方向之"的"的优选过程，瞄准的是具有相同需求或特征的、企业决定为之服务的购买者群体。

二、目标市场的评估

在完成市场细分之后，企业应如何选择目标市场呢？这时，就需要评估各个细分市场的吸引力,美国哈佛商学院著名战略管理学家迈克尔·波特(Michael E. Porter)于 20 世纪 80 年代初提出波特五力模型,他认为行业中存在着决定竞争规模和竞争程度的五种力量,这五种力量综合起来影响着产业的吸引力以及现有企业的竞争战略决策。这五种力量分别为同行业内现有竞争者的竞争能力、潜在竞争者的能力、替代品的替代能力、供应商的议价能力与购买者的议价能力,如图 2-4 所示。

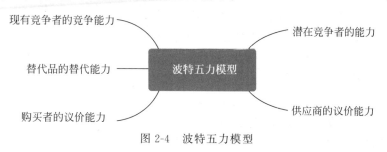

图 2-4　波特五力模型

1. 现有竞争者的竞争能力

大部分行业中的企业,相互之间的利益都是紧密联系在一起的,若将行业市场看作一个大蛋糕,这些现有的企业就在瓜分这个蛋糕,一个企业占有的蛋糕多,另外的企业分到的蛋糕就会少。各企业的竞争目标都在于获得相对于竞争对手的优势,每一个现有企业都想自己瓜分的蛋糕比竞争者更多,所以,在实施中必然会产生冲突与对抗现象,冲突与对抗就构成了现有企业之间的竞争。

当出现下述情况时一般意味着现有企业间竞争要加剧,第一,行业的进入门槛较低,竞争对手非常多;第二,市场趋于成熟,产品需求增长缓慢;第三,竞争者企图采用降价打价格战;第四,产品同质化严重,竞争者提供几乎相同的产品或服务,顾客买谁的都可以;第五,利润高,当行业利润可观时,企业之间会加剧竞争,争取得到更多收益;第六,强兼并弱时,弱者突然发起进攻,结果使得弱者也就是刚被接收的企业成为市场的主要竞争者;第七,退出门槛较高,即退出竞争比继续参与竞争的代价更高,使企业不得不继续在该市场中竞争。

所以,如果某个市场已经有了众多强大的竞争者,那么该市场不是一个合适的目标市场,新兴企业强行进入参与竞争会付出高昂的代价。

2. 潜在竞争者的能力

潜在竞争者就是新进入市场的企业,它们在给行业带来新动力的同时,还希望能在已被现有企业瓜分完毕的市场中赢得一席之地,这就会与现有企业发生市场份额的竞争,最终促使行业中现有企业的利润降低,严重的话还有可能危及这些企业的生存。

潜在竞争者威胁的严重程度取决于两方面因素,即进入市场的门槛高低和预期现有企业对于新进入者的反应情况。如果进入市场的门槛很高,新企业会遭遇很大的壁垒,新的竞争者就很难进入该市场;如果进入市场的门槛很低,新企业很容易进入该市场,那么这个市场的吸引力就大大降低了。如果现有企业对新企业的进入反应平淡,那么新企业会较容易生存;如果现有企业对新企业的进入反应很激烈且排斥,新企业将会承担难以预估的代价和风险。

3．替代品的替代能力

两个不同的企业，可能会由于所生产的产品是互为替代品，从而在它们之间产生相互竞争行为，这些行为会严重影响企业的收益，如由于存在着能被用户接受的替代品而限制企业产品售价以及获利潜力的提高。或者由于替代品生产者的侵入，现有企业必须提高产品质量，或者通过降低成本来降低售价，使其产品具有特色，否则就会影响其销量与利润的增长。另外，替代品的竞争强度受转换成本高低的影响。

例如，网红店的衣服因为制作周期长，消费者经常在预售后要一个月才能拿到，而其他成品布网店就有很多现货，现拍现发，这就是替代品关系。在成品布网店的压力下，很多网红店作出了改变，它们先制作好一部分库存以缩短发货周期并降低价格以留住消费者。总之，替代品价格越低、质量越好、用户转换成本越低，产生的竞争压力就越大，企业要根据自己拥有的资源进行权衡看是否要进入目标市场。

4．供应商的议价能力

供应商拥有企业所需要的原材料，并且可以控制以多高的价格卖给企业，所以企业的利润会受到供应商的很大影响。供应商力量的强弱主要取决于他所提供给企业的是什么，当供应商所提供的东西的价值占了企业产品总成本的较大比例，这些要素对企业产品生产过程非常重要，或者严重影响产品的质量时，供应商对于企业议价的能力就大大增强。

总之，如果供应商的议价能力很强，企业的市场吸引力就较小，所以，企业在选择目标市场时要与供应商建立良好关系或者建立多种供应渠道。

5．购买者的议价能力

购买者可以对产品进行讨价还价，也可以对产品的质量和服务提出高要求，这些行为会影响行业中现有企业的盈利。购买者的议价能力受以下方面影响：第一，购买者的总数少，并且每个购买者的购买量大，购买量占了卖方销售量的很大比例。第二，卖方行业由大量的小企业所组成。第三，购买者所购买的是一种标准化产品，同时向多个不同的卖主购买产品也完全可以。第四，购买者有能力实现后向一体化，而卖主不可能实现前向一体化，通俗来讲就是卖家不存在店大欺客的行为。

总之，如果购买者的议价能力很强或者正在加强，该目标市场的吸引力就大大降低，因为购买者会尽力地压低价格，又要求供应商提供高质量的产品和服务。这时，销售商之间会进行激烈的竞争，从而使整个行业的利润水平大大降低。企业在选择目标市场的时候一定要注意避免进入这种市场。

三、目标市场的选择策略

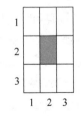

图 2-5　市场集中化

在进行市场细分后，需要在细分市场中选择本企业要进入的目标市场，那么要选一个还是几个目标市场呢？可以根据以下五种策略进行考虑。

1．市场集中化

如图 2-5 所示，市场集中化是指企业在细分市场中只选择其中一个作为目标市场，集中优势力量为之服务。这种策略可以更好地了解市场需求,如智强集团因为握有"核桃粉研磨速溶"专利,所以在上市初期整合优势资源把核桃奶作为主攻方向,一门心思主攻核桃奶单品这个目标市场,获得了学生和其他用脑消费者的青睐。小企业一般会选择这种策略,因为企业的资源有限,市场集中化使企业深刻了解细分市场的需求特点,采用具有针对性的产品、价格、渠道和促销策略,从而获得强有力的市场地位和良好的声誉。但同时这种策略隐含较大的经营风险,如果目标市场需求萎缩,或者某个强有力的竞争者决定进入该目标市场,就容易把公司置于绝境。

2. 产品专门化

如图2-6所示,产品专门化是指企业集中生产一种产品,并向所有顾客销售这种产品。例如服装厂生产服装,服装厂面向青年、中年和老年消费者销售这些服装,而不是分档次做不同类型的服装;餐馆烹饪各种食品,面向所有消费者提供一样的菜品。这样,企业可以在某一领域获得很高的声誉,但一旦出现其他品牌的替代品或者消费者的偏好转移,企业将面临威胁。

3. 市场专门化

如图2-7所示,市场专门化是指企业专门服务于某一特定的消费者群体,尽力满足他们的各种需求。例如服装厂专门为青少年消费者提供各种款式、不同档次的服装,以满足不同类型青少年的审美需求。企业专门为某个消费者群体服务,能树立良好的形象,但一旦这个消费者群体的需求量和特点发生变化,企业就要承担较大风险。

4. 选择专门化

如图2-8所示,选择专门化是指企业选择几个细分市场作为目标市场,每一个市场都对企业有一定的吸引力,但各细分市场彼此之间很少或根本没有任何联系。一般具有较多的资源和较强实力的企业会采用这种策略,例如,宝洁涉猎美容美发、食品、化妆品、香水等生活的各个方面。这种策略就是鸡蛋不放在同一个篮子里,能分散企业经营风险,即使其中某个目标市场失去了吸引力,企业还能在其他目标市场盈利。

5. 完全市场覆盖

如图2-9所示,完全市场覆盖是指企业力图用不同产品满足不同消费者群体的需求,相当于将所有的细分市场都作为目标市场。例如服装厂商为不同年龄层次的消费者提供各种款式、不同档次的服装,一般只有实力强大的大企业才能采用这种策略。例如国际商业机器公司(IBM)在计算机市场开发适用于不同类型消费者群体的众多产品,满足各种消费需求。

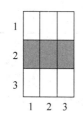 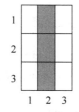 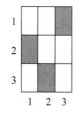 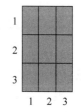

图2-6　产品专门化　　图2-7　市场专门化　　图2-8　选择专门化　　图2-9　完全市场覆盖

第三节　如何精确服务导向

一、市场定位的概念

沃尔玛百货有限公司（以下简称"沃尔玛"）是一家美国的世界性连锁企业，以营业额计算，为全球最大的公司，主要涉足零售业，是世界上雇员最多的企业，连续 7 年在美国《财富》杂志世界 500 强企业中居首位，沃尔玛主要有沃尔玛购物广场、山姆会员店、沃尔玛商店、沃尔玛社区店四种营业方式，它主要通过找位—选位—到位等进行市场定位。

（1）找位——确定目标顾客。沃尔玛经营的每一种零售业态都有自己的目标顾客群。目前，沃尔玛在中国经营着购物广场、仓储商店和社区商店三种零售业态，并以前两种为主。这三种零售业态的目标顾客虽有一定的差异，但都有一个共同的消费特征：注重节俭。

（2）选位——确定市场定位点。①沃尔玛的定位点决策。沃尔玛对自身的定位点的认知在于价格属性，即每日低价，在沃尔玛开业的第一家店铺的牌匾两旁就分别写有"每天低价"和"满意服务"的标语。长期以来，沃尔玛一直倡导"每日低价"和"为顾客节省每一分钱"的经营理念。每天低价定位点的选择有三大好处：一是通过薄利多销控制供应商；二是通过稳定价格而非频繁的促销获得可观的利润；三是通过诚实价格赢得顾客的信任。②中国竞争者对沃尔玛定位点的认知，归纳结果见表 2-2（粗体为沃尔玛的实际情况）。③沃尔玛定位点描述。沃尔玛店铺的属性定位是天天低价，利益定位是为顾客节省每一分钱，价值定位是做家庭好管家。这一定位点的选择是与目标顾客的购买心理和竞争对手的状况相吻合的。从目标顾客方面看，关注的是购买的节俭。从竞争对手来看，常用的方法或是降低商品和服务价值，或是间歇性打折。

表 2-2　沃尔玛定位点选择

等级	产品	服务	价格	便利	沟通	环境
消费者追逐（5分）	产品出色或丰富	超越顾客期望	**顾客的购买代理**	到达和选择很便利	沟通亲切，体现关怀	令人享受
消费者偏爱（4分）	产品值得信赖	**顾客满意**	价格公平可信	到达和选择较便利	关心顾客	使人舒适
消费者接受（3分）	**产品具有可信性**	适应顾客	价格诚实，不虚假打折	**便利进出，容易寻找**	尊重顾客	**安全卫生**
消费者抱怨（2~1分）	产品质量低劣	顾客不满意	价格误导和欺诈	进出困难，找货不易	没有人情味，不关心顾客	不想停留

（3）到位——实现定位战略。沃尔玛确定了每日低价和为顾客节省每一分钱的定位后，在产品管理方面，一是在全球范围内直接采购最便宜的产品，仅 20 世纪 80 年代早期实行的取消中间商制度就使采购价格降低 2%～6%；二是通过中央采购使便宜的产品更便宜，取得大批量、低价格的优势；三是通过信息管理技术降低物流成本。在服务方面，一是在不增加工资的前提下提高人员素质，因此在美国频繁遭到工会部门的抗议；二是

在不增加费用的基础上改善服务质量,用企业文化的塑造和效益分享制度代替服务设施的增加。在便利方面,初期选择土地比较便宜且建筑成本很低的小城镇开店,进入大城市后,也是选择地价便宜和交通便利的城边作为店址。在店铺环境方面,店铺建筑简朴实用,店堂陈列不奢华。因此,沃尔玛的运营成本大大低于行业平均水平。

沃尔玛因为制定了模范级的市场定位战略,与竞争对手区分开来,所以取得了巨大的成功,那么市场定位的概念就是为使产品在目标消费者心目中相对于竞争产品而言占据清晰、特殊和理想的位置而进行的安排。因此,营销人员在进行市场定位时必须使他们的产品有别于竞争品牌,为本企业产品塑造与众不同、印象鲜明的形象,并将这种形象生动地传递给顾客,从而使产品在市场上占据适当的位置。

通俗来讲,市场定位并不是对一件产品的本身做些什么,而是在潜在消费者的心目中做些什么,市场定位的实质是使本企业与其他企业严格区分开来,使顾客明显感觉到这种差别,从而在顾客心目中占有特殊的位置。简而言之,市场定位就是想办法在目标客户心目中树立产品独特的形象。

二、市场定位的步骤

定位理论的核心,是解决"什么是定位、定位什么、如何定位"三个方面的问题。"钻石模型"是由迈克尔·波特提出的,波特的钻石模型用于分析一个国家某种产业为什么会在国际上有较强的竞争力,后经过学者李飞演变为钻石定位理论,纵轴表示定位过程,横轴表示定位内容。

用钻石定位理论进行市场定位的具体步骤如下。

(1)找位。找到目标市场,也就是目标顾客,了解他们在产品、价格、分销和沟通等方面的需求。选择目标顾客有两种方法,一是分析哪些消费者对产品有需求,二是分析竞争者的目标顾客是谁。

(2)选位。细分目标顾客利益,进行市场定位。选择顾客利益同样有两种方法,一是满足目标顾客的需求;二是与竞争对手形成差异,包括产品、价格、渠道和沟通四个方面的内容,选择哪个进行定位取决于在哪方面存在着差异的可能性,找出消费者最为关注的,分析竞争对手情况,确定自身具有竞争优势的点,将该点确定为定位点。

(3)到位。确定属性定位点和价值定位点,实现营销组合。属性定位点是实现利益定位的要素,价值定位点是满足目标顾客精神上的享受,要使准备开发的产品真正实现到位,就要围绕着目标顾客和相应的市场定位进行 4P 营销要素的合理组合,每一个要素都必须符合目标市场和市场定位的要求。

(4)守位。通过营销组合实现已经确定的定位。

市场定位过程具体如图 2-10 所示。

三、市场定位的方式

市场定位的核心是差异化,就是将本企业与其他竞争对手区别开,差异化表现为许多方面,下面是几种差异化战略。

(1)产品差别化。一是质量差别化,企业生产高品质的产品,如一些名牌高价产品便

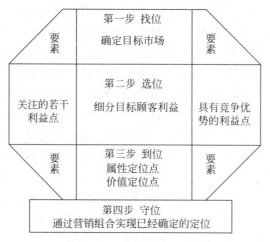

图 2-10　市场定位过程

是走这条路,产品质量相当好,如奔驰车、海尔电器、雅戈尔西服等,产品的品质比同类产品普遍要好。二是价格差别化,就是与竞争对手保持不一样的价格,走高价、中价、低价的路子都可以。三是款式差别化,采用独具特色的款式,如服装、家具、手机等产品都有自己不同的风格,很注重款式的差别。四是功能差别化,与竞争对手保持不同的产品功能,或者升级优化功能,如技术含量高、更新换代快的电子产品。五是顾客群体差别化,像劳力士手表就定位于事业有成的高薪人士,迪奥香水定位于豪华贵妇、时尚少女、影视明星等。六是使用场合差别化,某些产品会特别强调在某种特殊场合下使用,像是喜临门酒、双喜牌香烟,这些带有寓意的产品在一些特殊的日子更好卖。七是分销渠道差别化,建立本企业独特的分销渠道体系,如我国生产空调的企业,海尔、格力、奥克斯、美的等品牌,分销渠道有很大的不同。八是广告等促销方式的差别化,同一类产品可以采用与众不同、独具特色的广告形式和其他竞争对手区别开,在消费者心中建立印象。

产品差别化的方式多种多样,作为企业来说,要将各种差别化方式结合实际情况进行有效的组合,其中产品质量和价格的差异化是企业运用最普遍的方式,也是消费者最熟悉的方式。据调查分析,在消费者心目中可用表 2-3 来表明世界各地产品质量和价格定位差别。

表 2-3　世界各地产品质量和价格定位差别

价格/质量	高	低
高	高质高价(欧洲产品)	高质低价(日本产品)
低	低质高价(美国产品)	低质低价(中国产品)

资料来源:谢宗云.市场营销实务[M].成都:电子科技大学出版社,2007.

(2)服务差别化。服务差别化是本企业向目标市场提供与竞争对手不同的优质服务。现代企业的竞争,既是产品的竞争,同时又是服务的竞争,特别是技术复杂的产品,很强调服务,如售后保修、包教程、包维修等。随着时代的进步,当今市场消费者更重视厂家及商家提供的相应服务,各个企业生产的产品,同价格水平的产品,其质量区别并不大,竞争的就是产品服务的水平。如果一个企业提供的服务不理想,消费者满意度低,很大可能会影响消费者的后续购买,消费者还会将这种不满意传播给其他的消费者,再影响到其他消费者的购买。

若企业希望打造服务差异化,可以从更加及时准确地传递产品信息、订货的方便性、交货的及时性与方便性、帮助顾客安装调试、为客户提供培训、购后意见收集、维修等方面考虑。

(3)企业形象差别化。企业形象是一个十分广泛的概念,企业的工厂、建筑、设备、产品、员工、经营理念、广告等都可以代表企业形象。企业形象在消费者的心目中是一个总体印象,消费者往往选择购买企业形象好的产品,会对其产品感到放心,所以企业要形成良好的企业文化并树立良好的企业形象。

四、市场定位的策略

案例2-3 斗鱼直播:差异化战略护航创业之旅

市场定位是设计企业产品和形象的行为,市场定位使企业明确在目标市场中相对于竞争对手自己的位置,有以下四种策略可以参考,优缺点见表2-4。

表2-4 市场定位策略的优缺点

策　略	优　点	缺　点
避强定位	较快地在市场上站稳脚跟、在消费者中树立形象,风险小	必须放弃某个最佳的市场位置,很可能使企业处于最差的市场位置
迎头定位	产生轰动效应,企业及其产品快速地被消费者了解,易于达到树立市场形象的目的	较大的风险
创新定位	一旦成功就会成为市场领导者,获取优势资源	风险大,成本高
重新定位	帮助企业摆脱经营困境,注入新的活力,给企业第二次机会	如果失败就会浪费时间,成本上升且没有收益

(1)避强定位策略。企业尽力避免与实力最强或较强的其他企业发生直接竞争,而是将自己的产品定位于另一市场区域,使自己的产品在某些特征或属性方面与最强或较强的对手有比较显著的区别。

(2)迎头定位策略。企业根据自身的实力,为占据较佳的市场位置,不惜与市场上占支配地位的、实力最强或较强的竞争对手发生正面对抗,而使自己的产品进入与竞争对手相同的市场位置。

(3)创新定位策略。企业寻找新的、尚未被占领的,且有潜在市场需求的位置,填补市场的空缺,生产目前市场上没有的、具备某种特色的产品。像元气森林的0糖0脂0卡气泡饮料正是填补了市场上低脂气泡软饮料市场的空缺,成功打破了饮料行业竞争红海的困局,爆红出圈。采用这种定位方式时,企业应明确其所生产的产品在技术、经济上是否可行,市场有无足够的容量,能否为企业带来持续的盈利。

(4)重新定位策略。这种策略是企业对销路少、市场反应差的产品进行二次定位的策略。一般来说,重新定位是企业摆脱经营困境,寻求新的活力的有效途径。在初次定位后，定位不准确或虽然开始定位得当，但市场情况发生变化，可能由于消费者的需求偏好发生了转移，市场对产品的需求减少，或者由于新的竞争者进入市场选择了与该企业相近的市场位置，这时企业就需要对其产品进行重新定位。除此之外，企业如果发现了新的产品市场范围，也可以进行重新定位。重新定位是以退为进的策略，目的是实现更有效的定位。例如万宝路香烟刚进入市场时，以女性为目标市场，它推出的口号是"像5月的天气一样温和"，然而，尽管当时美国吸烟人数年年都在上升，但万宝路的销路始终平平。后来广告大师李奥贝纳为其做广告策划，他将万宝路重新定位为男子汉香烟，并将它与最具男子汉气概的西部牛仔形象联系起来，树立了万宝路自由、野性与冒险的形象，进而使其从众多的香烟品牌中脱颖而出，成为全球香烟市场的领导品牌。

公司在进行市场定位时，要仔细考虑，通过反复比较和调查研究，找出最合适的突破口，避免出现定位混乱、定位过度、定位过宽或定位过窄的情况。一旦确立了理想的定位，公司必须通过行动和沟通来维持此定位，并应经常加以监测和评估，以随时适应目标顾客和竞争者策略的改变。

第四节　如何摸清顾客需求

一、市场需求的概念

案例2-4　趁"需"而入：
钉钉的诞生、崛起与转型

关注市场需求对企业成败起着至关重要的作用，市场需求是指某一产品在某一地区的某一时期内，在一定的营销环境和营销方案的作用下，愿意购买该产品或服务的顾客的总数。由此可见，市场需求是消费者需求的总和。由于市场需求是个人需求加总出来的，那么市场需求量就取决于决定个体消费者需求量的因素，不仅包括产品的价格，而且包括消费者的收入、爱好、预期、相关物品的价格，以及消费者的人数。

二、市场需求的影响因素

你可能没有听说过宝洁公司，但你一定知道飘柔、海飞丝、SK2、潘婷、玉兰油等，这些都是宝洁旗下产品。一个关于飘柔的广告讲述了一个聋哑小女孩的故事，她非常热爱小提琴，但是遭到一名会弹钢琴的同学的鄙视："聋哑人拉什么小提琴。"她迷茫了，问一个同为聋哑人的街头卖艺老人："为什么我和别人是不同的？"老人告诉她："你为什么要和别人相同，音乐是可以看见的，你闭上眼便能感受到它的魅力。"此后，小女孩重拾自信，和街头艺人一起演奏，决定参加音乐比赛证明自己。此事却被欺负她的那名同学知道了，在比赛当天，她的这名同学买通了一伙人殴打那位街头艺人和小女孩，并把他们的小提琴砸了。小女孩没有退缩，依然去参加了比赛，她拿着用胶布粘起来的小提琴开始了她的破茧之旅，随着美丽动听的小提琴《卡农》乐曲响起，柔顺的秀发尽情飘逸，广告末尾更是有点睛之笔，潘婷"you can shine"。到这里，我们也可以感受到这不仅是一个广告，更是一则抓住人心的小故事，它告诉我们"聋哑人可以学琴，破碎的琴照样可以拨动人的心弦"。这样的广告不会使消费者不耐烦,只会让大家感动不已,满足了人们的心理需求,许多消费者喜爱这种传递美好意义的广告。

就中国以前的洗发水产品的消费状况来看,性别不同对洗发水产品的需求并没有明显的差异,各种洗发水产品既适合女性又适合男性。但是在购买洗发水产品的消费者中,女性所占的比例明显高于男性,并且女性对产品的用途需求也明显更多。因此,宝洁在消费者性别方面更加侧重于女性消费品。

洗发水拥有去屑、柔顺、滋润、修复等功能,宝洁能准确把握消费者追求的不同利益,有针对性地将设计和宣传的重点放在消费者的需求上。随着人们生活水平和文化素质的提高,洗发水的作用已经远远超出了最初清洁去污的功效,营养美发、追求时尚成为许多人使用洗发水的目的。由于季节性关系,例如夏天消费者更追求清洁,秋天更追求去屑,冬天追求保湿,所以季节变化也会影响需求。

地理位置的不同对洗发水的需求并无明显差异,但是由于气候不同,消费者使用洗发水频率不同,因此在开展业务时,南北差异体现在促销和分销策略上。此外,人的发质不同,一般分为油性、中性和干性,不同发质也会影响对产品的需求。

宝洁深知有太多因素影响消费者的需求和购买意愿,所以建立了不同的子品牌以满足不同消费者的需求,以下是几种常见的影响需求的因素。

(1)产品本身价格。价格是影响市场需求的最重要的因素。在其他条件不变的情况下,商品价格越低,消费者对该商品的需求量越大;商品的价格越高,消费者对该商品的需求量则越小。这就是经济学常说的需求法则。

(2)相关产品的价格。除了产品自身的价格,市场需求也在相当程度上受其他产品价格的影响。有两类产品的价格对其影响最大:一是替代品,就是消费中在相当程度上可以互相代替的产品,比如猪肉与牛肉,可口可乐与百事可乐等,产品的替代品价格越高,就显得该产品越便宜,因而对这种产品的需求会增加。例如,如果猪肉的价格上涨,牛肉的价格相对猪肉来说会显得较为便宜,人们就会用牛肉替代猪肉,从而对牛肉的需求量增加。二是互补品,就是经常放在一起消费的商品,如钢笔与墨水,打印机与油墨,汽车与汽油等,如果汽油价格暴涨,使用汽车就会变得昂贵,因而对汽车的需求会下降,也就是当某种产品的互补品价格上涨时,这种产品的需求会随之减少。

(3)消费者的收入水平。一般来说,收入与需求是正相关的,在别的条件不变的情况下,收入越高,需求越大,因为较高的收入代表了较高的购买能力和支付能力,需求是受支付能力约束的。

(4)消费者的偏好。这里所说的偏好,既与消费者的个人爱好和性格有关,也与整个社会风俗、流行趋势有关。一些时效性较强的商品如快时尚服装、流行音乐唱片等的需求对社会偏好十分敏感,即使价格不变,当流行趋势变迁时,需求量也会发生急剧的变化。当消费者对某种商品的偏好程度增大时,该商品的需求量就会增加;反之,需求量就会减少。

(5)消费者对未来的价格预期。这里说的预期不是指消费者的个人预期,而是指社会的群体预期,无论这种预期正确与否,都会影响市场需求。如果人们普遍预期某一产品未来价格会显著上涨,那么现时消费量就会增加,或多购买一些储存起来。但预期效应有时会带来"价格越高,需求量越大"的反常现象,这是因为人们"买涨不买跌"的心理。总之,当消费者预期某种产品的价格即将上升时,该产品的现期需求量会增加,因为理性的人会在价格上升之前购买产品;反之,就会减少对该产品的预期需求量。

(6)人口规模。一般来说,人口规模与市场需求量成正比,人口规模越大,市场需求量也就越大,反之亦然。

三、估算市场需求的方法

估算市场需求也就是市场需求预测,是指通过对消费者的购买心理和消费习惯的分析,以及对国民收入水平、收入分配政策的研究,推算出社会的市场总消费水平。估算市场需求是在营销调研的基础上,运用科学的理论和方法,对未来一定时期的市场需求量及影响需求诸多因素进行分析研究,寻找市场需求发展变化的规律,为营销管理人员提供未来市场需求的预测性信息。市场需求预测是市场研究中最重要的一部分,以下是几种常见的估算市场需求的方法。

(1)购买者意向调查法。购买者意向调查法是指通过一定的调查方式,比如抽样调查,选择一部分或全部的潜在购买者,直接向他们了解未来某一时期购买产品的意向,并在此基础上对商品需求或销售作出预测的方法。这种方法多用于工业用品和耐用消费品,适合做短期预测。

(2)综合销售人员意见法。综合销售人员意见法是指分别收集销售人员对预测指标估计的最大值、可能值、最低值及其发生的概率,集中所有参与预测者的意见,整理出最终预测值的方法。这种方法简单明了、容易进行,因为销售人员是一线人员,他们经常接近客户,对顾客想法有较全面深刻的了解,且得出的预测值比较可靠,风险较小,但销售人员可能对宏观经济形势及企业的总体规划缺乏了解,视野比较狭窄。

(3)专家意见法。专家意见法是指借助专业人士的意见以期获得预测结果的方法,通常采用函询或现场深度访谈的方式进行,在反复征求专家意见的基础上,经过客观分析和多次征询,逐步使各种意见趋于一致。专家可以来自经销商、分销商、供应商、营销协会等各个领域,由于专家有更多数据、更专业的知识和更好的预测方法,因此其预测结果往往优于公司的预测结果。

(4)市场实验法。市场实验法是指在既定条件下,通过实验对比,对市场现象中某些变量之间的因果关系及其发展变化过程加以观察分析的一种调查方法。它将自然科学中的实验求证理论移植到市场调查中,在给定的条件下,对市场经济活动的某些内容及其变化加以实际验证和调查分析,从而获得市场资料。这种方法多用于投资大、风险高和新奇、有特色的产品需求预测。

(5)时间序列分析法。时间序列预测是一种回归预测方法,属于定量预测,其基本原理是一方面承认事物发展的延续性,运用过去的时间序列数据进行统计分析,推测出事物的发展趋势;另一方面充分考虑到由于偶然因素影响而产生的随机性,为了消除随机波动产生的影响,利用历史数据进行统计分析,并对数据进行适当处理,进行趋势预测[①]。可将原来的销售分解为四部分,分别是趋势、周期、季节和不确定因素,然后综合这些因素

---

① 俞婷婷. 现货市场下用电量需求预测模型研究[D].杭州:浙江工业大学,2020.

提出销售预测,强调的是通过对一个区域进行一定时间段内的连续观测,提取有关特征并分析其变化过程与发展规模,将某种经济统计指标的数值按时间先后顺序排列形成序列,再将此序列数值的变化加以延伸,进行推算,预测未来需求的发展趋势。

(6)统计需求分析法。统计需求分析法是指运用一整套统计学方法,发现影响企业销售的最重要的实际因素及其影响力大小的方法,企业经常分析的因素主要有价格、收入、人口和促销等。

需要说明的是,市场需求预测是一项十分复杂的工作,只有特殊情况下的少数几种产品的预测会较为简单,如未来需求趋势相当稳定,或没有竞争者存在,或竞争条件比较稳定。在大多数情况下,企业经营的市场环境是不断变化的,由于这种变化,市场需求是不稳定的。需求越不稳定,越需要精确的预测,准确地预测市场需求是企业成功的关键,任何错误的预测都可能导致诸如库存积压、库存不足的情况,进而使销售额下降以致出现销售中断等严重后果。

四、估算市场需求的步骤

估算市场需求主要是估计市场规模的大小及产品的潜在需求量,这种需求预测的操作步骤可以参考如下几点。

(1)确定目标市场和预测目的。确定目标市场总潜在消费者人数,可作为依据用来计算未来或潜在的需求量。估算市场需求是为了进行更好的控制。

(2)确定预测需求的时间跨度。是要估算长期需求、中期需求还是短期需求,每一个时间跨度应用的预测方法是不同的,要根据企业的目标和实际情况进行选择。

(3)考虑消费限制条件。考虑产品是否有某些限制条件会减少目标市场的数量。

(4)收集和分析数据。第一,计算每位顾客每年平均购买数量,可以从消费者购买频率中估算。第二,计算同类产品每年的销售量。第三,计算产品的平均价格。第四,计算销售总金额。把第二项计算所得的销售量乘以平均价格,即可算出销售总金额。第五,计算企业的总销售量。将企业的市场占有率乘以销售总金额,再根据近年来公司和竞争者市场占有率的变动情况作出适当的调整,就可以求出企业的总销售量。

(5)准备预测。做好估算市场需求的前期准备,如需要的人员、设备、方法等。

(6)监控预测。在预测完成后,需要监测实际情况进行改变。

(7)需要考虑的其他因素。有关产品需求的其他因素,若是经济状况、人口数量、消费者偏好及生活方式等有所改变,则必须分析其对产品需求的影响。

根据这几点即可合理地预测市场需求。估算市场需求的步骤具体如图2-11所示。

图2-11 估算市场需求的步骤

思政课堂

辽沈战役不但是解放战争三大战役中的首次战役,同时也是决策过程最为曲折漫长的一次战役。决策期间仅毛泽东同东北前线军事统帅林彪在重大决策问题上的分歧就多达4次,整个辽沈战役的决策过程实质上就是这4次分歧的产生和解决的过程。

市场在何处?哪类人群是我们的首要目标?这一系列的问题都说明了目标的确定实为关键,否则一切的准备工作都将会前功尽弃。最后决战黑土地的阶段,在南下北宁线的时间问题发生争议的同时,毛泽东和林彪在南下后的作战目标上也存在重大分歧。此种分歧之大较前者有过之而无不及,几乎达到了使即将发生的大决战胎死腹中的地步。

锦州是北宁线重镇,形同于国民党出入东北的大门,如能予以占领,即可对卫立煌所部形成关门打狗之势。然而,东北解放军最初确定南下作战后,并没有立即找到正确的作战重点。1948年,在东北局致中央军委的7月20日电中,第1阶段作战目标是北宁线上的锦西、兴城等地,第2、3、4阶段转变为关内的承德、张家口、唐山和保定等地。这一方案不但未能将锦州列为攻击目标,甚至连作战重点似乎也从北宁线转移到了关内各地。若照此计划实施,不但黑土地上的大决战将会成为不可能,而且很可能会导致卫立煌所部入关援助傅作义,在极大程度上增加关内作战的困难。毛泽东与林彪等人几番致电,最终还是确定了攻打锦州的作战目标。

辽沈战役的胜利使中国共产党获得了稳定的战略后方以及一支数量高达百万的强大战略机动力量。以辽沈战役为标志,全国解放战争的胜利已经曙光初现。由此可见,在创业的时候,如果我们没有一个清晰的目标市场,将很难快速打入市场并获得优先权。

资料来源:https://www.toutiao.com/i6982400545986200067/.

 本章课后习题

一、名词解释

1. 市场细分

2. 市场需求

二、简答题

1. 简述市场细分的模式。

2. 简述目标市场选择的策略。

3. 简述市场定位策略的优缺点。

三、案例分析

请阅读案例"聚焦度假产业——看艳阳集团如何玩转软时光慢生活"并回答问题。

案例分析2 聚焦度假产业——看艳阳集团如何玩转软时光慢生活

1. 分析艳阳集团的目标市场营销策略。

2. 针对三大客户群体,艳阳集团是如何基于"旅游+"进行产品整合创新的?谈谈艳阳集团针对不同细分市场的差异化营销战略。

即 测 即 练

第三章

文不按古，匠心独妙
——产品与服务设计

百战百胜，非善之善者也；不战而屈人之兵，善之善者也。

——《孙子兵法·谋攻篇》

【本章要点】

本章主要带领读者全面认识产品与服务设计，旨在掌握产品与服务的相关知识，系统性了解服务设计原则，介绍部分产品与服务设计工具。

建议读者在学习本章的过程中，将产品与服务作为一个整体来理解，两者关系不能割裂。结合时代背景和经济发展趋势，注意传统实体产品和新兴服务产品产生的条件与不同的特点。

【思维导图】

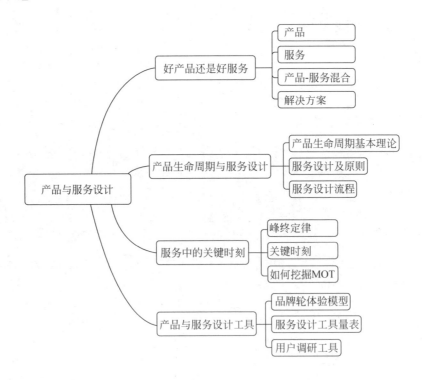

【核心知识点】

产品理论、服务理论、整体解决方案、产品生命周期理论、品牌轮体验模型

【案例导入】

幸福才是目的，疫情下糖果婚礼公司的营销"解冻"

第一节　好产品还是好服务

想象一下，在一个天气明媚的早晨，你被在名创优品以9.9元购买的闹钟叫醒，踩着宜家购买的20元的拖鞋，用300元的电动牙刷进行了洗漱。穿着在淘宝花了500元购买的套装出门时，正好快递员上门送货，你从快递小哥手中签收了朋友寄送给你的礼物，支付了12元的到付邮费。

推荐视频：中国大学Mooc，《创业：道与术》(汪军民)：3.1如何用极致思维和创造思维打造产品

在等公交的时候，你突然意识到早餐还没吃，于是你在附近的早餐店购买了一张8元的煎饼果子，店主熟练地制作完成，亲手递给你，正好此刻公交到站，于是你带着煎饼果子上了公交，用早就购买的公交卡支付了1.8元……就这样，特殊而普通的一天开始了。

为什么说是特殊而普通的一天呢？普通的社会日常中都包含了哪些"不普通"的元素？希望通过本节内容的学习，你能以全新的视角审视自己的日常生活，并作出这一形容的营销学阐述。

一、产品

回顾这一场景，或是回顾之前每一次发生钱货交易的场景，很容易令人产生一种思考——我是怎么作出"购买"这一决策的？在那一场景下，我为什么挑选了名创优品9.9元的闹钟？它和其他同类产品相比，有什么吸引我的外形？我挑选它具体是出于对哪一层面的考量？……这些问题纷至沓来，而在你进行这一思考的时候，就已经初窥了我们所面对的"产品"这一概念的门径。

（一）产品概念

我们所讨论的"产品"并不是一成不变的，相反，其一直随着人类社会的发展在完善自身，其概念的内涵一直随着时代的进步不停丰富。

第三次科技革命之前，产品一直被视为某种单纯的物质形状，始终只满足消费者的使

用需求,品质的改进成为当时市场唯一关心的重点。在第三次科技革命的推动下,"产品整体"这一概念登上了历史舞台,一些企业逐渐摆脱了传统产品概念的束缚,调整了以往的竞争思路,那就是不仅通过产品本身,而且通过在款式、品牌、包装、售后服务等各个方面创造差异来赢得竞争优势。

如果将 20 世纪 60 年代前传统的产品概念看作一颗种子,那么做个比较形象的比喻,这之后的产品可以被看作一朵花(图 3-1)。

图 3-1　产品的构成

这朵花可拆解为三个层级。

(1) 反映产品的最本质功效的"花蕊"——核心层。

(2) 辅助人们了解认知核心层、彼此间不会互相冲突的"花瓣"——补充层。

(3) 辅助产品核心构成的"绿叶"——辅助层。

在这其中,产品核心层又可以分为两种类型:第一种便是产品之中决定产品性质的部分,譬如香皂等遇水会变得滑腻;第二种就是市场的消费者最在意的产品部分,譬如人们期待沐浴液、洗发露等起到清洁的作用。值得注意的是,核心只有一种,当两种核心出现冲突的时候,以第二种最在意的产品部分为准。

产品补充层也有两种类型:第一种为一般补充构成,即为了满足完备需求而必须由人们进行自行补充的产品类型,譬如奶粉、咖啡粉等这类冲泡饮品必须由消费者自行补充开水、勺子、杯盏等,少了这些补充物就无法被称作一个完整的产品;第二种为非市场补充构成,即为了进一步实践这一完整需求相关的非市场部分的构成。补充构成的种类繁多,且多种补充构成可以在同一种产品上共存。产品补充层与产品核心层最大的区别便是其不像核心构成那样会构成冲突。

产品辅助层是除了核心构成和补充构成之外的其他构成部分。

结合产品的本质、市场、消费者需求这几大要素,相信我们可以给产品下一个这样的定义:产品是指能够提供给市场,被人们使用和消费,并能满足人们某种需求的任何东西,包括有形产品、无形的服务,或它们的组合。

在这里,我们要提到一个之后会单独讨论的特殊产品,即服务。它也是产品的一种形式,包括为售卖所提供的动作、利益和满足。它本质上是无形的,并同所有权无关。

(二) 产品的五个层次

基于产品构成这一理论,科特勒在《营销管理:分析、计划、执行和控制》一书中对此做了精进与完善,提出市面上的任何产品都具有以下五个层次,此处我们将其比作人之"三性"。

(1) 核心利益层。核心利益层即产品的"天性",指的是产品中自然含有的功能与性质,能够提供给消费者的基本效用或益处,是消费者真正想要购买的那一部分利益。这便要求在设计并生产产品时,生产厂家和商家都拥有极致思维,贴近消费者心中所想般设计产品,使产品与消费者的需求正好完美契合。

譬如消费者购买一盏台灯,核心诉求是希望其能提供照明的功能。

(2) 有形产品层。有形产品层组成了产品的"理性",这是产品的具体形态,是核心利益层的物质载体,表现为产品推向市场时具体的形态设计,主体包括产品品质、包装、品牌商标、特殊样式等。当今激烈的竞争态势,要求厂家和商家充分发挥创新思维,利用这一层在消费者心中留下深刻印象,提升品牌或者产品在消费者心中的地位。

回到这盏台灯,除去最基本的照明,其外形从设计风格上看,可分为欧式、韩式、中式等;台灯灯光的色彩上,有乳白、橘黄、草绿等;从外形上看,有简约的直板式、复古的蒸汽弹簧式、清新脱俗的古风式、童趣盎然的动物式等。

(3)期望产品层。期望产品层是产品的"理性"另一组成部分,是顾客在购买产品前对所购产品的质量、使用方便程度、特点等方面的期望值。若商家提供的产品价值和市面上同类产品一致,在消费者心中就留不下长久的好感,只有不断超越消费者的预期,拿用户思维去做产品,给予顾客惊喜感,产品方能脱颖而出。

人们购买台灯回来,期待其有节能、装饰家居、营造气氛的作用。例如,在书房里放一款木制古典造型的台灯,会把安静宁和的气息带入书的世界。

(4)延伸产品层。延伸产品层属于产品的"感性"方面,是指由产品的生产者或经营者提供的购买者有需求的产品层次,主要是帮助用户更好地使用核心利益和服务。商家在这一层时也要时刻牢记,回归产品本身,围绕产品来进行延伸,在供消费者更好品味产品上体基础上,进行的延伸才最得人心。

消费者购买台灯,商家也要相应提供送货上门、一定期限内报修的服务。

(5)潜在产品层。潜在产品层是产品的"感性"一面的最终成就,是在延伸产品层次之外,由企业提供能满足顾客潜在需求的产品层次,它主要是产品的一种增值服务。提供潜在产品,不仅是对现有产品的一种补充,更是彰显商家的人文关怀、提升商誉的一大手段,如此会令消费者对于产品乃至产品背后的商家产生亲切感。

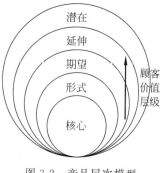

图 3-2　产品层次模型

除去基本的照明,台灯还可以自动调节光的明亮程度,且具有除病菌、去异味、快速消除装修污染、净化空气的功能。

产品层次模型如图 3-2 所示。

二、服务

回到本章一开始的例子,在常规观念中,我们很容易认为闹钟是商品、快递盒是商品、煎饼果子是商品……但在我们接过这些实体、付出相应的钱款时,我们是否会思考,这些支出中,是否包含着对介绍商品的服务者、递送快递的外卖员、制作煎饼果子的商贩的酬劳?如果有,它是如何潜移默化地影响我们的决策的?

本节将系统介绍"服务"这一概念,在进行学习之后——就像是在第一节中曾经提到过的那样——我们将会不那么惊讶地发现:服务本质上是一种特殊的商品。

(一)服务

服务是一项含义广泛的概念,本书选取其在社会学中的定义加以解释。

服务一般只是指社会成员之间相互提供方便的一类活动,通常可分为有偿的、直接或间接地提供方便的经济性劳动服务。

试着回忆我们在日常生活中接受的服务，或是想象一个这样的场景：你走进一家 4S 店，准备为自己或者家人购置一辆崭新的代步车。

此刻，在这个具体的场景下，让我们一起探寻服务的一般属性。

首先，如果想要购买一辆汽车，那么一切购买的前提都会是手头的预算，也许你刚刚毕业尚且囊中羞涩，也许你小有成就，或是家财万贯只是想要一笔稳定的保值资产……显然，不同的预算对应着不同的服务，这便是购买前必备的客观条件，即搜索质量（search qualities）。

其次，在怀揣着预算和基本需求前往购车时，你会有机会对比三家，在不同品牌的代步车中作出选择。也许你想为自己购置一辆彰显身份的商务型轿车，也许你想为自己的家人购入一辆兼顾安全与欢乐的家用汽车，也许你……在诸多因素的影响下，实现了顾客在经历或感受之后对该产品的评价体验，即体验质量（experience qualities）。

最后，我们始终要承认，作出选择时，人和人的感知差异便会显露，服务承载着太多主观要素，因此大多数人在结束试用后依旧无法得出一个直接、客观的结论，即信用质量（credence qualities）。有趣的是，这也是服务的一个重要特点：不同的人，好像没有办法对同一份服务达成一致的评价，而且每个人好像都觉得自己的评价相当客观——这通常意味着，每个人都只做到了"有限客观"。

综合这三大特性，我们可以轻易总结出服务的第一大特性：隐性（intangibility）。这是一种无法用感官直接感受而且无法拥有的属性，且在相当程度上具有排他性。

我们购买汽车的时候，同时也支付了服务的费用吗？我们在之前的讨论中也明确提出，服务是在生产的一瞬间便被消费者感知到的特殊产品，具有较强的个体差异性，因此与多数商品先生产、储存，然后再消费的特性不同，服务的顺序完全相反。

基于此，我们很容易总结出服务的第二大特性：同时性（inseparability）。它的产生和消费，在本书讨论的视角中，等于同时发生。

承接产品同时性这一特点，我们很容易引申出"易腐性"（perishability）这一特质。

有两个问题被提出：倘若购买汽车的计划流产，那么导购员能收回已经付出的服务吗？在面对新顾客时，能提供对前一个消费者一模一样的标准化消费体验吗？答案是否定的。

很显然，在提供服务的时候，无法挪用多余的时间或者空间来提高效率，并且产品一旦售出，便无法被储存、转售或是退回。

"异质性"（heterogeneity）也能很好地回答这两个问题，我们明白，一家车行的员工水平参差不齐，同一个员工也可能因为境遇或者心情而对不同的消费者提供有差别的服务。

服务终究还是人提供的一系列活动，"世界上没有两片相同的树叶"，自然也不会有两个一模一样的人，提供的服务水平自然会有差距。由于服务是由人提供的，并且人的行为是不固定的，所以服务的质量无法永远保持在同一水准上。

购车体验暂且告一段落，我们在进行这一场景思考的过程中，能很明确感受、捕捉并总结出服务的四大基础属性：隐性、同时性、易腐性和异质性（图 3-3）。

综合以上可知，服务确是商家提供的各类产品中较为不可控的一种。因此，市面上有很多"服务标准化"之类的呼吁,怎样才能提供给消费者稳定的体验质量? 服务设计这一理念逐渐走入人们的视野之中。

图 3-3　服务的四大基础属性

(二)服务设计

不妨让我们设想一下我们进入海底捞时的场景。当我们冲着海底捞这几年的火爆势头进入店内一探究竟时,我们是冲着什么去的? 火爆的等位、一张椅子、一盆中规中矩的菜肴?

当我们步入海底捞店内,面对等位这一烦躁的现状时,服务员带领我们在等位的小桌前坐下,桌上有已经准备好的点心、茶水和消磨时间的玩具,在注意力被茶点吸引之时,服务员又送上了擦手的热毛巾,并热情地提醒,在等位过程中可以用提供的彩纸折千纸鹤抵扣一部分餐费……

消磨等位的时间开始变得有趣,等到排位入座后,服务员热情地说:"你好,我是您的服务生,可以叫我小花。"这一句话立刻拉近了彼此之间的距离,更别提在用餐过程中,他无微不至的照顾,甚至在最后送上一盘免费水果拼盘……

结束用餐后,服务员送上清口的糖果和瓜子,并且提醒顾客有免费的擦鞋与美甲服务,门口的迎宾殷勤地为你按下电梯按键时,体贴提醒室外正在下雨,如果没有雨具,海底捞将提供相应的服务……

从这些场景中我们不难看出,这一系列行为构成了顾客与海底捞、顾客与服务业、人与人的"触点"。简单来说,服务设计就是通过探索系统中的各个利益相关者的需求,构建一个整体服务框架,并对服务框架中的各类触点进行设计,旨在通过服务来为用户及系统中的其他利益相关者创造更好的体验和价值。

视频 3-1　海底捞智慧餐厅宣传片

三、产品-服务混合

在了解以上知识后,你是否会下意识开始为自己日常购买的商品划分种类? 可惜的是,实体产品和纯服务很少完全独立地出现在社会生活中,我们所接触到的大部分都是两者以不同比例混合所得到的商品。

(一)产品-服务混合的概念

随着时代的发展,产品和服务的界限越发模糊,但学术界仍需要一套统一的理论来解释两者的关系。基于此,学者 Arnold Tukker 建立了产品服务系统(product service system)。

1. 纯产品(pure product,PP)

在这一定义中,用户所使用的是不包含任何服务的纯粹实体。

譬如一碗面、一块肥皂、手机自带的备忘录 App……

2. 产品导向(product oriented,PO)

这一定义的主体依旧是实体,但是与 PP 不同的是,其包含了少量的服务——这些服务也是和实体产品紧密关联的,其最终目的仍然是能让顾客更加有效地使用产品。

Arnold 将其划分为两个维度：产品相关和咨询建议。

产品相关包括安装调试、保修服务、保养与耗材供应等，譬如购买大件家电时会附带送货上门及安装服务。

咨询建议指的是培训咨询服务，公司买了一套 OA（办公自动化）系统，就会有人来教大家怎么配置、怎么使用，使用的过程中碰到问题也可以寻求帮助。同样的例子包括 Apple Store 里，给产品用户提供一些课程以及附带的答疑解惑。

3. 使用导向（use oriented，UO）

UO 定义依然以实体为主，和 PO 的区别在于，供给方给的不是所有权，而是长期独占的使用权，或者是某种条件下，比如一段时间的使用权，甚至是共享的使用权。因为只是买下部分使用权，所以会提供相关的配套服务。

在这样的定义中，UO 被划分为三个维度：产品租赁、产品出租/分享和产品池。

判断一下以下几个案例分别属于三个维度中的哪一个。

打算从宿舍前往距自己 2 千米的超市购买生活日用品，他打算消费共享单车 1 小时的使用权。（　　）

到了一个陌生的新城市，他暂时没有长住的打算，于是在某 App 上购买了某酒店房间的使用权及其附带服务。（　　）

公司需要打印服务，于是向专营打印机的某公司买下了一台打印机的长期使用权，并约定由该公司同时提供定期维护、补充耗材的服务。（　　）

在下班之后，用拼车软件购买了一辆车在某一段行程内的一个座位。（　　）

E 公司出售了一套 OA 系统给某公司，E 公司决定按实际使用人数或使用量收费。（　　）

4. 结果导向（result oriented，RO）

可以明显看出，UO 的最后一个案例不能归类为任何一个维度，实际上，E 公司的情况属于 RO——结果导向。这里就以服务为主了，消费者买的不是一个实体，而是一种结果，使用实体只是为了达成结果所需要使用的过程。RO 又可以分为以下三个维度。

活动管理：类似于外包，通常外包合同都包含对服务质量进行控制的性能指标。

譬如大多数公司会把保洁工作外包出去，采购服务，只要得到预期的结果就行，而不会选择购买（招聘）保洁人员。

按单付费：消费者家里用的水、电、煤气都是这样，相应的服务是为了确保正常使用。

比如网络广告，按点击、按成交付费等模式都是按照某种用量在付费。体检的时候，消费者按项目付费。很多软件做版本区隔，也是类似的处理。

功能性结果：典型的例子是消费者需要"宜人的办公环境"（结果），而不是需要制冷设备或者冷气；需要一次提升团队士气的团建，而不是需要一个教练、几组游戏。

譬如保险，买的是一份保障，可以买不同级别，保额不同、条款不同，对应的服务结果也不同。

5. 纯服务（pure service，PS）

纯粹的服务较为少见，但特点在于不附带任何实体。

产品-服务系统如图 3-4 所示。

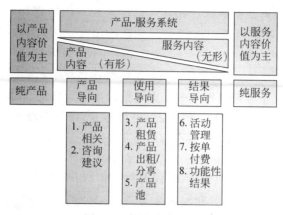

图 3-4　产品-服务系统

显而易见，在这套系统中，纯产品到纯服务经历了多种变迁。在这一系统中，我们通常认为产品是指实体有形产品，而服务指人工服务。"产品＋服务"组成了"大产品"的概念，这一定义无疑贯通起了产品和服务。

通过观察可知，其实这五组概念之间的界限并不是非黑即白，但整体从左到右有一种变化趋势。

从产品导向到使用导向，造成的必然结果是短期收入减少，资产投入增加，利润减少，但预期利润增加，比如房企不卖房，改做长租生意，那就没有卖房的一大笔即时收入，在一段时间内资金压力就很大。

PO 到 UO 的影响如图 3-5 所示。

从纯产品到纯服务，厂家与用户的关系有越来越紧密的趋势，触点越来越多，用户尝试的成本越来越低。我们不难发现，思路从"与用户的关系终止于销售达成的一刻"转化为"与用户的关系开始于销售达成的一刻"。

PP 到 PS 的影响如图 3-6 所示。

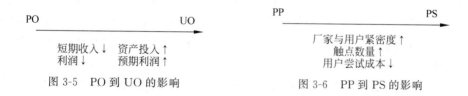

图 3-5　PO 到 UO 的影响　　　　图 3-6　PP 到 PS 的影响

不同的卖法之间，规模化（scalable）的想象空间差别很大。

譬如充分利用"价格歧视"这一做法。使用导向卖软件 1 年的使用权，就无法向数据量大的用户收更多的费用。这时候改为结果导向根据数据量收费，既可以让数据量少的用户几乎免费使用，降低他们尝试的门槛，也可以充分赚取大客户的费用，对方也更愿意为好的结果付费。

（二）产品-服务混合的概述

《哈佛商业评论》（*Harvard Business Review*）提供了在当今市场上常见的四种产品与服务的混合体。

（1）灵活的捆绑。灵活的捆绑指相互可以完全独立的产品和服务的集合，平时可以按需各自按价提供，必要时也可以进行灵活的搭配组合，并且组合在一起能产生更大的价值。

例如，甲骨文公司的 Oracle-on-Demand 就能够让客户定制数据库软件及咨询服务。

（2）平和的捆绑。平和的捆绑是一种更加符合市场秉性的产品-服务组合，即市场领先的产品（服务）与相对不亮眼的服务（产品）进行组合，以知名度高的一方带动知名度较低的一方，提升总体组合的价值，实现在市场上的盈利。值得注意的一点是，两者可能是互补关系，而不止于互相依赖。

例如，汽车 4S 店向消费者出售汽车，同时提供售后、维修、保养服务，而保险作为与汽车维修结合紧密的产品，是 4S 店利润的来源之一，同时满足消费者购车必须买保险的需求。

（3）共赢的捆绑。共赢的捆绑指两种既互补又互相依存的产品-服务组合。

例如，TiVo 在数字录像机产品的基础上附加了许多广受欢迎的服务，如支持用户浏览 YouTube 视频、高清录像、下载音乐、视频点播等。

（4）一站式捆绑。一站式捆绑指将不相关但同在一套流程中的产品和服务结合在一起，为客户提供更大的价值。这种捆绑通常注重于方便销售。

例如，新晋中式茶饮品牌茶颜悦色推出售卖茶包服务。

四、解决方案

杂志 Designit 的首席前瞻性官米卡尔·霍尔斯特鲁普曾经说过："这个世界不一定需要更多的产品，它需要更好的解决方案。"

什么是解决方案？它和上述的产品与服务有什么关系？其实我们可以这样简单定义：解决方案通常是一个产品或者服务，但是在今天的大多数情况下，它是两者的结合。

（一）解决方案的概念

让我们来设置一个场景。市场上有两个公司，A 公司卖包子，B 公司卖粥，它们都委托配送公司 C 专门送餐。除此之外，又出现了一个 D 公司，专门从 A、B 两个公司进货，然后将粥和包子搭配成套餐出售，套餐口味可选，消费者还可以一起购买其他产品，如咸鸭蛋。

请思考，在这个场景中，A、B、C、D 四个公司，都分别对应了产品和服务的哪一环？

显然，A、B 两个公司所提供的都是产品，C 公司专职配送，提供了服务，而 D 公司却很难轻松地下定义。可以发现，其存在着一个突出的重点，可以称之为"整合"，说得再通俗易懂一些就是将多个元素糅成同一份。

D 公司仅仅做到了集成外部这一步，它自身不生产实体产品，却把这些产品全部集成在一起提供整合价值，D 公司创造性整合了软件与硬件，整合了计划与实施。于是，解决方案这一概念被提出。

解决方案如图 3-7 所示。

市场中持有解决方案的公司，自然不像案例中的 D 公司一样只有简单的整合功能，其要求销售人员识别潜在客户的问题，并综合对客户业务问题的了解和自己能提供的产品及服务的能力，引导客户诊断问题的成因、探究问题的影响、形成对购买产品或服务的

图 3-7　解决方案

构想,最终作出购买决策。

在当今产品本身的差异越来越少的背景下,解决方案能帮助销售人员遵循规范的销售流程,形成独特的差异性,并且真正做到以客户为中心的顾问式销售,从而在竞争中脱颖而出。

(二)解决方案的分类

1. 整体解决方案

你一定看过某些装修公司铺天盖地的广告:整套房屋设计每平方米只需699元。以房间大小计费进行装修设计的公司在当下数不胜数,只需要付出金钱,就会有团队帮你进行房屋风格规划、装修队寻找、家具购买谈判……虽然现在仍有诸多争议,但不可避免的是,这种一站式的设计大大增强了购房体验。

由此可见,整体解决方案不仅提供产品的销售,还提供相关的技术服务、维修保养服务、使用培训服务、金融保险服务等系列服务。

从案例中我们可以轻易看出,整体解决方案的基础构成是产品,并且加入了衍生产品作为附加元素。其核心目的是要构建出一个产品从无到有的过程,以及将这个产品呈现给他人。

整体解决方案如图3-8所示。

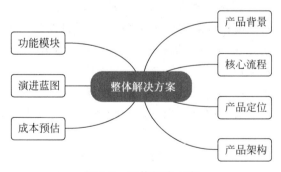

图 3-8　整体解决方案

2. 细节解决方案

细节解决方案多用于产品端业务型产品开发。在进行产品研发的过程中,往往需要更为细致的解决方案来指导技术人员开发,同时需要将整个解决方案细化到产品细节层面的设计中。

细节解决方案如图 3-9 所示。

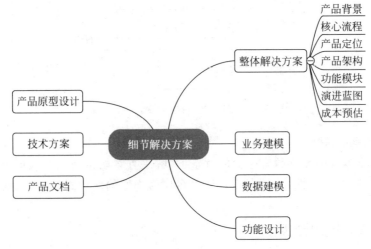

图 3-9　细节解决方案

3. 技术方案

技术方案一般由技术人员设计。他们会根据细节方案中的产品设计,设计出可行的技术方案。但是,难免会出现产品需求和技术冲突的情况。

综上所述,产品是基础,服务为产品功能的延伸,解决方案是对不同项目的特点定制的各种产品和服务的组合。

第二节　产品生命周期与服务设计

在本节的学习中,不妨让我们从人类的视角来看待产品的一生。

经过多道工序的设计,凝聚着人类的智慧和心血,一件新产品出现在了市场上。最初的几个月,很少有人注意到它,只有少量的购买和使用,对于市场上的大多数同类产品而言,其并不构成威胁。它就像个婴儿,对世界发出了第一声啼哭。

过了一段时间,收集了市场意见后,其改进了自身和宣传方式,成长为不容小觑的力量,有了更多的名气和市场占有率。此刻它成长为风华正茂的青年人,稚嫩但朝气蓬勃,未来不可限量。

渐渐地,其成为这一品类中较有竞争力的一匹黑马,有稳定的客源和市场占有率,暂时达到了增长的瓶颈,未来的发展既有机遇也有挑战。此刻市场目睹着它成为踌躇满志的中年人,既有成熟的风韵,又有较为深厚的底蕴。

它有可能走上怎样的道路呢?显而易见,若是没有变革的助推,其在顶峰之后面临的便是衰退的下坡路,市场上不断涌现更加年轻且富有活力的新产品,它流失了客源和市场。此刻它成为垂垂老矣的老人,在生命的暮年等待退出市场的那一刻。

就像以上内容简述的那样,产品和人的生命一样,要经历形成、成长、成熟、衰退这样的周期。就产品而言,其市场生命周期要经历四个阶段,即导入期、成长期、成熟期和衰退期(图 3-10)。

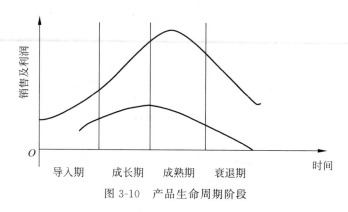

图 3-10　产品生命周期阶段

一、产品生命周期基本理论

美国哈佛大学教授雷蒙德·弗农(Raymond Vernon)在《产品周期中的国际投资与国际贸易》一文中首次提出产品生命周期理论。营销学者通常认为,产品的生命周期是指产品从开始使用到报废为止的全部时间。

(一)产品生命周期与产品水平级别

在讨论产品生命周期时,应该区分不同产品的生命周期。我们将讨论产品种类、形式、技术水平和市场环境对于产品生命周期的影响。

产品种类同人类的需求联系在一起,具有最长的生命周期。

例如,交通工具这类产品满足了人们移动的需要,古已有之,现在及将来仍将需要。

产品形式同行业联系在一起,生命周期现象明显,其生命曲线也最标准。

例如,现在按键手机已经进入衰退期,一般触屏手机正处于成熟期,而折叠手机等新兴手机类型大约处在成长期。

具体产品一般同某个公司或技术水平联系在一起,其生命周期比产品形式的生命周期短,生命周期性形状也较规则。

例如,华为的麒麟芯片,摆脱了现有主流芯片的束缚,拥有完全的自主产权,其生命周期取决于华为公司及技术发展。

品牌的生命周期受市场环境、企业的营销策略及品牌知名度的影响,一般没有规则的生命周期曲线。如果企业能针对品牌不断创新,品牌的生命周期就会很长,否则品牌会很快衰落。

例如,目前市面上涌现的大量零糖零卡的饮料品牌,都在跟着市场风向前行,当市场或者策略变动,都有急速上升或者急速陨落的可能。

产品与生命周期的关系如图 3-11 所示。

在这四个不同层次水平产品的生命周期中,产品形式和品牌的生命周期现象最为明显,分析其生命周期对企业的营销实践具有重要的指导意义。

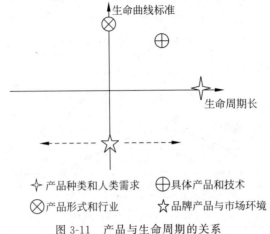

✧产品种类和人类需求　⊕具体产品和技术
⊗产品形式和行业　　☆品牌产品与市场环境

图 3-11　产品与生命周期的关系

（二）产品生命周期各阶段营销策略

1. 导入期营销策略

导入期是产品成长的关键阶段,此阶段产品是初降生的孩子,哭声越大越嘹亮,越惹人注意。因此营销策略要突出"快"字,应尽量缩短新产品投放市场的时间,使产品被市场接受。

导入期营销策略见表 3-1。

表 3-1　导入期营销策略

方　　式	掠　　夺	渗　　透
快速	以高价格、高促销费用推出新产品	以低价格、高促销费用将产品推向市场
缓慢	以高价格、低促销费用推出新产品	以低价格、低促销费用将产品推向市场

根据表 3-1 内容,试着判断以下几个案例分别属于什么策略。

华为推出的 mate 系列,新款均价在 6 000～7 000 元,高价在消费者心目中树立了一个高品质的形象,大手笔的促销活动不断刺激消费者的购买欲望。（　　）

苹果手机每款新品的价格都很高,但是几乎从来不进行促销,因为苹果高品质的品牌形象已经在消费者心中建立起来了,消费者对于该产品没有疑虑。（　　）

vivo 手机的价位一直不高,但是每次推出新品都会进行大力度的促销,如豪华的广告投放等,其目的就是快速进入消费者的视野,占据消费者头脑中的位置。（　　）

OPPO 手机的 A 系列产品定位于低端市场,因为该产品的目标消费群体对其了解程度较高,所以几乎没有促销活动。（　　）

2. 成长期营销策略

产品的成长期又称为产品的上升期,如风华正茂的年轻人,但还需要很多时间来审视自身,向未来努力。此阶段产品获得了一定的市场反馈,试错成本较低,若行驶方向有误,应当及时转舵,以免影响产品上升趋势。

成长期营销策略如图 3-12 所示。

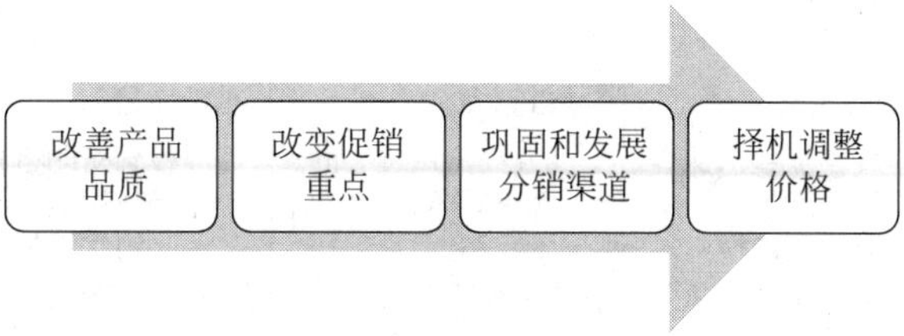

```
改善产品    改变促销    巩固和发展    择机调整
品质       重点        分销渠道      价格
```

图 3-12　成长期营销策略

根据图 3-12 内容,试着判断以下几个案例分别属于什么策略。

QQ 软件在最初简单的即时通信基础上,不断增加功能,如 QQ 宠物、QQ 菜园等,收获了一批"80 后"、"90 后"的喜爱。(　　)

"金嗓子喉宝"在进入成长期后改变了促销重点,加强了品牌的塑造和传播,从而让消费者在记住产品益处的同时记住品牌概念,产生忠诚度。(　　)

加多宝凉茶不仅进入超市,进入成长期之后还开辟了火锅店这一渠道,并且卓有成效,在这一分销渠道上获利颇丰。(　　)

华为的很多手机在进入成长期之后,会在节假日等节点进行降价促销,以刺激消费者购买。(　　)

3. 成熟期营销策略

当产品进入壮年,考虑的便是保值,因此在成熟期,产品主要发力方向为"改良",只有不断地改良,才能不断延长产品的寿命。

成熟期营销策略如图 3-13 所示。

根据图 3-13 内容,试着判断以下几个案例分别属于什么策略。

小苏打作为发酵类产品进入成熟期的时候,发现了冰箱除味剂的新用途,从而开发出新市场,销量进一步扩大。(　　)

椰树牌椰汁进行了包装上的改进,从以前独特的审美风格变为小清新的包装和广告风格,这使得已经进入成熟期的椰树牌椰汁又在年轻人的市场上火了一把,销量大大增加,并且吸引了一批新顾客。(　　)

图 3-13　成熟期营销策略

日本有个商人通过用白色女模型模特手持黑色"抱娃"这一招,卖出了全部的堆积货物,一时间甚至掀起了抱娃热。(　　)

4. 衰退期营销策略

产品进入衰退期,就像行将就木的老人,此时主要的工作是处理好处于衰退期的产品,确定引入新产品的步骤。

衰退期营销策略如图 3-14 所示。

放弃策略	维持策略	重新定位
• 放弃那些迅速衰落的产品，将企业的资源投入其他有发展前途的产品	• 继续沿用过去的营销策略 • 维持老产品的集中营销 • 大幅度削减营销费用，直至产品完全退出市场	• 寻找到新的目标市场或用途，使产品再次焕发新春，从而延长产品的生命周期，甚至使它成为一个新的产品

图 3-14　衰退期营销策略

根据图 3-14 内容，试着判断以下几个案例分别属于什么策略。

进入智能手机时代之后，诺基亚原来生产的手机已经不能满足用户的需求，无法产生吸引力，不能为公司创造价值，所以诺基亚放弃了手机业务。（　　　）

20 世纪 70 年代，黑白电视机在日本已经进入产品生命周期的尾声，但是日立、夏普等黑白电视机厂商通过进入中国市场，根据中国的消费习惯对产品进行适当调整，成功延长了黑白电视机的生命周期。（　　　）

脑白金本身只是保健品，进入成熟期后，公司对其进行重新定位——给长辈送礼必备品，这一定位成功地将脑白金变成了一种礼品，也成功地延长了该产品的生命周期。（　　　）

（三）产品生命周期延长

案例 3-2

张裕红酒迎合市场之路

烟台张裕集团有限公司的前身张裕酿酒公司创办于 1892 年，是中国第一个工业化生产葡萄酒的厂家，主要产品有白兰地、葡萄酒、香槟酒、保健酒、中成药酒和粮食白酒六大系列数十个品种。

1892 年，著名华侨巨商张弼士先生在烟台创办张裕酿酒公司。张裕之命名，前袭张姓，后借"昌裕兴隆"之吉。经过十几年的努力，张裕终于酿出了高品质的产品。1915 年，在世界产品盛会——巴拿马太平洋万国博览会上，张裕的白兰地、红葡萄、雷司令、琼瑶浆一举荣获四枚金质奖章和最优等奖状，中国葡萄酒从此为世界所公认。

改革开放后，社会经济环境为其提供了前所未有的发展机遇。张裕产品凭借其卓越的品质，多次在国际、国内获得大奖，成为家喻户晓的名牌产品。名牌不等于市场，金字招牌对于张裕来说是一个极大的优势，但是却不足以使张裕在市场上所向披靡。

在改向市场经济的头两年中，由于市场观念弱，企业缺乏适应市场竞争的能力，盲目生产，等客上门，受到了市场的惩罚：1989 年，张裕的产值较上一年下降了 2.5%，产量下降了 26.2%，6 条生产线停了 4 条，1/4 的职工没有活干，近一半的酒积压在仓库里，累计亏损 400 多万元,生存和发展都面临着严峻的挑战。关键时刻,张裕人并没有躺在历史上顾影自怜。在积极反思失败原因、努力摸索市场规律、下功夫钻研营销后,公司树出了"市场第一"的经营观念和"营销兴企"的发展战略,实现了两个根本性转变:一是企业由"销售我生产的产品"转变为"生产我销售的产品",一切围绕市场转;二是由"做买卖"转变为"做市场",从"推销"变成"营销"。最终,企业取得了一定的成功。

进入 21 世纪后,随着白酒与啤酒的崛起,红酒的生存空间逐渐被挤压,但张裕凭借着当年的改革,还是成功延长了品牌的生命周期,在市场中占下一席之地。

资料来源:张安茹.张裕百年用心良苦做市场[J].市场营销案例,2005(11):12-16;董丽丽.浅析张裕葡萄酒的品牌定位[J].现代商业,2014(13):2;程朝,赵京乐.中国葡萄酒业:涅槃之后走向辉煌[M].北京:社会科学文献出版社,2015.

张裕葡萄酒仰仗什么,能在一众竞争对手中杀出重围?在中国红葡萄酒市场处于一片红海时,张裕葡萄酒又在产品和营销上利用了什么手段,得以保全自身至今?明显可见,产品在进入成熟期后、走向衰退期前,产品的寿命得到了延长,我们称这种策略为延长策略。企业利用销售技巧提高销量,让濒死的产品起死回生,"焕发第二春"。

产品生命周期延长如图 3-15 所示。

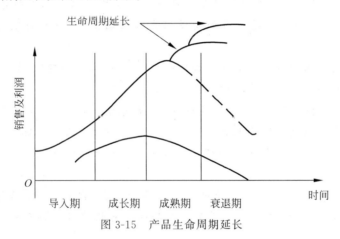

图 3-15　产品生命周期延长

产品生命周期延长的技巧主要有以下五种:广告、增加产品价值、新包装、拓展新市场和降价。

结合本节所学的营销知识,解释这五种技巧具体的应用时机。

二、服务设计及原则

英国设计委员会于 2010 年定义服务设计:"服务设计就是使你将要提供的服务有用、可用、高效、有效和被需要。"

有一个相当形象的比喻,消费者面对两家紧挨的咖啡厅,且面对一模一样的价格和产品,服务设计是促进消费者走进其中一家的最终推动力。

服务设计的原则见表 3-2。

表 3-2　服务设计的原则

原　　则	概　　述
以人为本（human-centered design）	商家进行系统的顾客研究，洞悉服务的关键接触点，分析顾客的动态需求
协同创新（co-creation）	鼓励协作，鼓励顾客参与共同创造，考虑顾客和服务层的利益
自然有序（sequencing）	服务过程所创造的触点需和谐有序，以创造令人愉悦的节奏
服务可被感知（evidencing）	服务设计要考虑到服务可被顾客所感知
全局性思考方式（holistic）	关注整个系统生态、每一个触点以及它们的关联，并做到最优化

案例 3-3　日清公司打开
美国市场

三、服务设计流程

案例 3-4
食物电商与超市的服务设计

Hemköp 是瑞典最大的超市之一，因推崇"食物之乐"这一理念得到顾客的喜爱，但是，即使具备这一令它自豪的传统，还是避免不了受新的购物趋势影响。它现有的用户群主要是通过市中心附近的商店来进行不定期以及少量购买的偶尔购物者。然而，批量购买的年轻且活跃的家庭越来越多地倾向使用在线移动商店，以更好地适应他们繁忙的生活。

因此，Hemköp 加入电子商务这一领域是不可避免的，它希望"食物之乐"的理念不仅存在于线下超市，也可以通过在线购买传递给客户。

为此 Hemköp 找到了 Fjord 的服务设计师，在提出加入电子商务领域的同时，又提出了"我们希望实体店成为电子商店的核心"这一具体要求，因为这家瑞典超市清楚明白全渠道的重要性，它并不打算将自己的顾客群体分为泾渭分明的两部分，它想要达成的是线上线下的完美融合。

之后 Fjord 从用户使用在线超市的痛点入手，发现一系列问题：网站或应用本身难用、产品不容易被找到、在选择之前无法触摸和感受食物以至于缺乏对食物质量的信任感等。

对此 Fjord 设计师提出了一系列设计洞察，如帮助用户轻松找到货品、预订送货槽位、建立忠诚度积分、每日推送，甚至数字化食物称重。

整个服务设计方案通过多渠道、全方位的接触点来实现平滑、愉悦的用户体验，将实体店作为电子商务的核心，而不是把 Hemköp 的用户分成线上、线下两部分。

例如，整个服务设计方案中的"商店的忠诚度计划"，当用户在新的在线商店创建账户时，它会自动将其连接到实体店的忠诚度计划中，以便用户可以在两个平台上获得奖励，并且任一平台都能显示用户最频繁购买的商品。

这为 Hemköp 网站带来巨大的流量，通过线上线下的结合，更好地了解用户，更好地建议用户购买什么，推送新的餐饮想法，甚至用户潜在的可能喜欢的相关内容。整个平台的内容设计重点放在餐饮上，而不仅仅是商品、货物，以此向用户传达 Hemköp 最原始的"食物之乐"的理念。

另外,为解决商品派送这一过程可能引发的问题,Fjord提出多种交货方式的设计方案,用户可以选择将他们的杂货送到家中,或从商店线下收集,使人们更方便地购物。

资料来源:服务设计案例,2020.

从上述案例中不难看出,服务设计是一套行之有效、井然有序的流程。正是借托了完整的服务设计,Hemköp才完成了从纯线下店向电子商店的平滑转型。那么,服务设计是如何形成的,要如何去做呢?

回到瑞典超市Hemköp的案例,我们可以总结出一套服务设计的流程。

一是察觉自身处境,了解市场现状,探寻适合自己的转变道路。(探索)

二是在提出进入电子商务领域的同时,提出"我们希望实体店成为电子商店的核心"这一具体要求。(创造)

三是从用户使用在线超市的痛点入手,发现一系列问题,在进行本次服务设计时尽量规避。(反思)

四是推出服务设计,以观后效。(执行)

服务设计流程如图3-16所示。

图 3-16　服务设计流程

从案例中清晰可知,服务设计在一个项目开始前对于最终的产物并没有一个具体的限定,它可以是一个 App,可以是一个实体产品,也可以是网页,只要能够很好地阐述设计者的整个设计理念和方案就可以。

案例 3-5　日日顺:为用户打造有温度的服务接触点

第三节　服务中的关键时刻

不妨一起回忆一下,上次去宜家给你印象最深刻的是什么? 是样板间中布置贴心、可以随意坐卧的家具,还是著名网红食品瑞典肉丸? 是憨态可掬的互联网新宠醉酒大熊,还是出口处1元一个的冰激凌?

相信通过举例,这些高光时刻正以画面为载体,疯狂地在你脑海中刷着存在感,但你是否看出什么端倪?

没错,思及宜家旨在令人迷惑的分区设计、极差的绕圈购物体验、无影无踪的员工服务、顾客需要亲自上手的搬运安装工作、有还不如没有的停车场……每一个消费者都忍不住抱头大叫——"宜家,在本职工作上,你到底设计了什么?"

但以上种种弊端都不妨碍宜家成为全球最著名的家具卖场,络绎不绝的簇拥者和慕名前往的人使其事业长盛不衰。此情此景,令人不免深思,这个一向主打"极简"和"美好生活"的瑞典品牌,到底在用户体验设计上做对了什么?

一、峰终定律

(一)系统1与系统2

行为经济学家丹尼尔·卡尼曼(Daniel Kahneman)是2002年诺贝尔经济学奖得主,

他在著作《思考,快与慢》中提出了系统 1 和系统 2 的重要观点,这也是他在研究时发现的两个重要因素,它们共同影响了人类的思维活动。

1. 定义

系统 1:它的运行是无意识且快速的,完全处于自主控制状态,无法关闭。

系统 2:它需要将注意力转移到需要费脑力的活动上来,它的运行通常与行为、选择和专注等主观体验相关联。

观察这两个定义,似乎能很轻易得出直线结论,系统 1 指的是人类的感性,而系统 2 指的是人类的理性。但现实真的是如此简单吗?

2. 关系

有一个案例,测试学生的幸福感。

如果问题顺序为:"你最近觉得幸福吗? 你上个月有多少次约会?"测试结果发现这两个问题并没有什么关联。

而如果问题顺序调整为:"你上个月有多少次约会? 你最近觉得幸福吗?"测试结果就完全不一样,约会次数和幸福感的相关度就变得非常高。

卡尼曼在书中明确指出:"系统 1 是发散系统,它的主要功能是维护并更新个人世界的模式,呈现常态下的思维模式;系统 2 是损耗系统,像家里电表一样,能力有限,超载后会'跳闸',当任务难度过高时,系统 2 会放弃。"

"霰弹枪"和"电表"的形容,或许可以概括系统 1 和系统 2 之间的关系。

只要人类还有基础的自我意识,"霰弹枪"就无时无刻不在运作。它所包含的范围广阔、内容丰富,通过个人的成长环境和轨迹形成,因此是独一无二的,并且为了之后能被迅速调出,其一直在存储和收集。但其欠缺也很明显,即无法聚焦于精确的问题。

为了解决这一问题,"电表"即系统 2 应运而生,它就像大海中的灯塔,或是指北针,主导着人类的理性行动。大多数时候,它能解决问题,但也有可能将人类的思考引入错误的道路。

处理一件复杂事务时,流程和条例固然重要,但是全部依赖于此会出大问题。所以系统 1 和系统 2 是相辅相成的,如果没有系统 1,系统 2 就会在短时间累死;没有系统 2,系统 1 只能做一些日常简单工作。

系统 1 与系统 2 的具体内容如图 3-17 所示。

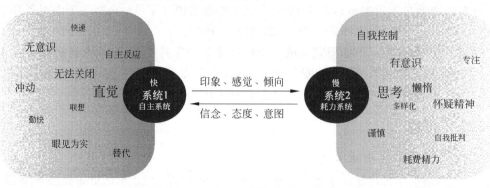

图 3-17　系统 1 与系统 2 的具体内容

（二）峰终定律的概念

在用理论解释峰终定律(peak-end rule)之前,先用两个生活中的小案例来向大家举例说明。

案例1：今天,你准备向相恋多年的女朋友求婚,你打电话向某餐厅订座时,他们听说你要用于求婚,主动提出免费升级观景独立座位,你高兴地支付了订金。在带着女朋友前往后,你发现餐厅的环境虽然不如预计,但布置很用心,可钢琴独奏的位置离座位太近,声音有些大。餐品味道一般,服务员在倒水时不小心弄脏了你的衣服,虽然他很快道歉并帮你擦拭了衣服,但你仍有一些不高兴。

你找了个机会将戒指交给服务员,希望他能把它放在餐后甜点里送给女朋友。一切按计划进行,在女朋友吃出戒指时,你顺势跪地求婚,这时,餐厅响起了《婚礼进行曲》的音乐,求婚成功时,餐厅里的所有客人都为你们鼓掌。起身时你不小心在桌角磕了一下,获得了一些善意的笑声。

结账的时候,出乎意料地,领班带着服务员出现在你们桌边,祝福你们感情长久,并爽快赠送了一瓶红酒和一张300元代金券,欢迎你下次和未婚妻一起来用餐。你感觉今天真是美好的一天。

案例2：今天,为了参加公司的年终聚会,你和闺蜜一起去商场挑选一款适合自己的礼服。你们走进了品牌A的店面,在里面挑选的人很多,接待人员热情地接待了你们,为你们一人沏了一杯热茶,并且你们被告知还可以按照自己的喜好添加糖或者牛奶。

等了10分钟之后,一个导购员来了解了你们的基本需求,为你们推荐了几款衣服,不过你们不太满意,于是她就陪着你们拿衣服试穿,给出一些搭配细节上的建议,还帮忙你们在店里挑选了相应的配饰。试了一个多小时后,你有几件比较满意的,正准备买单时,闺蜜看见对面品牌B的橱窗中有件衣服很适合你,于是建议不如先去对面看一下。

在你们出门的时候,你听见这个导购员小声抱怨道："不买还试这么久,耽误我们接待其他客人。"闺蜜自然也听见了,于是她扭头怒气冲冲瞪了这个导购员一眼,把你拉走了。

现在请一起思考,以上哪个场景在结束消费后会让你产生更高的满意感? 毫无疑问,大多数人会偏向案例1。

卡尼曼对这一现象早有研究,他在书中指出,人在进行评价活动时,有一种认知上的偏见,这会影响人们对过去事物的记忆。在过去发生的事物中,特别好或者特别糟糕的时刻以及结束的时刻更容易被人们记住,人们记忆中对事物的体验往往取决于正向或负向的峰值和结束时的感觉,而不是平均值。这就是峰终定律(图3-18)。

因此,我们在案例1中会因为赠送的红酒和代金券而淡化对平庸的环境和口味、吵闹的钢琴声以及磕了一下的糗事的恶感,在案例2中会因为导购员最后的一句话而全盘推翻她之前尽心尽力的服务。

同样能证明这一观点的还有1993年由Daniel Kahneman和Barbara进行的一项研究。他们的实验要求参与者持续忍耐一个不舒服但不危险的动作——把手放在一盆冷水里。实验分为以下三个步骤。

(1)把手浸在14摄氏度的水里60秒。

(2)把手浸在14摄氏度的水里60秒,紧接着把手放入15摄氏度的水里30秒。

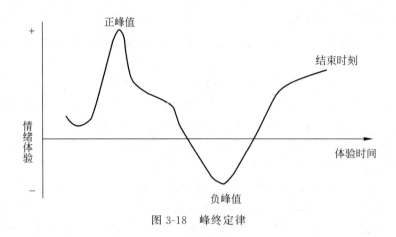

图 3-18　峰终定律

（3）任意选择步骤（1）或者步骤（2）重复其中的一个实验。

按照我们的逻辑，14 摄氏度和 15 摄氏度几乎没什么差别，都是让人不舒适的冷水温度，如果选择步骤（2），那么相当于还要多忍受 30 秒的不舒服，当然选择重复一遍步骤（1）比较好。

但是实验和我们想的不一样，80％的参与者在步骤（1）和步骤（2）之后，在选择任一步骤重复的时候都选了步骤（2）。仅仅是一点点的水温的升高，都会使得大部分人对步骤（2）的忍耐度更高。

峰终定律启示企业应该避免掉进"整体服务的提升"的误区。消费者本来就不在乎流程，为什么要优化流程？整体服务的提升架构庞大，细节复杂，更加难以快速迭代。"难以快速迭代"在现今商业环境下绝不是一个好的竞争策略。

消费者对品牌的评价并不是一个平均数，也不是加总计分，消费者只在关键时刻打分数。如果要对品牌体验设计下一个定义，笔者认为它就是挖出关键时刻，并在那个时刻让用户体会到品牌信息，影响用户的决策，这就是最好的说明。

"峰终定律"强调，我们对一项事物的体验，能记住的就是在峰值"最高""最低"与"最后"的体验，这些体验的时间长短、质量、比重，对记忆几乎没有影响。高峰之后，终点出现得越迅速，这件事留给我们的印象越深刻。这里的"峰"与"终"，就是"关键时刻"。

二、关键时刻

不知道你有没有过这样的经历：当你进入理发店，只是单纯想修剪一下发型时，为你做发型的发型师突然主动与你搭讪，并开始对你营销办卡的好处！

这些发型师会分别对你进行：

对你现在的发质进行评价 → 告诉你定期保养的必要性；

他们大多都有一头与众不同造型与颜色的头发 → 暗示你的可达目标；

耐心细致地服务你 → 甚至给你定制发型，表明他的专业性；

给你优惠价格 → 彰显服务的高性价比。

做到以上四点，再给你一些心理压力，作为消费者的你马上就可能因为心动/拉不下脸拒绝/决定勉强试试等原因，使他最终营销成功。

如果没有当面营销成功,没关系！理发店还有后招,比如:

免费让你体验下优惠服务;

当你在做头发时,旁边安排一些烫染的顾客;

加个微信公众号,每天推送各种发型相关信息勾起你的欲望;

时不时来个优惠活动,邀请你去参加。

有了以上几个"神补刀",当你再一次进入理发店的时候,发型师再一通软磨硬泡,就能让你高高兴兴地办卡。

不仅在理发店,买保险、买新房、健身房、美容卡、买衣服、会员卡……这一套路,被广泛应用在市场营销中。这就是大名鼎鼎的 MOT,英文全称是 Moment of Truth,译作"关键时刻"。本节在此仅做概念提及,本书将在第六章针对关键时刻这一定义做具体阐述。

三、如何挖掘 MOT

(一)挖掘 MOT 的方法

(1)通过访问或谈话挖出 MOT。

(2)以"重要性"为指标,让用户在做消费判断时,从最重要处到最不重要处排序。

(3)以"满意度"为指标,就是用户觉得这个时刻你做得好不好,他是不是满意。这时候排序方法是从低到高排,把最不满意的放在上边,最满意的放在下边。

(4)把"重要性"和"满意度"放在一起排序,如果"10 个最重要的"和"10 个最不满意的"之间有重复,那么重复部分就是 MOT。如果消费者觉得最不重要的 10 个 MOT 和消费者最满意的 10 个 MOT 有重复,那么就意味着这是无效功。

MOT 问题排序原则如图 3-19 所示。

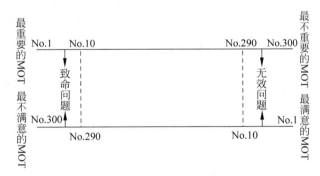

图 3-19　MOT 问题排序原则

(二)MOT 的五大原则

(1)MOT 不是一人一票,不同的消费者重要性不同。

我们很容易将消费者划分为四个维度:高黏着高消费,高黏着低消费,低黏着高消费,低黏着低消费。在这四类人中,首要用户是有消费力的高黏着高消费顾客,在选择 MOT 时要着重考虑这类 VIP(贵宾)消费者的意见。

(2)根据企业目前侧重的维度,选出相匹配的 MOT。

想要做增量市场,选择 MOT 的时候,就应该侧重进店、转化的 MOT;如果要做存量市场,就要侧重推荐、复购的 MOT。

(3)选择时,要看这个 MOT 是不是黄金时刻。

黄金时刻包括最初、最高、最终。如果在纷繁的 MOT 中发现了某个 MOT 跟这三个时刻接近,不需要纠结,就是它。选中它,峰值打造更容易被消费者记住,进入消费者心智才更高效。

(4)选择时,要看这个 MOT 是不是可以落地品牌的核心信息。

体验设计的目的是让品牌信息进入消费者的心智,因此选出的 MOT 必须可以体现想要传递给消费者的信息。

(5)放大自己做得好的地方。

选择把好的变得很好很容易,因为你本就擅长这一方面,也因为在消费者心中有"做得好"这一认知,更容易令人接受。相反,耗费时间和精力把原本做得不好的地方变好,不仅比不上本身在这方面占领导地位的竞争者,而且对总体效率影响不大。

第四节 产品与服务设计工具

"工欲善其事,必先利其器"。在这一节中,我们将系统介绍一些产品和服务设计工具。

一、品牌轮体验模型

香港大学 ICB(SPACE 中国商业学院)客座副教授汪志谦在《峰值体验:影响用户决策的关键时刻》一书中提出了品牌轮体验模型这一概念。他在书中系统指出品牌轮体验模型是一个战略闭环体系,结合了"定位""关键时刻""体验设计""行为经济学"四大核心思想,并以 MOT 概念贯穿其中。

这一体系的核心思想是四大组件相辅相成、滚动前进,故称"品牌轮"(图 3-20)。

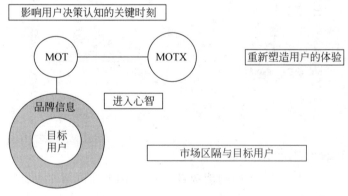

图 3-20 品牌轮

(一)品牌轮第一组件:目标用户

不同的目标用户有不同的需求,需求不同,MOT 当然不同。品牌一旦被目标用户爱上，目标用户就会变成你的种子用户，帮你宣传裂变。为什么目标用户会爱上你的品牌？因为你比其他人更了解目标用户，在每一个目标用户接触品牌的关键时刻，目标用户都会因为你专门设计的体验而感到舒适，感到物有所值。

新品牌刚进入市场时，你需要聚焦一群人，你不可能让所有人爱上你的品牌。你要针对这群人选择 MOT，让他们喜欢你的品牌，而最终要达到的效果是让他们自己裂变。

（二）品牌轮第二组件：品牌信息

品牌信息就是消费者给品牌贴的标签，这个标签一般是感性记忆，而非一般的广告语。在品牌轮体验模型中，品牌并不是用文字标语或广告去告诉消费者它是谁，而是通过体验设计把信息放进消费者的心中。

消费者能记住的品牌不用太多，一件就够。这不仅涉及广告语，也涉及包装、颜色、味道、触觉。消费者在心智中给品牌贴的标签，是一个综合的感性作用的成果，品牌信息就是在这个过程中被传递的主要信息。

（三）品牌轮的第三个组件：关键时刻

关键时刻是影响消费者决策的微小而明确的时刻。消费者在乎什么是他们做选择时的决策依据，关键时刻就是找出影响消费者决策的依据，迎合、满足消费者。

"进店、转化、复购、推荐"是消费者的四大决策，也是重要的商业指标。我们可以从这四个方面来找寻消费者决策的关键时刻。

（四）品牌轮第四个组件：MOTX

MOTX 是消费者在 MOT 的品牌体验，X 就是 experience（经验）。

笔者把它理解为落地过程中品牌信息带给消费者的体验，也就是品牌创造价值的具体做法。当我们作出 MOTX 的改进后，消费者能够接收到品牌传达出的信息，并做了我们期待他去做的事情。例如，走进了店里面、拿起了商品、参与了试用、完成了购买、加入了会员、点赞或拍照转发等。只有当用户做出你期待的动作时，这才能被称为一个成功的体验设计。

（五）衍生工具：18 格窗体

为了方便大家实操，我们把前面讲的一些工具整理成一个清单。想要做设计体验的企业品牌，不妨好好利用这 18 格窗体，具体如图 3-21 所示。

1. 简单描述 MOT	2. 这个时刻有多久	3. 现场有哪些人	4. 原来MOT的痛点		5. 传递品牌信息
14. 第一，请在这里说清楚你的MOTX设计，即5分钟发生了什么事情。第二，讲明白你的设计与第6~13格的关系（策略到底在哪里？峰值在哪里？）			15. 消费者心中的潜台词	16. 消费者最后做了什么动作	6. 维度侧重点
			18. 企业的成本为何	17. 这个MOT的指标为何	7. 企业由谁负责
13. 哪个落地点	12. 哪些情感需求	11. 消费者是什么角色	10. 消费者哪些感官参与	9. 运用了什么系统的哪些心理定律	8. 哪个黄金时刻

图 3-21　18 格窗体

二、服务设计工具量表

服务设计工具量表（service design toolkit）由 NAMAHN、法兰德斯创意区（Flanders DC）、欧洲公共服务设计创新联盟（SPIDER）三个机构联合研究设计。其目的在于通过这套工具，更科学系统地对目标用户诉求进行挖掘和研究，对产品内核进行探索和梳理。

此表共 16 张，通过这 16 张量表，我们可以将抽象的服务设计方法以及研究结果通过可视化的形式呈现出来，让用户和研究人员更直观地了解整个研究过程，并更低成本地参与其中。整套量表被合并为 8 个步骤，如图 3-22 所示。

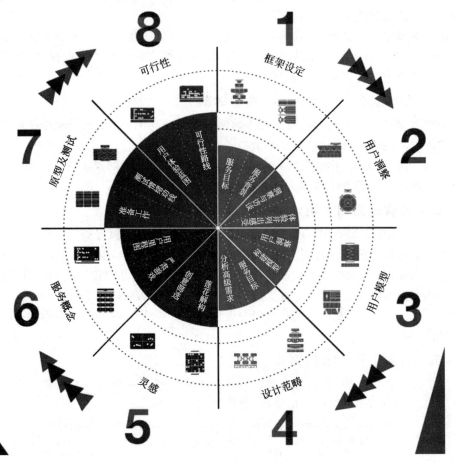

图 3-22　服务设计工具量表

（一）框架设定（framing）

在这个环节中，主要针对项目服务设计目标和整体框架进行设定。其中包括服务目标、服务背景、服务承诺、最重要的结果、用户、雇员和其他利益相关者。

（二）用户洞察（user insights）

在这个环节中，主要针对项目的相关利益者进行洞察和访谈，询问用户或员工目前的使用经验或工作经验，了解每一个步骤并让用户描述其感受。然后让用户阐述两个极端体验,即最积极和最消极的两个维度,并说出他们的感受和造成这种感受的根本原因。最后,让参与访谈的用户列出在整个产品服务体验系统中他认为联系最紧密的人和最疏远的人的名单,构建利益各方图解,综合分析服务系统存在的问题。

(三)用户模型(personas)

在这个环节中,主要针对用户洞察中的相关数据,建立用户模型,在建立的过程中,我们要重点关注三个部分,即行为描述、激励点和消极点。在行为描述中需要描述该用户在什么样的背景下使用该服务,值得注意的是,在用户洞察中,用户的自我描述会带有强烈的个人色彩和主观意识,我们需要客观地进行转化并在用户模型中呈现;在激励点中重点描述用户在使用该服务时的兴奋点,什么样的体验最积极、最让用户开心;在消极点中重点描述消极的维度,什么服务形式会导致用户选择放弃该服务。

(四)设计范畴(design scope)

在这个环节中,我们回到框架设定,根据用户洞察、用户模型的内容,重新思考我们的服务目标,与此同时我们开始描述产品形式,想象未来的服务形态是什么样子以及我们的设计挑战是什么,我们怎样才可以达到用户目标。最后,我们需要思考项目成功的标准是什么,具体描述我们的验证指标和测量目标。

(五)灵感(idcation)

在这个环节中,我们会使用莲花解构来做竞品分析,即在量表的中间,写下一个设计挑战,围绕设计挑战写下八个需要设计的功能,每个功能设计需要寻找一个优秀的竞品案例并记录下来。然后分析每个优秀案例的八个特征,证明为什么它的设计是优秀的、鼓舞人心的。

通过这样的方式,可以从本质上找到竞品的优点,而不是流于表面地模仿学习。最后,我们需要在这些优秀的案例中挑选出最佳的理念或特征元素和我们未来的服务解决方案相融合,获得更优秀的服务设计解决方案。在完成莲花解构之后,我们会对创意进行筛选,在这个过程中,我们会展示所有的设计解决方案,让参与者使用不同颜色的贴纸,在量表中排列想法并决定其想要进一步发展和思考的创意想法。我们会将创意归类到四个类别中,分别是普通且不可行的方案、普通且可行的方案、独特且不可行的方案、独特且可行的方案。

(六)服务概念(service concept)

在这个环节中,我们会通过严肃游戏开发用户故事,拆解用户使用的各个阶段:获得通知、触发控件、引发思考、作出决策、使用场景、寻求帮助、使用后的感受等。在量表中把每个阶段都描述清楚,并询问用户在这个阶段中的思考和感受,观察其关键触点是什么。

在完成服务概念的录入之后,我们开始整理用户里程图,整个里程图被拆解为使用前、使用中、使用后三个阶段。每个阶段,分别会从用户的角度和企业的角度来思考,从用户的角度来看,主要思考两个问题,即用户想要什么和用户想做什么;从企业角度来看,主要思考如何让用户接触到服务、如何解决用户的需求、员工可以干什么、网站有什么效用等。

(七)原型及测试(prototype & test)

在这个环节中,我们会先做一些准备工作,例如,先决定要测试哪些触点,然后思考如何进行测试,谁来负责和执行整个过程,需要哪些工具,需要什么样的人(用户、员工等)来被测试。

接下来开始我们的测试,在测试的过程中,我们要积极地询问用户在这个触点中,他的行为是怎样的,评估他的情绪动线,哪些积极或者消极的经历是反复出现的,思考我们如何来加强积极情感的体验和解决消极情感的问题。

(八)可行性(feasibility)

在这个环节中,我们先制作用户体验蓝图,在研究步骤(六)——服务概念的基础上,增加后台运维的方案,考虑内部程序和系统在幕后需要做什么,外部程序的生态需要做什么。

规划好用户体验蓝图之后,制定可行性路线。可行性路线主要分为几个模块,首先是提出最小解决方案,这是为了减少企业的开发成本。我们在蓝图中找到服务流程中的触点,包括前台和后台的相关开发流程,尝试共同探讨低成本、高效率的解决方案。然后我们选择其中的几个部分作为试点项目,记录想要推广的产品,制订计划,最后全面推广。

三、用户调研工具

(一)A/B 测试

A/B 测试作为一种优化用户体验的工具,核心功能在于规避随意改动已经完善的落地项目之中的风险。常见的方式是保持其余条件一致的情况下,针对某一单一的元素进行A、B 两个版本的设计,并分别进行测试和数据收集,最终根据数据选定数据结果更好的版本。

(二)专门小组

专门小组的主要问题在于观察员的依赖性,即研究人员会将自己的感受阅读作为小组讨论结果的参考标准,其中还包括群体思维的影响。值得强调的是,人们说什么和他们做什么之间可能存在显著差异。在这里就需要专业人员认真分析和对待。

(三)调查问卷

调查问卷可以为我们提供一些类似于用户访谈的答案,缺点是我们不能更深入地得到这些问题的答案,因为与用户没有直接的互动。从好的一面来看,它们可以让你获得更多的反馈,从而为开展更多的定量分析提供机会。

在采用调查问卷这种形式时,我们必须有清晰的思路去编写问题,从而缩短调查时间,同时还能获得所需的信息。

思政课堂

2021 年 7 月 16 日,国家主席习近平在北京以视频方式出席亚太经合组织领导人非正式会议并发表讲话,主题是为亚太发展提出中国方案。专家认为,这是一次在关键时刻召开的特别会议,既总结了中国奇迹的关键点,又指引了未来发展方向。

回望中国历史,有不少值得铭记的关键时刻。

在中国共产党领导下,解放战争打出了关键性的三大战役,即辽沈战役、淮海战役、平津战役。这三大战役是中国解放的关键点,决定了中国的历史走向,在中国革命史上具有划时代的意义。

翻阅史书,我们也不难发现错失了关键时刻而走向衰败的例子。

吴师道在《赤壁图》中咏道:"丈夫不学曹孟德,生子当如孙仲谋。"赤壁一战,孙刘联军对抗曹操,这对双方而言都是一场关键战役,赢则谋取天下,输则坠入深渊。而这一战,曹军大败,三足鼎立局面就此形成。这一战,让曹操一生再无统一天下的机会。

把握关键时刻,是创业走向胜利的关键。

 本章课后习题

一、名词解释

1. 产品

2. 服务设计

3. 一站式捆绑

4. 整体解决方案

5. 关键时刻

二、简答题

1. 请根据所学,简述产品的五个层次。

2. 请根据所学,简单描述产品服务系统中,从纯产品到纯服务各自特点以及总体变化趋势。

3. 请根据所学,简单描述产品生命周期延长可采取的策略,并举出现实中成功营销的例子。

4. 请根据所学,简述品牌轮体验模型所涉及的理论。

三、技能实训题

请根据本章提出的产品生命周期各阶段营销策略,在市面热销产品和经典产品中选择一种讨论其所处阶段并指出其未来发展方向。

即 测 即 练

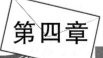

第四章

知己知彼，百战不殆
——竞品分析

不知彼而知己，一胜一负；不知彼，不知己，每战必殆。

——《孙子兵法·谋攻篇》

【本章要点】

本章主要对竞品分析的确定、竞品分析的目的、竞争对手的确定以及竞品分析的操作方法进行介绍，旨在明确竞品分析的内容。通过对竞品分析的认识，辨别竞争对手，熟悉竞品分析的方法及工具以及做竞品分析的步骤来快速了解市场情况与竞争对手情况，制定企业战略及产品策略。

【思维导图】

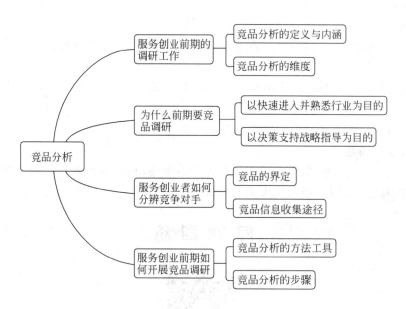

【核心知识点】

产品的市场竞争层次、产品的功能需求竞争层次、精益画布、竞品画布、战略画布、竞品跟踪矩阵、PEST 分析法、波特五力模型、SWOT 分析法

【案例导入】

点外卖已进入你的生活,你可以在不想做饭或不能做饭且足不出户时可以吃上美食,在考虑吃什么的时候首先打开的是外卖App。随着互联网经济的发展,消费的形式发生变化,新的餐饮形式外卖逐渐火爆。提到外卖,就不得不想到美团外卖平台。随着市场的不断更迭,外卖O2O(线上到线下)平台已由最初的美团外卖、饿了么、百度外卖的"三足鼎立"形式变成了现在的美团外卖与饿了么寡头竞争。美团外卖作为外卖行业里的龙头企业,它是怎样打败百度平台及饿了么平台成为外卖行业的"领头羊"的?在美团外卖的运营初期,其产品不断优化核心功能。从用户选择外卖(搜索、筛选、排序)到提交订单完成、查看订单状态等,在这一条产品关键路径上,美国外卖不断根据用户的反馈进行完善。美团外卖拥有巨大的流量资源,以校园市场为突破点,凭借团队的强大执行力,快速下沉渠道,实现市场份额的占有,进行版图的扩张。美团的核心竞争力主要包括无形资产、网络效应、用户转换成本和规模效应。对于无形资产来说,美团已经垄断了用户的认知,其已经在消费者心中呈现了巨大的品牌效应,后入竞争者很难改变这一认知。美团是个典型的双边网络模型,用户端依赖供应端的丰富度,而供应端的丰富度又依赖用户端的数量,双方促进使得平台规模不断扩大,供应端的竞争使得产品的价格逐渐走低。各式各样的优惠活动、红包福利受到消费者的喜爱,这也使得用户的转换成本较高,不会轻易选择其他竞争者。美团的业务模式也相对较广,不只有外卖,还有美食的推荐、酒店住宿、休闲娱乐、电影演出、旅游、景点门票、火车票、机票等模块,其他模块也带给美团外卖用户资源。从竞争情况来看,饿了么发布了暖冬策略,通过补贴未来一年帮助100万本地生活服务商实现数字化升级,为100万商家新上线连接互联网,并推动超100万人的就业。美团宣布拿出110亿元帮助商家在供应链的数字化角度提升价值,如美团的行业大营销计划,并非纯粹的补贴,而是帮助商家进行全面的数字化升级,因为局部的改造已经跟不上行业的发展。美团外卖从后厨、前厅、POS(销售终端)、线上线下全面对商家进行数字化改造,帮助他们服务好每个消费者,同时深入行业供应链,在产业源头帮商家降低成本,并对供给侧改革有突破的商户、品牌进行专项奖励扶持。美团分析饿了么的战略布局后进行的营销计划,显然更加有力、有针对性,更有内容。

竞品分析对于企业发展的重要性不言而喻,它是企业进行战略决策的重要指导。本章主要介绍竞品分析的主要内容。

第一节　服务创业前期的调研工作

饮料大佬娃哈哈集团董事长宗庆后曾说过:"要避开竞争不可能,市场肯定有竞争,避免竞争是行不通的。"在市场经济中无法避免市场竞争,市场竞争的最终结果是优胜劣汰。TCL创始人李东生说过:"我们提出'剩者为王'的观念,就是要在竞争中,使我们主要产业能够存活下来,保持好的竞争状态,这样未来才有机会。在战略相持、低潮时期,防止自身资源损耗,保持能量是我们熬过冬天的必要措施和手段。"在现今竞争激烈的市场大环境下,一个企业要存活下来,能够"剩出",离不开对竞争环境的了解、对竞争对手的明确、对竞争产品的分析。真正能够了解企业的竞争对手离不开竞品调研分析，一个企业，无论是大型企业还是小型企业，竞品分析都是市场部门的重要工作，同样也是一个产品经理的必备要求。那么，什么是竞品分析？竞品分析不是简单地分析竞品有哪些，它们的优势与劣势以及去找寻对方的劣势去加强自己的竞争优势。这些都是比较浅显的层面，竞品分析涉及的维度非常多，不同的竞品分析目的所得到的结果也大不相同。那么请思考，真正的竞品分析是什么？

一、竞品分析的定义与内涵

"竞品分析"一词最早用于经济学领域，从学术上来讲是对导入期竞争对手的市场经营情况与策略进行深入的调研分析。市场营销和战略管理方面的竞品分析是指对现有的或潜在的竞争产品的优势和劣势进行评价。迈克尔·波特将产品分析定义为一种市场分析和企业战略制定的重要辅助工具。现在更多人认同竞品分析源于"比较分析法"，并且是比较分析的一种应用，而不是简单的对比分析，其更重要的是分析竞争产品背后的竞争对手的活动迹象，关注竞争产品背后操盘手的逻辑策略，而不盲目地进行对比并跟从。因此也就有了现在所说的竞品分析的内容涵盖了两方面，即客观调研与主观分析，客观调研即从竞争对手或市场相关产品中，确定要考察的角度或维度，得出真实的情况，而这完全是真实的数据或一些事实，没有个人主观分析及想法；主观分析是一种接近用户流程模拟的结论，可以对事实进行"加工"，加以个人的看法情感，列出竞品或者自己产品的优势与不足。在分析别人的产品或品牌的同时，自己走了一遍用户流程。因此，现在有人将竞品分析作为一种与产品设计和优化服务有关的研究活动，将其作为一种用户研究方法。

从市场角度出发，将竞品分析定义为从客观角度出发对自己的品牌及产品形成的直接或间接竞争品牌及产品进行调研，整合所获得的有效信息进行对比和分析，通过类比分析归纳出整体优势及劣势，深入探究竞品商业活动的目的及预测未来发展策略，为自己的产品及企业的发展方向及战略制定作出指导的一种市场分析方法。

明确竞品分析的定义后，就要明白竞品分析所涵盖的内容，其主要分为两个层面，第一层为调研，即调查能"视而可见"的信息，包括产品的定位、功能、用户、交互、运营等，基本了解竞争对手做得怎么样。第二层即分析，根据调研内容分析"视不可见"的内容，包括竞品为什么这么做、如何做到的、接下来会怎么做等内容，剖析竞争对手的企业战略及产品运营策略。

二、竞品分析的维度

从产品的视角来看，竞品分析的维度有三大类，分别是市场属性、物理属性、情感属性。

市场属性包括但不限于：企业发展现状及战略，产品目标定位，目标用户及用户反馈，销售情况及市场占有率，营销战略战术，设计能力，生产水平，技术特征。通过以上八个方面去了解企业的发展背景、目前情况及未来的发展趋势。从市场角度进行的竞品分析，主要用于帮助市场部门进行战略及策略的调整，营销活动的制定等。

物理属性主要针对产品来表现,其主要是指以物理形体或形象为载体呈现的各种属性。常见的物理属性主要有功能、材料、配件、工艺、质量、结构、色彩、图案、包装、使用的技术与规范等。从产品的物理属性进行的竞品分析,主要是帮助生产设计部门开发产品、设计产品或进行产品的改进工作。

情感属性是在物理属性的基础上加入个人的主观情感,赋予产品特性一定的情感价值。情感属性常见的有安全感、美观度、舒适度、亲和度、科技感等一系列带有情感色彩的属性。情感属性是基于用户方面提出的,所以大多会根据用户的实际感受或者将自己代入用户角色去分析。

大部分的竞品分析报告是从市场的角度来看的,从战略定位、盈利模式、用户群体、产品功能、推广运营策略、商业模式及情感体验入手分析。不同职位、不同分析目的所考虑的维度也不同,如一个产品经理会关注战略定位、产品功能、产品交互及视觉体验等方法,品牌运营经理可能更注重用户群体、推广运营策略以及商业模式。以蜜雪冰城为例,蜜雪冰城在其各阵地官方账号上陆续发布了一支宣传歌曲 MV,在随后的一个多月时间内,各大社交媒体持续发酵。在 B 站,以"蜜雪冰城"为关键词,排名前 20 与主题曲有关的热门视频累计播放量高达 6 000 多万。在微博,♯蜜雪冰城新歌♯和♯这是蜜雪冰城新歌吗♯,两个话题的阅读量破 6 亿。抖音上关于♯蜜雪冰城♯的抖音话题播放量高达 55 亿,累计话题量近百亿。仅仅 2021 年 6 月,蜜雪冰城的话题已上抖音热搜榜六七次。探究蜜雪冰城的快速走红之路主要是研究推广营销策略,"你爱我,我爱你,蜜雪冰城甜蜜蜜",在看到这句话时,脑袋里立刻响起魔性的旋律。此种病毒式营销的成功让蜜雪冰城迅速破圈,同时采取的社会化营销让蜜雪冰城更贴近大众,此种分析维度主要是从营销的角度进行推广策略分析。

第二节　为什么前期要竞品调研

知道竞品分析的维度后,在进行竞品调研分析前,首先要明确的是为什么要做竞品分析,即竞品分析的目的。很多时候调查人员做竞品调研分析是为了分析而分析,这样会陷入误区或者存在分析的盲区。很多公司也会选择让刚入职的员工进行竞品分析,这是为了让其更快地熟悉产品,更好地上手业务工作,然而对于进行调查分析的人员来说,可能做竞品分析的目的就是领导让做的我就去做,或者是公司岗位要求的工作。带着这样的目的做出来的竞品分析报告逻辑是混乱的,可能分析到最后没有什么结果,或是只有一些没有价值、没有营养的显而易见的结果。所以明确做竞品分析的目的非常重要,首先要明确为什么要做竞品分析,想要一个什么样的结果。

为什么要做竞品分析? 它的答案多种多样。例如可以是为产品制订可行的方案,制定产品运营策略;或是更多地了解竞争对手的产品和市场动态,可以掌握竞争对手的资本背景、市场用户细分群体的需求满足和空缺市场;也可以是自我快速调整战略,使得产品保持稳定的市场份额或提高市场占有率,提高市场份额;也可能是为没有形成较为有效完整的系统化思维和客观准确方向的新产品(没有进入过的新领域、新行业)提供决策指导。做竞品分析不同的目的带来的是不同维度、不同质量的报告,接下来将以结果为导向来探究做竞品分析的两种目的。

一、以快速进入并熟悉行业为目的

很多职场新人可以通过做竞品调研分析达到快速进入陌生的行业、快速熟悉行业特点的目的,这也是很多企业给新入职员工的一份工作。以此为目的做竞品分析要关注的不是竞品的战略层面和商业模式层面,因为对于新进入行业的新人而言,去关注战略及商业模式所分析出来的大部分是"假大空"的结果。对此,更应该关注对于竞品的体验,将自己从身份岗位中摘出来,让自己成为一个竞品的体验者和消费者,此时是从用户的角度来分析竞品,以获得真实感受。

二、以决策支持战略指导为目的

从管理职能层面来说,需要进行竞品分析,了解竞争对手的产品及运营模式,以及对其未来发展方向进行预测,给予自己的产品一个战略指导或者需要避免风险,进行"风险预警"。基于此种目的进行的竞品分析,贯穿于企业及产品的整个生命周期。

其主要目的分为两个层面:①新产品开发,需要了解竞品的主要特征和产品的吸引点,以此差异化开发产品。竞争获胜的关键因素首先就是差异化定位,只有了解竞品的优势及劣势,吸取竞品成功及失败的经验,抓住市场空白或者竞品的不足,才能够快速抢占市场份额。②产品优化,调整品牌或产品运营策略。需要与竞品进行对比,发现自身的优势及不足,通过竞品来提供参考,优化产品功能或者运营方式,找到品牌的市场引爆点,采取更有利的营销方式,提高市场占有率。

第三节　服务创业者如何分辨竞争对手

创造一年2亿元的商业奇迹,用12年将1元钱变成龙头企业的深圳市脉山龙信息技术股份有限公司总裁汪书福曾说过,"做企业就像打高尔夫,遇强则强,遇弱则弱。如果对手水平太低,就会随意发挥,甚至打坏几杆也不介意。因此,要选择对手。""知己知彼,百战不殆",要想在市场抢夺一席之位,首先要知道"彼"是谁,谁是你的竞争对手,什么是你的竞争产品,如何来选择竞争产品。尤其是需要明确"选择重于分析,分析重于罗列"。

一、竞品的界定

(一)产品的市场竞争层次

哥伦比亚大学唐纳德·R.莱曼(Ronald R. Lehmann)教授提出了产品的市场竞争的四个层次(表4-1),将竞争产品从企业的内部及外部进行区分,即以内部为导向的竞争形式有产品形式竞争及产品品类竞争,以外部为导向的竞争形式有产品属类竞争及预算竞争。此种竞争产品的分类方式对于制定产品战略和制定营销策略具有适用性。

表 4-1   产品的市场竞争层次

竞争形式	导向	定义
产品形式竞争	以企业内部为导向	同类产品竞争,有相同的产品特征,面对同样的细分市场
产品品类竞争		具有类似特征的产品或服务之间的竞争
产品属类竞争	以企业外部为导向	满足用户同一需求的产品或服务之间的竞争,以更长的时间跨度为导向
预算竞争		考虑市场上争夺同一消费者钱包份额的所有产品和服务

在此以比较火的社交媒体产品抖音为例,如图 4-1 所示,对于抖音这种短视频类 App 来说,快手、火山小视频、微视形成了产品形式竞争,这几个产品属于同类产品,具有相同的短视频发布及浏览特征,针对的用户市场也是同一细分市场;小红书、皮皮虾、哔哩哔哩、微博等形成的是产品品类竞争关系。例如小红书及皮皮虾都具有和抖音一样的短视频功能,但与后者不同的是,前者还具有社区论坛及文字内容分享等功能,它们具有类似的特征但功能又不完全相同,因此属于品类竞争产品;形成产品属类竞争的代表有腾讯视频、爱奇艺视频、优酷视频,此类产品包含短视频功能,但不属于社交分享类产品,属于视频类产品;对于预算竞争的产品,如淘宝、美团、网易云音乐等,此产品看上去似乎难以和抖音形成竞争关系,但从时间成本来看,刷淘宝、看美团、听网易云音乐同样是耗费时间的活动,从这个层面看是争夺同一个用户的时间成本。

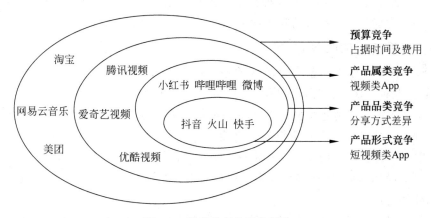

图 4-1   抖音的产品竞争层次

(二)产品的功能需求竞争层次

根据产品的功能及能否满足用户的需求的差异,可以将竞品分为平行竞争者、品牌竞争者、产品形式竞争者和愿望竞争者四种竞争形式。

(1)平行竞争者。平行竞争者又称为形式竞争者,是指能够满足同一需求的不同产品的竞争者。例如自行车能够满足消费者的出行需求,但同样汽车也可以满足,这样汽车就成为自行车的平行竞争产品。

（2）品牌竞争者。品牌竞争者是指能够满足相同需求的、规格和型号等相同的同类产品的不同品牌在质量、特色、服务、外观等方面所展开的竞争。例如奶粉品牌中的飞鹤和伊利的子系列婴配粉，同样都有一段产品，都能够满足婴儿的成长需求，这两种品牌互为品牌竞争者。此种竞争产品的相互替代性非常高，这也使得品牌竞争非常激烈，因此企业会选择培养消费者的忠诚度来提高购买率。

（3）产品形式竞争者。产品形式竞争者也称为行业竞争者，是指生产同种产品，但提供不同的规格、型号、款式的竞争者。在此依旧以奶粉市场举例，如飞鹤婴配粉的子品牌星飞帆及精粹益加，同样都是婴儿配方奶粉，但星飞帆和精粹益加的配方不相同，营养元素的添加量不相同，这样二者就形成了产品形式竞争。

（4）愿望竞争者。愿望竞争者是指能够提供不同的产品以满足不同需求的竞争者。类似于预算竞争，消费者有消费 100 元钱的愿望，那么他的选择就多种多样，如可以选择购买文具或食物，同样也可以选择消费电影等娱乐活动，这样文具、食物、需要付钱的娱乐活动之间存在竞争关系，称为愿望竞争。

二、竞品信息收集途径

收集竞品信息要注重准确性，所谓"商场如战场"，竞品信息就像战争情报一样重要，会影响企业的战略制定。"情报"信息主要分为两方面：原始资料和二手资料。原始资料是调查的基础，指调研人员为解决特定问题而通过现场实地调查，直接向有关调研对象收集的资料，是调查活动中所产生的各种文字和数据资料。二手资料又叫作次级资料，是经过他人收集、记录、整理所积累的各种数据和资料。根据资料的不同，信息收集的途径又可以分为两个方面：一手资料的收集途径和二手资料的收集途径。

（一）一手资料的收集途径

（1）亲自体验。亲自体验竞争品牌的相关产品，以此得到的直观感受是作为体验者的真实感受，此种方法可保证所获资料的真实性。

（2）实地考察。实地考察同样是亲自去进行相关调研，不仅是收集一手资料的方法，还能够验证所收集到的数据及资料的真实性。

（3）用户访谈。用户访谈是一种常用的方法，在竞品调研分析中同样常用，不仅能够直接了解到竞品的优劣，还能够直接明确用户需求。此种方法更具灵活性，能够明确用户对产品的使用态度。

（4）问卷调查。问卷调查是指通过制定详细周密的问卷，要求被调查者根据问题回答的调查方法。所得结果更直观，并且能够进行相关数量分析。

（二）二手资料的收集途径

1. 竞品官方公布资料

（1）官网、官方微博、官方公众号。

（2）采访、媒体报道、相关访谈、高管社交媒体账号。

（3）产品文档、用户交流群、用户论坛、客服热线、技术问答。

（4）产品发布会、产品广告、展览会、推广活动。

（5）公司季度/年度财报、财报解读、内部出版物。

2．第三方渠道

（1）行业媒体平台、行业协会。

（2）线下行业峰会、展销会。

（3）公司内部渠道，如内部市场、运营部门、管理层等信息的收集。

（4）第三方数据库，如艾瑞咨询、DCCI互联网数据中心。

（5）合作伙伴、供应商。

（6）搜索引擎、专利机构。

（7）证券交易所、投资银行的报告。

（8）政府部门的统计资料。

（9）案例研究和论文。

（10）社交媒体的内容发布及评论。

互联网的发展给竞品信息的收集带来极大的便利性，以社交媒体为例，现今比较火的社交媒体软件微博及小红书，是能够掌握竞品动向以及用户体验情况的便捷媒介，用户发布的内容包含品牌的广告和用户使用的真实反馈，能够直接快速获得。但在竞品信息的收集中，一定要学会辨别真实信息及假信息。以小红书为例，有些用户收取商家的广告费，但发布内容以自己的使用情况、自己的口吻进行，为了帮助商家而进行的隐性广告输出，可能没有真正使用或者效果并不像所发布的反馈一样好。以最简单的面膜为例，用户发布内容为面膜的使用效果测评，测评出具有美白功能、保湿补水功能，还能祛痘，但实际上可能并没有使用过，只是收取了广告费为了增加真实度做成用户体验的效果。这类信息需要收集人去辨别，假信息对于分析并没有帮助，只能从中看出此类产品的主要功能，但实效并没有较高的信任度。

第四节　服务创业前期如何开展竞品调研

知己、知彼、知环境，通俗地讲就是知道自己在做什么，知道别人在做什么，怎么做的，然后就知道怎么与别人竞争。识别并判断对手目标，确定竞争对手的战略，评判对手的优点和弱点，预测对手的反应模式，选择攻击或回避的措施。在这里很重要的一点是要形成自己的判别"好坏"的衡量标准，真正意义上来说，公司的运营策略并无好坏之分，也无对错之别，主要是这一阶段的战略是否适合此时的商业环境，是否与公司的未来发展方向或公司的文化相匹配，是否符合自己的产品特点。是否适合就要有自己的一套衡量评判标准，竞品的策略是否符合竞品本身，同样，是否适合自己的产品，能否学习改变成为自己产品的策略。司马迁曾在《高祖功臣侯者年表》中提到"居今之世，志古之道，所以自镜也，未必尽同"，可能对竞品来说很成功的策略或者运营方法对本品是不适用的，可以借鉴，但不能复制，市场环境不同，所采取的运营之道也不同。所以在对竞品的运营模式分析前需要形成一套自己的衡量标准，这不是一蹴而就的，是需要大量的案例分析经验的。通过前面的介绍，对竞品分析有了大致的了解后，接下来就是如何做竞品分析。

一、竞品分析的方法工具

（一）竞品分析的工具

《有效竞品分析：好产品必备的竞品分析方法论》将竞品分析的工具分为三类，即精益画布、竞品画布及战略画布。通过这三种工具能够全面有效地进行竞品分析，掌握整体信息。

1. 精益画布

精益画布，又被称作产品精益商业看板，是一张呈现在纸上的可视化简明商业企划书（图 4-2）。精益画布是规划与分析商业模式的一种经典工具，侧重于产品的商业模式分析，在竞品分析中用来帮助了解竞品的信息以及趋势走向。

产品名称：　　　　作者：

【1 问题】客户最需要解决的3个问题 该产品需要解决的核心痛点	【4 解决方案】为存在的问题找到解决方案	【3 独特卖点】为什么你的产品值得购买（用一句话描述产品）	【7 竞争壁垒】无法被对手轻易复制的竞争优势	【2 用户细分】目标客户是谁，有什么特征
	【6 关键指标】哪些数据指标能够了解产品的真实情况		【5 渠道】如何推广自己的产品	
【8 成本分析】生产成本费用、获取客户所需花费、销售花费、人力资源费用			【9 收入分析】盈利模式、收入、毛利	

图 4-2　精益画布

如图 4-2 所示，精益画布包含九个模块。

（1）问题：提出 3 个你认为该产品解决的最核心的痛点。根据马斯洛需求层次理论，痛点需要对应消费者的需求，基于此开发出的产品才能够解决用户需求，符合消费者的要求。

（2）用户细分：你的目标客户是谁，用户的具体特征有哪些。做客户细分的基础主要是每种客户有自己的需求，客户群体存在差异性，但没有一种产品能够满足所有的用户需求。因此只有挖掘用户足够准确，才能更贴近用户需求，获取细分领域的足够多的消费者。

（3）独特卖点：什么是能够吸引用户的卖点，为什么用户选择你的而不是竞品的。独特的卖点相当于产品的核心竞争力，是产品的优势。例如"更适合中国宝宝体质"的国产奶粉飞鹤，其奶粉配方是从中国宝宝体质进行营养元素的研究，这就是其独特的卖点，也让其成为国产奶粉的龙头企业。

（4）解决方案：为现今存在的问题找到正确的解决方案。有问题，有痛点，有卖点，这就需要为问题找到解决方案。合理的解决方案能够为开发和优化自己的产品提供相应策略。

（5）渠道：如何找到目标客户，如何进行推广。通过对渠道的分析，能够了解产品的推广方式，只有渠道的成功才能让产品成功，让产品在市场立足。

（6）关键指标：哪些数据指标能够让你了解产品的真实情况。产品的市场情况，成功与否需要一定的指标去衡量，如何确定哪些指标是合适的需要明确的衡量标准。

（7）竞争壁垒：如何建立自己的壁垒，无法被竞争对手模仿并超越。可以从产品的研发、功能的创建、渠道的多元优势等进行壁垒的建造。只有创造出属于自己产品的独特优势，才能保证产品处于不败地位。

（8）成本分析：做此产品的直接成本和间接成本有哪些，通过怎样的方法能够减少成本。减少成本是每个企业都会尽量做的事情，不仅是产品的生产成本，还包括运营推广成本。例如在推广之初，可以尽量减少运营成本，先小范围地进行推广，收集用户反馈信息，提高产品接受度。

（9）收入分析：产品用何种方式可以赚钱，如何达到盈亏平衡。如果一个产品长时间不盈利，最终只会退市亏损。因此需要找到能够获利的最佳方式。

通过精益画布可以更全面系统地分析产品，建立产品的全局观。同时也可以考虑到用户的需求、技术的可行性、商业的可行性，从而规划出更符合用户需求的产品。以高德打车为例，如图4-3所示，利用精益画布分析其商业模式。

产品名称：高德打车

【1 问题】 高峰期打车难 司机绕路 乱收费	【4 解决方案】 融入各种形式的车 满足用车需求 导航系统 强制计价	【3 独特卖点】 打开App，输入目 的地名称即可打 车，实时掌握车 辆定位，较多的 优惠券及补贴	【7 竞争壁垒】 较高的应答率 品牌效应 技术支持	【2 用户细分】 需要打车的用户 （场景：上班下 班、赶车、接机 等）
	【6 关键指标】 App打开次数 叫车次数 平均费用		【5 渠道】 利用媒体渠道做宣传 支付渠道的优惠	
【8 成本分析】运营成本，技术开发成本， 广告投入			【9 收入分析】大数据的采集、信息的价 值以及费用提成	

图4-3　高德打车的精益画布

2. 竞品画布

首先明确什么是竞品画布，竞品画布是做竞品分析的简易模板，就像一个菜谱，将竞品分析的几个关键步骤固化在一张纸上作为模板，快速高效地掌握竞品分析的内容。同时，竞品画布还能够快速、低成本验证自己的思路是否正确。竞品画布的内容如图4-4所示。

做竞品画布就像做一个简易版的竞品分析，先把思路理清楚，再进行细致的分析研究。以贝特佳奶粉为例，所做出的简易竞品画布如图4-5所示。

产品名称：　　　　作者：

【1 分析目标】 为什么要做竞品分析？想要达到什么效果	【5 优势】 与竞品相比你的产品有哪些优点	【6 劣势】 与竞品相比，产品有哪些缺点
【2 选择竞品】 竞品品牌、产品名称及选择理由	【7 机会】 有哪些外部机会	【8 威胁】 有哪些外部威胁
【3 分析维度】 从哪几个角度来分析竞品	【9 建议与总结】 通过竞品分析，对你的产品有哪些建议，要采取什么样的竞争策略	
【4 收集竞品信息】 从哪些渠道收集竞品信息		

图 4-4　竞品画布的内容

产品名称：贝特佳奶粉

【1 分析目标】 分析飞鹤的产品及运营策略，为自己的品牌做出战略指导	【5 优势】 奶源优势，价格优势，服务优势	【6 劣势】 品牌知名度低、新品牌
【2 选择竞品】 飞鹤星飞帆系列，此产品是飞鹤的明星产品，占有极高的市场份额	【7 机会】 经销商售卖飞鹤星飞帆利润低	【8 威胁】 飞鹤其他系列逐渐占据市场
【3 分析维度】 产品的配方、奶源、广告情况、推广活动	【9 建议与总结】 为经销商及消费者提供更好的服务，大力进行推广活动	
【4 收集竞品信息】 奶粉实体产品，百度搜索，官方公众号，走访门店		

图 4-5　贝特佳竞品画布

3. 战略画布

战略画布基本上是一个折线图，根据公司或组织的重要性来绘制功能及因素，然后叠加竞争对手或行业基准，这样能够使我们清晰地知道市场战略情况与自身产品的战略情况之间的对比差异，帮助制定更有效的战略。利用战略画布做竞品分析，能够图形化地描述自己的产品与竞品在竞争各要素上的强弱。

如图 4-6 所示，战略画布基本是折线图，横轴是竞争因素，指出市场的属性或典型特征；纵轴是提供水平，是每个属性的提供级别，较高级别表示该属性比较重要，需要花费大部分精力来提供。绘制出的曲线中空白的部分表示市场中存在竞争空白，这些空白只有当用户有需求时才具有竞争的价值。如果几个产品的价值曲线非常相似,则表示竞争关系非常强烈,否则表示竞争关系比较弱。

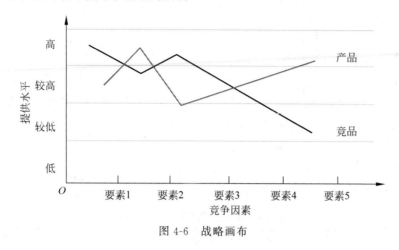

图 4-6 战略画布

(二)竞品分析的方法

1. 比较分析法

比较分析法,也称比较法或对比分析法,是通过实际数与基数的对比来提示实际数与基数之间的差异,借以了解经济活动的成绩和问题的一种分析法。在竞品分析中,是与竞品做水平横向比较,在相对统一的维度下,先分别罗列出各个产品之间的特性,然后进行比较,便于深入了解竞品,通过分析找出优势及劣势。根据比较的形式,其可以分为打钩比较法、评分比较法及描述比较法。

(1)打钩比较法。打钩比较法用于产品的功能、配置及特性的比较分析。在进行产品功能的比较时,可以选取竞品中具有比较全面的功能进行参照,如果在对比时发现有些功能是参照产品没有的,也可以添加进去。以此可以全方位地了解不同产品之间的功能差异,为自己的产品功能开发或优化提供参考。如表 4-2 所示,在表格中横向列出所要进行对比的竞品,纵向是产品的功能,如果该产品具有此种功能,就在相应的位置用"√"进行标记。此种方法使得各产品的优势及劣势一目了然,便于分析。

表 4-2 打钩比较法

功能点	竞品 1	竞品 2	竞品 3
功能 1	√		
功能 2		√	
功能 3			√

(2)评分比较法。评分比较法较多用于用户体验,从产品的使用者角度出发,对其想要满足的需求进行评分,此种方法通常给出 1~5 的区间进行打分,实际上表现的是使用情况的满意度。如表 4-3 所示,横向是产品,纵向是评分项目,可以根据使用者对产品的使用效果来选择维度,如价格接受程度、包装认可程度、功能满足程度、服务态度等。

表4-3 评分比较法

评分项目	评分子项目	竞品1	竞品2	竞品3
项目X	项目1	1～5	1～5	1～5
	项目2	1～5	1～5	1～5
	项目3	1～5	1～5	1～5
	项目4	1～5	1～5	1～5
	项目5	1～5	1～5	1～5

（3）描述比较法。描述比较法多用文字、表格、图片等形式详细描述各竞品的具体表现、特点、优势及劣势等。以淘宝和京东为例,如表4-4所示。此种方法对竞品情况掌握得更加具体详细,但以定性为主,容易加入更多的个人主观看法,可能导致结果的不客观及信任度较低,因此多用图片、视频等方式进行佐证增加可靠性。

表4-4 淘宝及京东的描述比较法

产品	搜索能力	商品价格	商品质量	客服情况	到货速度
淘宝	强,一般产品都能搜到	较便宜	较好	处理速度较快	一般,从店家仓库发货
京东	较强,个别产品搜索不到	较贵	好	处理速度一般	较快,从京东仓储发货

2. 象限分析法

象限分析法是将需要分析的内容分成四个象限,横、纵坐标制定两个比较维度,将不同的产品依据属于各自的维度高低进行四个象限的填充。具体方法如下:首先要确定两个关键的竞争要素,其次画出二维矩阵,两个关键的竞争要素作为横、纵坐标,选择竞品放入象限中进行优势及劣势的分析,同时要思考自己的产品应该放在哪个位置。此方法同样便于确定产品的定位、快速识别竞品的定位情况以及帮助自己的产品进行合理定位。如图4-7所示,假设要分析几个产品的价格和质量情况,可以做象限分析,横坐标为质量好和质量差,纵坐标为价格高和价格低,将产品根据价格高低和质量好坏分别填入不同象限。

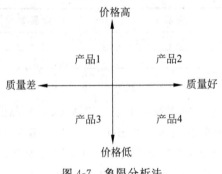

图4-7 象限分析法

3. 竞品跟踪矩阵

竞品跟踪矩阵主要是记录跟踪产品版本的迭代史，主要有四个要素，分别是时间、竞品每个历史版的版本号、每个版本的变化特点以及外部的环境变化情况。绘制竞品跟踪矩阵首先要获取竞品的版本记录，按照时间线对竞品的各个版本进行跟踪，记录版本号及变化情况；其次对外部的环境进行记录，包括相关的政策、技术或者经济环境；最后通过竞品跟踪矩阵，推测竞品的迭代周期、经济投入、权重变化，对竞品的下一步计划进行预测。虽然记录产品的版本情况看上去更适合 App 类产品，但无论是实体产品还是互联网产品均可使用。当要对实体产品进行分析时同样可以记录产品的变化，例如食品可以记录口味的变化、颜色的变化、包装的变化等，都具有可操作性。根据图 4-8 来具体分析竞品跟踪矩阵的使用。

图 4-8　竞品跟踪矩阵

4. 产品环境的分析方法

对于一个产品来说，其所处的环境有三种，即企业内部环境、行业环境以及宏观环境。其中，企业内部环境影响产品的发展，行业环境影响企业的发展，宏观环境影响行业的发展。因此要探究产品发展的影响方面，不仅要分析企业内部环境，还要分析行业环境及宏观环境。对此，分析宏观环境可以采用 PEST 分析法，分析行业环境可以采用波特五力模型，最后分析企业及整体环境可以采用 SWOT 分析法。

1）PEST 分析法

PEST 分析法是指对宏观环境的分析，便于找到发展机会，同时能够明白挑战与威胁。PEST 中的 P 是政治（politics）、E 是经济（economy）、S 是社会（society）、T 是技术（technology），对于企业的宏观外部环境分析主要从以上四个方面进行。

对于政治环境来说，主要包括政治制度与体制，政治环境是否稳定，政府所持的市场道德标准是什么，政府的经济政策是什么，其主要的影响因素有企业和政府的关系、产业政策、政府的财政支出、政府预算、进出口限制、财政政策与货币政策等。构成经济环境的关键战略因素包括 GDP、利率水平、通货膨胀、失业率水平、汇率、市场需求等，企业是处于宏观环境的微观个体，经济环境决定其战略的制定和实施。对此，企业不仅要关注关键战略因素，还应关注经济变量，主要有消费模式、劳动率生产水平、股票的市场趋势、贷款的难易程度等。社会环境影响最大的是人口环境和文化背景，人口环境主要包括人口规模、人口分布、年龄结构、种族结构以及收入分布等。企业应该注重的社会文化因素主要有企业或行业的特殊利益集团、对政府的信任程度、对退休的态度、社会责任感、生活方式、公共道德观念、收入差距、购买习惯等。技术环境不仅包括发明,还包括与企业相关的新技术、新工艺、新材料的发展趋势及应用背景。需要关注科技是否降低了生产服务成本并提高了质量,科技能否提供创新的产品与服务,科技能否为企业提供可以和客户沟通的新方式。

通过 PEST 分析企业外部的宏观环境,能够帮助企业了解宏观环境的变化发展趋势,让产品发展顺势而为,制定合适的战略规划。

2)波特五力模型

波特五力模型如图 4-9 所示。

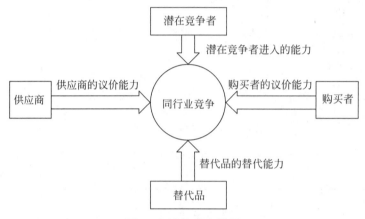

图 4-9　波特五力模型

（1）现有竞争者的竞争能力。

大部分行业中的企业,相互之间的利益都是紧密联系在一起的,将行业市场看作一个大蛋糕,这些现有的企业就在瓜分这块蛋糕,一个企业占有的蛋糕多,另外的企业分到的蛋糕就会少,各企业的竞争目标都在于获得相对于竞争对手的优势,每一个现有企业都想自己瓜分的蛋糕比竞争者更多,所以,在实施中就必然会产生冲突与对抗现象,这些冲突与对抗就构成了现有企业之间的竞争。

当出现下述情况时,一般就意味着现有企业间竞争要加剧了:第一,行业的进入门槛较低,竞争对手非常多;第二,市场趋于成熟,产品需求增长缓慢;第三,竞争者企图采用降价打价格战;第四,产品同质化严重,竞争者提供几乎相同的产品或服务,顾客买谁的都可以;第五,利润高,当行业利润可观时企业之间会加剧竞争争取得到更多收益;第六,强兼并弱时,弱者突然发起进攻,结果使得弱者也就是刚被接收的企业成为市场的主要竞争者;第七,退出门槛较高,即退出竞争比继续参与竞争的代价更高,使企业不得不继续在该市场中竞争。

所以,当某个市场已经有了众多强大的竞争者,那么该市场不是一个合适的目标市场,新兴企业强行进入参与竞争会付出高昂的代价。

（2）潜在竞争者的能力。

潜在竞争者就是新进入市场的企业,它们在给行业带来新动力的同时,还希望能在已被现有企业瓜分完毕的市场中赢得一席之地,这就会与现有企业发生市场份额的竞争,最终导致行业中现有企业的利润降低,严重的话还有可能危及这些企业的生存。竞争性进入威胁的严重程度主要取决于进入新领域的障碍大小与预期现有企业对进入者的反应情况。

潜在竞争者威胁的严重程度取决于两方面的因素,即进入该行业的门槛高低和预期现有企业对于新进入者的反应情况。如果进入市场的门槛很高,新企业会遭遇很大的壁垒,新的竞争者就很难进入该市场;如果该市场的门槛很低,新企业很容易进入该市场,那么这个市场的吸引力就大大降低了。如果现有企业对新企业的进入反应平淡,那么新企业会较容易生存;如果现有企业对新企业反应很激烈、很排斥,新企业将会承担难以预估的代价和风险。

(3)替代品的替代能力。

替代品的替代能力主要是替代品的竞争能力,替代品虽然与自己的产品的形式不同,但同样能够满足消费者的需求,替代品会影响行业中现有的战略布局。替代品的价格越低,质量越好,用户的转换成本越低,其所带来的威胁程度越高,就会使竞争越激烈。两个不同的企业,可能会由于所生产的产品是互为替代品,从而产生相互竞争行为,这些行为会严重影响企业的收益。比如:由于存在着能被用户接受的替代品而限制企业产品售价以及获利潜力的提高。或者由于替代品生产者的侵入,现有企业必须通过提高产品质量或者降低成本来降低售价,使其产品具有特色,否则就会影响其销量与利润的增长。另外,替代品的竞争强度,受转换成本高低的影响。

举个例子,网红店的衣服因为制作周期长,消费者经常在预售后要一个月才能拿到,而其他成品布网店就有很多现货,现拍现发,这就是替代品关系,在成品布网店的压力下,很多网红店作出了改变,它们先制作好一部分库存以缩短发货周期并降低价格以留住消费者。总之,替代品价格越低、质量越好、用户转换成本越低,产生的竞争压力就大,企业要根据自己拥有的资源进行权衡看是否要进入该目标市场。

(4)供应商的议价能力。

供应商拥有企业所需要的原材料,并且可以控制以多高的价格卖给企业,所以企业的利润会受到供应商的很大影响。一般来说,供应商具有较为稳固的市场地位不受竞争困扰和威胁,产品具有竞争优势,具有一定的特色,买主的转换成本较高,会有较强的议价能力;购买者的讨价还价能力主要是想通过压价要求提供更高的产品或服务质量的能力,当购买者总数较少、购买能力较强、卖方规模较小时,议价能力会比较强。供应商力量的强弱主要取决于它所提供给企业的是什么,当供应商所提供的东西的价值占了企业产品总成本的较大比例、这些要素对企业产品生产过程非常重要,或者严重影响产品的质量时,供应商对于企业讨价还价的力量就大大增强。

总之,如果供应商的议价能力很强,市场的吸引力就较小,强大的供应商会进行扩张,它的议价能力就会提高,所以,在选择目标市场时要看是否可以与供应商建立良好关系或者多种供应渠道。

(5)购买者的议价能力。

购买者可以对产品进行讨价还价,也可以对产品的质量和服务提出高要求,这些行为会影响行业中现有企业的盈利。购买者的议价能力受以下方面影响：第一，购买者的总数少，并且每个购买者的购买量大，这些销售额占了卖方销售量的很大比例。第二，卖方行业由大量的小企业所组成。第三，购买者所购买的是一种标准化产品，同时向多个不同的卖主购买产品也完全可以。第四，购买者有能力实现后向一体化，而卖主不可能前向一体化，通俗来讲就是卖家不存在店大欺客的行为。总之，如果购买者的讨价还价能力很强或者正在加强，该目标市场的吸引力就大大降低，因为购买者会尽力地压低价格，又要求供应商提供高质量的产品和服务，这时，销售商之间会进行激烈的竞争，从而使整个行业的利润水平大大降低。企业在选择目标市场的时候，一定要注意避免进入这种市场。

在使用波特五力模型进行分析时，首先需要注意从全球化的大背景考虑竞争格局，其次要关注行业的变化，整个行业并不是处于静止状态，所以要适时更新五力模型的内容。

3）SWOT 分析法

SWOT 分析法即态势分析法是市场分析及竞品分析的常用方法，其中 S 是优势（strengths），W 是劣势（weaknesses），O 是机会（opportunities），T 是威胁（threats）。优势及劣势针对企业内部环境进行分析，机会及威胁针对企业的外部环境进行分析，从四个方面进行调查，分别列举在矩阵中并进行匹配，进而系统全面地研究，根据不同的组合方式进行不同的战略确定。SWOT 帮助企业进行自我判别，更加了解企业内部的整体情况，同时对外部的分析能够明晰竞争情况。在竞品分析中，主要从竞争对手的角度出发，探求自己的企业与竞争对手的优势及劣势，分析竞争对手的竞争情况能够带来哪些机会和威胁。

优势及劣势是企业的内部因素，可以考虑的要素有资金来源、企业形象、规模经济、核心技术、产品价格、质量情况、生产成本、广告情况、渠道资源、管理团队、内部流程等。机会和威胁是企业的外部因素，机会可以考虑的要素有市场的新需求、新市场、新产品、竞争对手的失误、开发的新技术、有利的政策法规、并购机会等；威胁可以考虑的因素主要有市场紧缩情况、行业政策的不利、经济衰退、竞争对手的新战略、新产品、替代产品的增加、人力成本的增加、消费者偏好的改变等。

二、竞品分析的步骤

可能你没有做过真正的竞品调研分析，但你一定做过类似于竞品分析的事情。如我们经常提到的货比三家，买菜时也会去各个商摊询问菜价，以求买到便宜又新鲜的蔬菜。这些都是比较浅显的"竞品分析"。现在请思考，假设你想要买一辆汽车，你会怎么做？

首先，要清晰地知道自己购买汽车的预算，也就是价格范围。其次，要确定想买的汽车具有什么功能，如座椅加热、方向盘加热或者座椅通风等，先了解自己的需求。针对自己的需求找出一系列目标品牌、目标型号，如特斯拉、丰田、福特或凯迪拉克等。确定好品牌后就需要收集相关信息，哪个 4S 店价格合适，哪个店有优惠。收集信息有多种方式，可以上网收集，可以询问朋友，也可以亲自去 4S 店里体验询问，还可以进入相关圈子去关注等，都可以获得你想要的信息。获得相关信息后就需要进行对比分析，对比不同渠道的产品、价格、促销活动以及售后服务，最后根据对比信息及预算需求选择自己最想要买的汽车产品。整体的流程是购买汽车的选择分析，同样，竞品分析的流程也是类似的。

竞品分析步骤如图 4-10 所示。

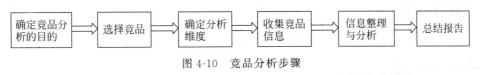

确定竞品分 → 选择竞品 → 确定分析 → 收集竞品 → 信息整理 → 总结报告
析的目的   维度   信息   与分析

图 4-10　竞品分析步骤

1. 确定竞品分析的目的

确定竞品分析的目的相当于确定一条定位线，无论是以快速熟悉市场为目的，还是以为决策提供指导为目的，接下来所收集的信息、研究的内容、分析的层面都不会离开这条定位线，始终贯穿全程，指导整体，防止分析的内容杂乱无逻辑，最终不知道自己要分析什么内容。

2. 选择竞品

根据竞品的界定内容的两种层次——市场竞争层次和功能需求满足层次选择竞品。无论分析目的是"学习借鉴"还是"决策指导"或是"预警避险"，都可以通过市场份额、公司背景、用户反馈等方面进行选择。需要"学习借鉴"时选择市场份额较大的大公司，其拥有极好的用户反馈，选择此种竞品能够发现其优势方面。想要进行"决策指导"可以同时选择市场份额较大的大公司及与自己的产品市场份额相同的品牌，分析竞争方式，提高自己品牌的市场占有率。"预警避险"所选择的竞品就是市场份额较低的小品牌或者已经"退市"的消亡品牌，吸取经验，避免错误。

3. 确定分析维度

确定分析的维度需要多视角操作，单一的维度并不能将竞品的操作动向分析全面。"一叶障目"会致使忽略重要的内容，又可能致使一个项目的失败，也能让一个策略难以成功。因此在竞品分析时不能单独看一个维度的成功之处，如抖音的火热使一批网红迅速发展，但单纯模仿网红在抖音发布的内容并没有太大的曝光率。同样，视频内容的走红背后有整个团队的支持，有人分析流量，有人分析内容生成。因此，选择分析的内容不能只关注产品，还要考虑背景因素等一系列成系统的全局情况，并且应该横向、纵向一起分析，既要有宽度，又要有深度。

4. 收集竞品信息

竞品信息的获取方式多种多样，同样要注意收集的广度，"广撒网"争取不漏掉一条"鱼"。只有收集的信息足够多，才能从中分析出恰当且合理的战略及动向。但对于信息的处理同样要精细，辨别信息的真实与否，去掉无关信息及干扰信息，提炼精准可靠的"情报"。

5. 信息整理与分析

对收集到的信息运用竞品分析的工具及方法进行整理分析，最终得出确定结果。在进行分析时，一定不要偏离做竞品分析的目标，分析内容结果应符合目标。

6. 总结报告

撰写竞品分析报告应该按照总—分—总的方式。先进行总述，包括竞品的背景、竞品分析的目的、分析思路、报告的目录以及关键发现。接下来进行分述，按照分析的维度划分章节，介绍每个分析维度的分析结果。最后进行总结，包括最终的结论、对产品改进或未来发展的建议、行动计划等。

思政课堂

　　中国革命的成功,基于毛泽东带领中国共产党走出一条符合中国国情的革命路线,并且形成一套完整的革命理论,并以此为指导不断实践进行革命斗争。在这其中,中国革命取得成功的因素颇多,很重要的一个是清楚谁是敌人、谁是战斗的对象,需要对敌人进行详细的分析。商战也是如此,企业在管理的过程中对竞争对手的确定和分析也是非常重要的。

　　毛泽东在1925年12月1日写的《中国社会各阶级的分析》中指出:"一切勾结帝国主义的军阀、官僚、买办阶级、大地主阶级以及附属于他们的一部分反动知识界,是我们的敌人。"这里已经提出了中国革命的首要敌人就是帝国主义、封建主义和官僚资本主义,是需要推倒的三座大山。那么对于企业管理来说,首先要做的也是确定"敌人"是谁,谁和你一起抢占市场份额,谁的消费者多,那它就是你的竞争对手,并且要对确定的对手从各个维度进行详尽的分析。

　　最后,制定相应的应对策略。党的建设、武装斗争、统一战线是中国共产党在新民主主义革命中战胜敌人的"三大法宝",是根据中国现实情况所制定的针对性策略,同样,企业制定的相应策略也要符合自己的实际情况以及市场情况。

本章课后习题

一、名词解释

1. 竞品分析
2. 品牌竞争者
3. 产品形式竞争

二、简答题

1. 根据产品的市场竞争层次,画出携程旅行 App 的竞争图。
2. 简述精益画布的主要内容。
3. 简述竞品跟踪矩阵的使用方法。

三、技能实训题

　　请根据本章所提出的竞品分析的相关知识,做出关于抖音的精益画布、竞品画布以及战略画布。

即 测 即 练

第五章

运筹帷幄,决胜千里
——商业模式

上兵伐谋,其次伐交,其次伐兵,其下攻城。

——《孙子兵法·谋攻篇》

【本章要点】

本章主要从商业模式的定义、核心原则、六要素模型以及典型的商业模式类型和当前新兴的商业模式类型等方面展开分析,旨在揭示商业模式的内涵、特性以及表现形式。通过对本章知识点的学习,我们能够对商业模式进行更为深入的了解,明确企业在设计商业模式时所需考虑的各种因素,对商业模式的重要性能够产生更正确的认知。

建议读者对典型的或是新兴的商业模式都能有一定的认识,能够对各类企业的商业模式进行分析,并对未来的发展方向形成自己的判断。

【思维导图】

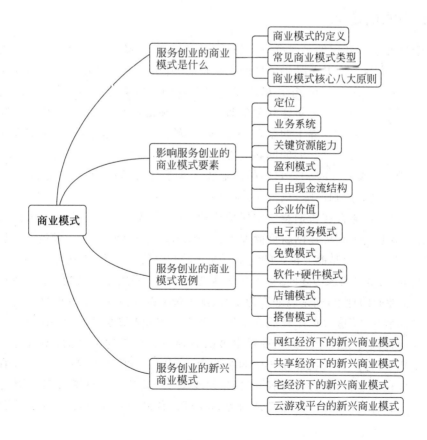

【核心知识点】

商业模式定义的四个维度、商业模式核心八大原则、商业模式六要素模型、商业模式的设计与创新、定位理论

【案例导入】

服务创业：悦管家的商业模式迭代之路

商业模式的选择能够直接影响企业的发展，是企业实现运筹帷幄、决胜千里的基本前提。下面，我们就来详细谈谈商业模式。

第一节 服务创业的商业模式是什么

一、商业模式的定义

不知道你在偶尔怀旧的时候有没有想过，像诺基亚、雷曼兄弟、摩托罗拉、健力宝这种曾经红极一时，承载了许多人时代记忆的大企业，为什么会在风靡数十年之后却又黯然退

> 推荐视频：中国大学 Mooc，《创业：道与术》（汪军民），4.2 创业者如何理解商业模式创新

场、销声匿迹了？可能我们常常会觉得很惋惜，为什么花费许多年建立起的琼楼玉宇，倾覆却只在弹指一挥间？为什么世界上的企业那么多，能够守住基业活到百年的却屈指可数？它们的问题究竟都出在哪里？其实答案非常简单，但又令人心痛——这些企业没有及时调整它们的商业模式来适应环境的变化，而是满足于昔日的成就，故步自封，最后遭到反噬，只得惨淡收场。

今天，一个企业能否在长期竞争中保持成功，并不仅仅在于它能否开发出技术精湛的尖端产品，而是取决于它构建创新型商业模式的能力。著名的管理学大师彼得·德鲁克曾说过："未来企业的竞争是商业模式的竞争。"在互联网时代背景下，市场竞争早已不再是单一产品的竞争，而是以需求为导向、基于互联网技术的商业模式之间的竞争；市场竞争也不再是企业与企业间的竞争，而是以顾客为中心、基于价值链（网）的企业联盟之间的竞争。

当下，"商业模式"这个词已经成为商界管理人员和专业研究人员使用的高频词之一，足以见得商业模式对现代企业甚至商界发展的重要性。对于这个名词，相信大家早已不觉得有多么新鲜，你的老板也许在开会的时候会提到"要想多赚钱，我们公司目前的商业模式就需要调整"，你在刷财经新闻的时候也许会看到"某某公司日渐没落是因为商业模式难以为继，而某某公司异军突起又是因为商业模式创新协调可持续"，只要稍微涉及一

点产品或者市场方面的工作,都一定会与"商业模式"打上交道。那么,在你的认知里,你认为究竟何谓商业模式呢?

尽管"商业模式"这个名词早在20世纪50年代就被提出,但直到90年代它才逐渐被世人所关注,才开始发光发热,被广泛使用和传播。接下来,关于商业模式的研究也在慢慢走向正轨,并不断深入。如果我们去查阅相关文献,会发现仅商业模式的定义就已达100余种。严谨来说,到今天为止,虽然这一名词出现的频率正在以一个火箭般的速度增长,不论是传统行业还是新兴行业,不论是实体企业还是互联网企业,不论是制造业还是服务业,都热衷于谈论"商业模式"这一话题,但还未被赋予一个既统一又权威的定义。

如果用直白通俗的话来解释,商业模式就是公司通过什么方式或途径来赚钱。就像饮料公司通过卖饮料赚钱,餐饮公司通过卖餐品和服务赚钱,快递公司通过送快递赚钱,通信公司通过收话费赚钱,互联网公司通过引流来赚钱等。简言之,只要涉及赚钱,就一定少不了商业模式的存在。

如果用比较专业的术语来解释商业模式的话,目前较为贴切的一种解释为:商业模式是一种包含了一系列要素及其关系的概念性工具,用以阐明某个特定实体的商业逻辑。它描述了公司所能为客户提供的价值以及公司的内部结构、合作伙伴网络和关系资本等借以实现创造价值、传递价值和获取价值,并产生可持续盈利收入的要素。换一种说法,商业模式全方位描述了一家公司是如何通过界定企业客户、价值主张、价值链和盈利机制来创造并获取价值的。

商业模式是为实现客户价值最大化,把能使企业运行的内外各要素整合起来,形成一个完整的高效率的具有独特核心竞争力的运行系统,并通过最优实现形式满足客户需求、实现客户价值,同时使系统达成持续盈利目标的整体解决方案。值得注意的是,它并非仅仅是一种企业经营策略或业务设计,而是一种商业逻辑,一种帮助企业持续良好运营的整体解决方案。

在学术界,由于众学者的学科背景、研究目的、研究视角以及研究方法等方面的不同,他们对于商业模式的理解也不尽相同。针对现有研究,以产业链从微观产品到中观产业为纵轴,以企业从具体业务到整体战略为横轴,我们大致可将学者们对于商业模式的定义归结为四个派系,具体如图5-1所示。

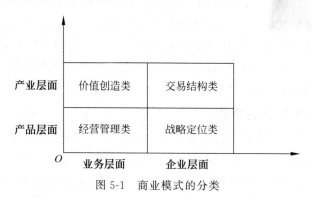

图 5-1　商业模式的分类

二、常见商业模式类型

（一）经营管理类商业模式

经营管理类商业模式的本质是通过企业自身具体的经营管理活动，满足客户需求，从而获取企业利润的商业逻辑。这一派系下的学者认为商业模式是一种经营逻辑，良好的商业模式能够帮助企业持续开展经营活动，是企业的运行秩序和价值创造的源泉，也是企业配置资源、获取竞争优势的手段，最终实现为顾客和经营者创造更大价值的远景目标。可以说，该派系主要将商业模式聚焦于企业的资源配置与整合、业务流程与运营管理以及竞争优势和顾客价值最大化，是以比较微观具体的业务层面和产品层面为出发点与落脚点进行考量的。

曾经许多商界人士及学者都是这一派系的拥护者，由于互联网的快速发展以及市场环境的快速变化，企业要想站稳脚跟，就得随之改变企业的经营理念，相应地，对商业模式的理解也要与时俱进，同步升级。目前越来越多的学者开始意识到，从这个角度去理解商业模式格局小了。

（二）战略定位类商业模式

战略定位类商业模式是从企业战略定位、竞争优势、产品差异化等视角，结合传统的战略管理理论对商业模式的概念进行的界定。该派系学者是基于企业层面以及产品层面的视角来对商业模式进行阐述和理解的，主要聚焦于核心战略以及具体策略的选择与定位等方面，他们认为商业模式是企业的战略选择，是企业的核心商业逻辑。该核心逻辑包括四个要素：战略选择、价值网络、价值创造和价值获取。

和上一派系一样，随着研究的深入，越来越多的学者也发现了问题——商业模式与战略管理其实并不能相提并论，它们有着本质的区别，即战略管理注重如何打败市场竞争对手，而商业模式注重的是价值创造，通过创造新的价值来绕开竞争。因此，曾经支持战略定位类的学者们大有支持价值创造类的倾向。

（三）交易结构类商业模式

交易结构类商业模式是指商业模式的研究以产业价值链理论为基础，通过提炼构成商业模式的关键要素，以要素之间的相互关系和利益相关者之间的交易方式、交易结构为研究对象，探索商业模式的运行机理和效率所作出的概念界定。交易结构类商业模式的定义相对抽象，聚焦于企业层面与产业价值链某一个或多个环节利益相关者之间的交易方式、类型和结构的研究。在该派系中，当前最为概括的说法当属魏炜、朱武祥在其《发现商业模式》一书中给商业模式下的定义——"利益相关者的交易结构"。

（四）价值创造类商业模式

价值创造类商业模式的本质是企业基于自身拥有的关键资源和能力，通过对所在产业价值链某环节的增减、整合和创新，从而实现价值的创造、传递、获取和分配。

价值创造类商业模式的定义建立在企业微观具体业务基础之上，通过产业价值链的重新定位和整合，企业创造出新的价值，并通过某种机制实现价值传递、获取和分配，使全体利益相关方获益。相较于前面三类理解,将商业模式归为价值创造类是一种更为成熟以及更加具有现实意义的思考。

虽然无论是商界还是学术界,对商业模式的概念都还没有达成一致,但是目前价值创造类商业模式得到了越来越多人的认可,管理者和学者也都越发重视起基于价值链(网)的资源配置与整合,使利益相关者作为一个整体发挥出各自的优势,创造出更大的额外价值。

三、商业模式核心八大原则

既然每一个企业都有自己的商业模式,那为何有些企业能赚大钱,而有些企业只能赚小钱,甚至还有些企业却只能眼睁睁看着亏钱?其中一个关键因素就在于商业模式的成功与否。

成功的商业模式有内在的需要遵循的核心原则,是成功商业模式必须具备的属性。这些核心原则包括客户价值最大化原则、持续盈利原则、资源整合原则、创新原则、融资有效性原则、组织管理高效率原则、风险控制原则和合理避税原则八大原则。

(一)客户价值最大化原则

一个商业模式能否持续盈利,与该模式能否使客户价值最大化有着必然关系。如果你能让客户感受到快乐,感受到幸福,那么让客户对你死心塌地就显然不是一件难事。毕竟,谁不想要幸福快乐呢?相反,一个不能满足客户价值的商业模式,即使盈利也必然是偶然的,是一种昙花一现的不可持续发展。所以,我们在选择、设计商业模式时,一定要记得把实现客户价值放在首位,把客户价值最大化作为我们坚定不移追求的目标。

(二)持续盈利原则

企业能否持续盈利是我们判断其商业模式是否成功的唯一的外在标准,也是判断企业是否具有可持续发展能力的最有效的考量。因此,在设计商业模式时,是否盈利、如何盈利以及能否长久盈利也就自然成为重要的原则。实现持续不断、有发展后劲的盈利才是企业稳住市场地位的定海神针。

(三)资源整合原则

整合就是要优化资源配置,就是要有进有退、有取有舍,就是要获得整体的最优。一个好的商业模式必定能够实现对资源的合理高效利用。如何让资源在其最合适的地方发挥出最大的作用,是每一个企业都需要去认真思考的问题,它会直接影响到企业的运作效率,通俗地讲,它会影响到企业赚钱的速度。

怎么才能实现资源整合呢?一句话,让企业所有能调动的内外部资源都能最大限度被企业利用。

(四)创新原则

创新的重要性在今天而言,不用多说,大家心里都十分明白。"创新是一个民族的灵魂,是一个国家兴旺发达的不竭动力"这句话想必早已深深刻入大家的脑海中了。往大了说,国家需要创新,社会需要创新;往小了说,企业需要创新,产品、技术等方方面面也都需要创新。同理可得,商业模式也并非是个例外,它同样需要创新。只有创新才有出路,不在创新中进步,就在故步自封中灭亡。

时代华纳前首席执行官迈克尔·恩说:"在经营企业的过程中,商业模式比高技术更重要,因为前者是企业能够立足的先决条件。"当前,日益激烈的市场竞争和成功商业模式的快速复制迫使所有企业必须不断地进行商业模式创新以获得持续的竞争优势。作为一个企业,必须深入了解企业的商业模式和组成商业元素的各元素之间的关系,才能在自己的商业模式被复制前重新审视并再次创新。

(五)融资有效性原则

资金是企业的护身符,也是企业发展的底气。所以,融资模式的打造对企业有着特殊的意义,尤其是对中国广大的中小企业以及初创企业来说更是如此。我们知道,企业生存需要资金,企业发展需要资金,企业快速成长更是需要资金,资金问题已经成为所有企业发展中绕不开的障碍和难以突破的瓶颈。可以大胆地说,谁能解决资金问题,谁就能赢得企业发展的先机,就能掌握市场的主动权。

商业模式的设计很重要的一环就是要考虑融资模式,而行之有效的融资模式是企业获得成功必不可少的条件。

(六)组织管理高效率原则

高效率是每个企业管理者都梦寐以求的境界,也是企业管理模式追求的最高目标。用经济学的眼光衡量,决定一个国家富裕或贫穷的砝码是效率,决定企业是否有盈利能力的也是效率。因此,组织管理高效率原则也是企业不容忽视的一个重大原则。

《孙子兵法·谋攻篇》谈道:"故知胜有五:知可以战与不可以战者胜;识众寡之用者胜;上下同欲者胜;以虞待不虞者胜;将能而君不御者胜。"其中的"上下同欲",是战争制胜五法之一,同样也是企业制胜的一种手段,它是企业最大限度发挥主观能动性的四字方针,是凝聚企业上下向心力的成功秘诀。只有实现上下同欲的企业,才能够提升管理效率,从而实现企业的高效运转。试想,企业上下不是朝着同一目标奋斗,而是松散无纪、一人一个想法,如何能做到一心向敌、一鸣惊人呢?

(七)风险控制原则

设计再好的商业模式,如果抵御风险的能力很差,就像在沙丘上建立的大厦一样,经不起任何风浪。不论是大企业还是小企业,都时刻面临着许多看得见或看不见的风险,包括外部风险如政策、法律和行业风险等,以及内部风险,如产品变化、人员变更、资金不继等,稍有差池就容易万劫不复。虽说想赚钱就得承担一定的风险,经营企业不能胆子太小,一点风险都经受不住,但是也不能胆子太大,任由风险升高而不加以控制,最后落得如履薄冰、四面楚歌的下场。因此,在设计商业模式时考虑风险控制是企业必须学会的一件事。

(八)合理避税原则

注意,合理避税≠偷税漏税。合理避税是在现行的制度、法律框架内,合理地利用有关政策,设计一套利于利用政策的体系,实现收益更大化。企业收入越高,所需缴纳的税就越高,所以,千万不要小看合理避税能够给企业带来的收益,它是帮助企业增强盈利能力的隐藏的财富密码。

第二节　影响服务创业的商业模式要素

我们在第一节提到,商业模式所涉及的方面很多,并非仅由单一因素组成。所以,当企业在选择、设计或是调整商业模式时,需要考虑的因素有很多,并不是拍拍脑袋就能够快速做决定的。这一节我们具体谈谈在商业模式的下一层逻辑下,究竟有哪些构成要素,要素间的关系又是如何。

推荐视频:中国大学Mooc,《创业:道与术》(汪军民):4.3创业者如何设计商业模式

本书采用的是魏炜、朱武祥两位教授在《发现商业模式》一书中提出的商业模式六要素模型。

魏、朱的六要素模型理论提出,完整的商业模式体系包括定位、业务系统、关键资源能力、盈利模式、自由现金流结构和企业价值六个方面(图5-2)。这六个方面相互影响,构成有机的商业模式体系。

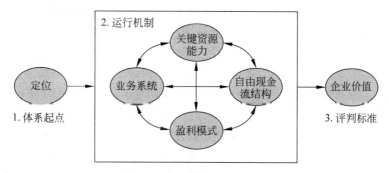

图 5-2　商业模式六要素模型

一、定位

一个企业要想设计出一个成功的商业模式,在市场中赢得胜利,首先必须明确自身的定位。定位就是企业应该做什么,它决定了企业应该提供什么特征的产品和服务来实现客户的价值。定位是企业战略选择的结果,也是商业模式体系中其他有机部分的起点。

营销界各位泰斗对于"定位"这一问题,也从不同的视角进行了理解,其中最广为人知又最具代表性的当属波特、特劳特以及科特勒所谈的三个层面。

在波特的战略体系中,定位实际上就是企业应该做什么与不应该做什么,对此要作出一个取舍。例如,是选择薄利多销,还是选择厚利少销;是选择将质量做到极致,还是选择将成本控制到极致。

如果说波特关注的是战略层面的定位,那么被誉为"定位之父"的特劳特则是聚焦于产品服务层面的定位。特劳特认为,定位并不是要你对产品做什么事情,而是要你对产品在未来的潜在顾客的脑海里确定一个合理有利的位置,也就是把产品定位在你未来潜在

顾客的心目中。

值得一提的是,特劳特咨询公司服务过我国许多著名企业,不仅帮助它们重获新生,还让它们一举成为行业佼佼者。比如老乡鸡,凭借"干净、卫生、品质放心"的形象定位轻而易举就拿捏住了消费者的心,然而由于在战略定位层面的不清晰,老乡鸡在 2011 年时遇上了发展瓶颈,不论是在内部运营、产品开发还是在门店包装方面都无法继续有效提升。在急需找到突破口的时候,它与特劳特进行合作,引入了战略定位,开启内外双打治理结构,里里外外都进行了转型升级。当然,效果也十分显著,实施特劳特的战略定位后,老乡鸡在 5 年内登上安徽第一快餐品牌的宝座,9 年内问鼎中国第一快餐品牌。谁看了不会感叹惊奇呢?

科特勒在其营销理论中提出了著名的 STP 工具,S 即 segmentation——市场细分,T 即 targeting——确定目标市场,P 即 positioning——市场定位,这三部曲是现代市场营销战略的核心。在这里,定位包括了如何设计产品的特色、如何定价等,为自己的产品树立特定的形象,以独特性和差异性在目标消费者心目中占据特定位置。

其实,无论是战略层面还是实际执行层面,我们都无法忽视定位问题。更准确地说,定位是在战略层面和执行层面建立更直接与具体的联系,即企业的定位会直接影响企业将选择什么样的商业模式,能够实现什么样的顾客价值,强调的是商业模式构建的基础与目的。在商业模式的定位中,选择不做什么与选择做什么同样重要,同时,这也关系到企业如何构建业务系统、确定盈利模式、分布资源能力、设计现金流结构等商业模式体系中的其他部分。

但是,作为初创企业和成熟企业,它们在这一方面所遵循的规则却不尽相同,前者需要比后者多做一步准备工作。是哪一步呢?产品-市场匹配,即你所推出的产品,有多大的市场需求和市场容量。这是其他所有问题的基础,如果这一步有问题,就如同把城堡建在了沙丘上,迟早会轰然倒塌。就算你设计的商业模式再完美,一个没有市场的产品就相当于一个手下没有兵的将军,有再多的谋略也不堪一击。只有在做好这个工作之后,才能找到你的独特定位。然而,因为你是一家新企业,人们对你没有任何认知,所以对你的信任度要远远小于成熟企业。在这种情况下,要想引起人们的注意,就要找到一个垂直、细小的领域,在这个领域内占据人们的认知。

二、业务系统

一个好的定位需要有一套相应的运行机制来实现,这套运行机制包括业务系统、关键资源能力、盈利模式和现金流结构,其中业务系统是商业模式的核心元素,你要分析不同企业间商业模式的差异,往往最直观、最先被你发现的都是业务系统之间的差异。

那么业务系统指什么呢?它是指企业达成定位所需要的业务环节、各合作伙伴扮演的角色以及利益相关者合作与交易的方式和内容。我们可以从行业价值链和企业内部价值链两个层面来理解业务系统的构造。为了更好地理解,我们来举个例子,为什么美国对华为实施制裁会造成这么大的影响?华为引以为傲的研发成果——海思芯片,放眼全球,实力完全能担起第一梯队的称号,这也是华为手机和华为笔记本无可比拟的竞争优势之一。但是,在集成电路这个产业链上,通常包括芯片的设计、制造、封装、测试四个主要环节,而华为在芯片领域的业务只是负责海思的设计,设计完成后交由合作伙伴如台湾积体电路制造股份有限公司(以下简称"台职电")等企业进行生产制造和后续流程。然而,美国为了阻止华为发展,生生将这条完整的产业链切断,华为最重要的芯片供应商台积电受制于美国的威胁,无法继续给华为提供生产制造服务,产业链上游到中游之间产生了断裂,导致华为手握技术却难以应用。从这个例子来看,简单地说,华为的业务环节其中之一就是海思芯片的设计,合作伙伴所扮演的角色是产业链的下游供应商,而合作的方式就是代工生产。华为的业务远不止芯片设计这一个,芯片设计作为华为业务系统中的一部分,它处在其中什么位置,和其他业务之间的关系是什么,给企业带来了什么样的价值,这是企业内部的价值链所决定的,而华为所覆盖的业务也最终构成了华为的业务系统。

高效运营的业务系统不仅是赢得企业竞争优势的必要条件,同时也有可能成为企业竞争优势本身。一个高效的业务系统需要根据企业的定位识别相关的活动,并将其整合为一个系统,然后再根据企业的资源能力分配利益相关者的角色,确定与企业相关价值链活动的关系和结构。围绕企业定位所建立起来的这样一个内外部各方利益相关者相互合作的业务系统,形成了一个价值网络,明确客户、供应商和其他合作伙伴在企业相关价值链中所扮演的角色。

因为业务系统反映的是企业与其内外各种利益相关者之间的交易关系,所以在构建业务系统时,首先需要确定的就是企业与其利益相关者各自分别应该占据、从事价值链中的哪些业务活动。要对行业周边环境和相互作用的经济主体进行通盘分析,这是构建业务系统的关键所在。

那么,对于初创企业来说,可以通过反复思考以下问题来确定企业的利益相关者:第一,我拥有或可以从事什么样的业务活动;第二,行业周边环境可以为我提供哪些业务活动;第三,我可以为各个相互作用的主体提供什么价值;第四,从共赢的角度,我应该怎么做才能够将这些业务活动形成一个有机的价值网络,同时又让其他利益相关者得到他们想要的收益。

"不谋万世者,不足谋一时;不谋全局者,不足谋一域。"业务系统要从全局的角度来设计布置自己与利益相关者的关系,不计较一城一池的得失,而是着眼于全局的成功。

三、关键资源能力

关键资源能力是让业务系统运转所需要的重要的资源和能力,它是企业商业模式运行背后的逻辑,是其运营能力有别于竞争对手并得以持续发展的背后支撑力量。不同的商业模式要求企业具备不同的关键资源能力,自然地,盈利能力也就不同;同类商业模式在具备相同关键资源能力的情况下也会有业绩上的差异,为什么?主要原因就是关键资源能力水平的不同。

例如,同样是开餐馆,高档餐厅、连锁快餐和外卖这三者的关键资源能力肯定是不同的。高档餐厅以环境、菜品单价和质量等取胜,连锁快餐追求标准化和快速复制化,而外卖则是在送餐时间、包装、口感等方面耗费心力。同样是连锁快餐,为什么老乡鸡能稳居中式快餐第一王座,真功夫却不行?因为它们在关键资源能力的水平上存在参差。

　　企业的内外部环境都是复杂的，因此，企业所拥有的资源也是非常丰富的，所有你能想到或者你不能想到的都可以作为企业的资源。通常而言，我们将企业资源分为外部资源和内部资源，内部资源包括人力资源、财物力资源、信息资源、技术资源、管理资源、可控市场资源、内部环境资源等；外部资源包括行业资源、产业资源、市场资源、外部环境资源等。值得一提的是，只要你格局够大，那些被认为没有价值的像废纸、废弃电池、破烂的衣服等东西都可以成为你的资源。

　　能力是企业协作和利用其他资源能力的内部特性，企业的能力可以划分为组织能力、物资能力、交易能力、知识能力等。

　　企业内的各种资源能力的地位并不是等同的，不同商业模式能够顺利运行所需要的资源能力也各不相同。那么如何确定商业模式中的关键资源能力？一类是根据商业模式中其他要素的要求确定，如不同业务系统需要的关键资源能力是不相同的，不同盈利模式需要的关键资源能力也不一样；另一类是以关键资源能力为核心构建整个商业模式，如你在技术方面的突破是其他企业无法企及的，那么就可以把技术资源作为你的关键资源能力来构建商业模式。值得注意的是，由于资源能力的多样性，虽然成功的商业模式能够大体被其他企业所复制，但是却无法做到一模一样地还原。

　　为什么阿里巴巴能够如此大方地允许不论是合作伙伴或是竞争对手抑或是普通企业去参观，为什么像小米、华为这些成功企业的管理者能够毫不吝啬地将自己的管理心得以及成功秘诀写成书册公之于众，似乎完全不担心有一天后起之秀会因此而取代自己的龙头地位？因为商业模式虽然可复制，但却是没办法完全复制的。海底捞，一个凭借"你香我比你更香""你鲜我比你更鲜"在火锅界杀出重围的企业，任排在第2~9位的火锅品牌变了又变，它却始终岿然不动，霸占火锅界第一的地位好多年。众所周知，火锅店靠什么赚钱？其实在火锅界大家的主营业务都是一样的——卖火锅，这也意味着彼此的商业模式重叠度是很高的。当世人看见海底捞取得如此大的成功时，应该会涌现出不少的模仿者，希望能通过走海底捞的黄金路来快速占领市场才对。可是，为什么时至今日，仍然还未出现能威胁到海底捞的对手呢？业界喜欢把海底捞的成功称为"不可复制的成功"，究竟不可复制在哪里？在旁人看来，永远标准的笑脸、永远到位的服务以及死心塌地的粉丝，海底捞的这些关键资源似乎是它成功的主要因素。但是，透过现象看本质，我们会发现，其实张勇的眼界和魄力、海底捞文化在企业内部取得的深度认可、内部员工惊人的凝聚力以及海底捞的创新精神等，才是海底捞独一无二、难以复制的宝藏。你可以学海底捞的服务，但你永远没办法完全复制出下一个海底捞。

　　另外，在当前大数据时代，在当下企业间都致力于形成闭合供应链合作关系的时代，企业的客户资源已经成为非常重要的可以影响到企业未来发展的关键资源。我们可以从两个方面来谈，一是客户作为消费者的资源，我们一直强调以消费者为中心、以顾客为中心，可见我们从很久之前就意识到了消费者的地位之高。在今天，消费者不仅可以给你带来利润价值，更重要的，他们身上还藏有惊人的口碑价值、宣传价值，可以帮助你快速在市场中立足，帮助你快速打响并打赢品牌之战。并且，在数据满天飞的现在，消费者给企业带来的用户数据也是帮助企业全方位了解消费者需求、进行产品改进和个性化推荐的最佳数据资源。二是客户作为合作伙伴的资源，合作伙伴有什么用？优势互补、资源共享、强强合作,能够实现规模化效应,能够更快速地对市场变化作出反应,也能够提高合作双方的市场竞争力以及企业收益。所以,企业一定要找对合作伙伴,与合作伙伴维持良好健康的合作关系,牢牢抓住合作伙伴这个关键资源。

一个商业模式诞生后,它就成为这家企业所独有的东西,就像企业的DNA(脱氧核糖核酸)和血液。其他企业是很难模仿这种模式去创造另外一家拥有相同能力的企业的。

四、盈利模式

定位确定了,你发现了令人激动的顾客群,也找到了怎样为他们提供"独特价值"的方式,构建了好的业务系统,设计了好的利益分配机制,聚合了关键资源能力。但作为一个企业,如何从中获得利润呢?盈利模式就是要解决企业自身如何获得利润的问题。

盈利模式指企业如何获得收入、分配成本、赚取利润,即企业利润来源及方式,从谁那里获取收益?谁可以分担投资或支付成本?良好的盈利模式不仅能够为企业带来收益,更能为企业编制一张稳定共赢的价值网。

相同行业的企业,定位和业务系统不同,企业的收入结构与成本结构及盈利模式也不同。即使定位和业务系统相同的企业,盈利模式也可以千姿百态。

假设你坐拥100台汽车,你会怎么用这100台汽车来赚钱呢?主要方式无外乎以下四种:一是直接卖了,这种传统的产品销售方式虽然很直接,但也是最不可持续的。二是雇若干名司机来载客,相当于开一家出租车公司,以管理费和租金作为收入。三是将这100台汽车作为固定资产对出租车公司进行投资,靠资金增值来赚钱。四是引入共享汽车模式,将车租赁给有需要的人,以收取租赁费为收入来源。虽然这100台汽车并没有发生什么改变,但是怎么用它们来赚钱,却能摸出很多门路。

如果认真总结一下,我们能够发现目前有七种较为常见的盈利模式。

(一)产品盈利

产品盈利即依靠售卖产品来获取利润,俗称"卖货挣差价",利润=收入-成本,不难想到核心就是将成本降到极致,典型例子有优衣库、宜家、名创优品等。

(二)品牌盈利

品牌盈利即致力于打造品牌的附加价值,使消费者从对产品的认可提升到对品牌的认可上,不断提高自身的品牌溢价,典型例子有各大奢侈品品牌、钟薛高、喜茶等。

(三)模式盈利

这种模式又可称为隐性盈利模式,旨在挣看不见的钱。其最典型的例子就是小米,我们都知道小米最有力的竞争优势之一就是价格优势,那么,在产品利润空间被大幅压缩的情况下,靠什么赚钱?靠生态链和后续的互联网服务。众所周知,小米打造的不仅是各种各样的产品,而且是一个生态链,从电视机到体脂秤,从电饭煲到智能音箱,扩张了无数条产品线,打造出了一个智能家居生态系统。只要你是小米的粉丝,你手里一定会有三件以上小米的产品。另外,小米电视售价比市场上其他电视售价低了很多,看起来价格优势大,其实买电视只是打开了你花钱的第一步,后续的广告、视频月费以及电视购物等才是小米的真正利润所在。还有一个典型例子就是Costco的会员制,靠收取会员费来获取利润,并且由于其 SKU(库存量单位)少,购买集中,采购量大,因此在与供应商谈判时具有较大话语权,能拿到较低进货价,具有比沃尔玛更大的价格优势。小米和 Costco 都是依靠自身的独特模式进行盈利的成功案例。

(四) 系统盈利

这种模式也可以叫作整合资源盈利,即把该花钱的事情让别人去做,但是所有的钱都进我的账。用一套系统整合社会上已经存在的资源(固定资产)并盘活。例如携程,整合了全国各地以及世界各地的酒店、旅游景点、机票等,以收取会员服务费、代理费以及广告费为利润来源。

(五) 资源盈利

资源盈利即靠垄断挣钱,如果你拥有不可替代的资源,那么市场价格将由你说了算。比如东阿阿胶,上游原材料垄断;中石油,上游资源垄断;百丽鞋业,下游资源垄断。

(六) 收租盈利

收租盈利即利用专利等知识产权、品牌授权等方式进行盈利。如华为靠研发技术,挣知识产权的钱;迪士尼靠品牌授权,允许厂商生产带有其形象的产品,如服装、家具、玩偶等,靠每年收取授权费获得巨大利润。

(七) 金融盈利

简单来说,金融盈利就是利用杠杆以钱生钱。当前很多企业在现金流充裕的情况下,都多多少少会涉足投资这一块。互联网行业的腾讯,就是投资的好手,像美团点评、哔哩哔哩、知乎、快手等都是腾讯的投资对象。

五、自由现金流结构

自由现金流结构是企业经营过程中产生的现金收入扣除现金投资后的状况,其贴现值反映了采用该商业模式的企业的投资价值。不同的现金流结构反映企业在定位、业务系统、关键资源能力以及盈利模式等方面的差异,体现企业商业模式的不同特征,并影响企业成长速度的快慢,决定企业投资价值的高低、企业投资价值递增速度以及企业受资本市场青睐程度。

现金流结构是可以设计的,同一盈利模式可以对应不同的现金流结构。如同样是手机卡充值,可预存话费,可月结。在客户初期投入较大的情况下,借助金融工具、分期付款或融资租赁,降低客户一次性购买门槛,无疑会吸引到更多客户;在客户每次投入不大又重复消费的情况下,预收款同时配以高质量的服务,能够在保持甚至提高客户满意度的同时释放企业的现金流压力。

在众多资产运营模式中,轻资产经营是最能降低企业财务风险的模式,它的好处就在于其现金流结构能够实现早期较少的投入就可能带来后续持续的稳定较高回报,小米就是轻资产运营模式,自己负责研发、设计、售后服务等,将生产、物流配送环节全部外包。小米采用外包的形式减少了固定成本的投入和摊销,甩开了最重、最积压资金的部分,能够大大提高自身的营运能力。

现金流可以说是企业的命脉,一旦现金流断裂,后果将不堪设想。因此,无论在什么情况下,企业都要保证现金流的正常运转,都要防范财务风险的发生。只有现金流结构健康的商业模式,才有可能成为成功的商业模式。

六、企业价值

在六要素模型里,企业价值指的是企业的投资价值,是企业预期未来可以产生的自由现金流的贴现值。

如果说定位是商业模式的起点,那么企业的投资价值就是商业模式的结果与落脚点,价值的高低是评判商业模式优劣的最终标准。对于上市公司而言,其投资价值直接表现为股票市值。企业的投资价值由其成长空间、成长能力、成长效率和成长速度决定。一个好的商业模式可以做到事半功倍,即投入产出效率高、效果好,包括投资少、运营成本低、收入的持续成长能力强。一个好的商业模式最终总是能够体现为获得资本和产品市场认同的独特企业价值。

六要素之间是互相影响的关系,我们把前五要素和企业价值联系在一起说,即企业的定位影响企业的成长空间,业务系统、关键资源能力影响企业的成长能力与效率,加上盈利模式,就会影响企业的自由现金流结构,即影响企业的投资规模、运营成本支付和收益持续成长能力与速度,进而影响企业的投资价值以及企业价值实现的效率和速度。投资价值实现的效率可以用企业价值/资产规模,企业价值/净资产规模来评价;投资价值实现的速度可以用企业价值递增速度和达到更大规模层次所花费的时间来评价。例如,企业价值从1亿元到百亿元、千亿元、万亿元所需要的时间。面对同样的机会,在外在条件相同的情况下,采用不同商业模式,企业价值规模、价值实现的效率、价值递增的速度和价值达到更大规模所需要的时间也是大相径庭的。

当企业选择了某种商业模式后,在企业价值管理活动下,如果企业价值有所提升,则该商业模式符合企业的需要。因此,商业模式与企业价值管理相互补充,商业模式选择是为了提升企业价值,而企业价值的提升需要通过企业价值管理活动实现。

如果我们跳出六要素模型对企业价值的定义,而进行扩展延伸的话,其实投资价值仅仅是企业价值的一小部分,广义上的企业价值既可以代表企业给客户/合作伙伴带来的价值,也可以代表企业自身获得的价值。企业不能够只专注自身,只想着给自己创造价值,更需要为利益相关者考虑,去思考能给他们带来什么价值。价值的传递是双向的,有输出才会换来输入。只有企业给利益相关者带来价值,利益相关者才会愿意给企业提供价值。

商业模式六要素是互相作用、互相决定的,只要有一个要素不同,就意味着不同的商业模式差异。其中最关键的要素是关键资源能力,如果企业没有关键资源能力,再好的商业模式也会被竞争对手超越。一个能对企业各个利益相关者有贡献的商业模式需要企业家反复推敲、实验、调整和实践这六个方面才能产生。

中国的企业在经历了要素驱动与投资驱动两个阶段后,开始向更高境界迈进,现在已经不是企业靠单一产品或者技术就能打天下的时代,也不是靠一两个点子或者一次投机就能决出胜负的时代。要想使企业有生存空间并能持续地盈利,必须依靠系统的安排、整体的力量,即商业模式的设计。未来企业的竞争,将是商业模式的竞争,是以商业模式为基础的"生态对生态"的竞争。商业模式的竞争也将会是企业竞争的最高形态。

企业经营也有"道、法、术、器"四个层面,商业模式就是"道",是商道的最高境界。如果企业总是沉湎在"法、术、器"里找出路的话,就会像爬山一样,总在山脚、山腰打转,很难直达山巅。企业只有以商业模式——"商道"的高度,从上往下看,才会豁然发现,通往山巅的捷径随处可见。企业的出路在于提高认知的高度,高度决定思路,思路决定出路。

第三节　服务创业的商业模式范例

商业模式是伴随着企业的诞生而诞生的,不论是市值千亿美元的苹果、亚马逊,还是街边随时冒出的新奶茶店,它们都有各自的商业模式。发展至今,市场中已经存在上百种商业模式,其中较为典型的有电子商务模式、免费模式、软件＋硬件模式、店铺模式、搭售模式等。

一、电子商务模式

电子商务模式是指以信息网络技术为手段,以商品交换为中心的商务活动而形成的商业模式。随着互联网技术和信息技术的快速发展,当前传统行业特别是传统制造业向互联网转型升级已经成为一种必然趋势,互联网＋农业、互联网＋医药、互联网＋教育……各行各业都开始带上"互联网＋"的前缀。目前,电子商务模式已经成为市场最为普遍的商业模式之一。电子商务模式所包含的形式有很多种,按照参与角色可分为以下几类。

1. B2B

在B2B(business to business)中,所有参与者都是企业或其他各类组织,它是企业与企业之间的电子商务。它代表着企业所面对的客户也是企业,是企业对企业之间的营销关系,将企业内部网通过B2B网站与客户紧密结合起来,通过网络的快速反应,为客户提供更好的服务,从而促进企业的业务发展。像阿里的1688平台、百度的爱采购就是B2B模式,属于源头厂家与批发商之间的直接对接。

2. B2C

在B2C(business to consumer)中,提供方是企业或各类组织,而个人是产品或服务的接受方,它是企业与消费者之间的电子商务。B2C模式是在我国最早应用的电子商务模式,就是通常说的直接面向消费者销售产品和服务的商业零售模式,以线上商城为代表。线上商城与线下商城相比,其优势在于低廉的成本,而且没有时间和地域的限制,产品也较为丰富。一是以淘宝、京东、拼多多为代表的综合商城;二是以沃尔玛、银泰为代表的百货商城。前者是深耕在线上的电子商务企业,而后者是在电子商务发展下由线下扩张到线上的企业。我们经历了线下为王时代,也经历了线上为王时代,如今随着电子商务的发展以及人们生活需求的提高,我们正处于线上＋线下为王的时代,只有线上线下相融合才是企业的出路。传统电商巨头阿里巴巴都在布局线下,推出天猫小店和盒马鲜生等实体门店;传统零售商沃尔玛、银泰也不再只聚焦于线下,而是入局电子商务,实现线上线下业务的同步发展。新零售时代已经开启了。

3. C2B

C2B(consumer to business)是以个体为主导的市场交易机制,是消费者与企业之间的电子商务。通常情况为消费者根据自身需求定制产品和价格,或主动参与产品设计、生产和定价,产品、价格等彰显消费者的个性化需求,生产企业进行定制化生产。随着消费者话语权越来越大,需求也越来越个性化,这种新的商业模式逐渐被企业所应用,它改变了原有生产者(即企业和机构)和消费者的关系,是一种消费者贡献价值,而企业和机构消费价值颠覆传统的新模式。例如小米和"米粉"之间的互动,"米粉"在小米的设计研发过程和宣传销售过程参与度都十分高,可以说小米是"米粉"与企业共同造就的品牌,"米粉"给小米提出了很多建议和方案,给小米带来了不可估量的价值。

4. C2C

C2C(consumer to consumer)指个人消费者直接将产品或服务卖给其他消费者,是消费者与消费者之间的电子商务。C2C商务平台就是通过为买卖双方提供一个在线交易平台,使卖方可以主动提供商品网上拍卖,而买方可以自行选择商品进行竞价。像闲鱼二手平台、瓜子二手车直卖网就是在C2C模式下取得成功的典型例子。C2C模式的优势也在瓜子二手车的广告语中体现出来——"没有中间商赚差价"。

5. O2O

O2O(online to offline)指借助(移动)互联网,实现线下/线上商务活动的互动与整合,是线上与线下相结合的电子商务。从线上到线下,网店与实体店完美对接,实现互联网落地。让消费者在享受线上优惠价格的同时,又可享受线下贴心的服务。例如前面提到的天猫小店和盒马鲜生,还有实体门店遍地开花的苏宁易购,都是O2O模式的例子。

6. BOB

BOB(business-operator-business)即供应方与采购方通过运营者达成产品或服务交易的一种新型电子商务模式。它打破了过往电子商务的固有模式,提倡将电子商务平台化向电子商务运营化转型,旨在帮助那些有品牌意识的中小企业或者渠道商能够有机会打造自己的品牌,实现自身的转型和升级。

二、免费模式

免费模式的普遍同样与互联网有关,互联网模式最大的特色就是免费,"免费"已经成了互联网时代的代名词,企业提供的免费产品或服务也比任何时代都多。

在互联网没有普及的时候,我们从来没有想过天下会有免费的午餐,由于互联网科技的发展,流通成本、搜寻成本、库存成本、连接成本乃至生产成本降低甚至边际成本趋于0,免费这一理念才得以大行其道。为了获取用户,许多互联网企业纷纷打出免费这一概念,而免费模式也由此成为一种非常成功的商业模式,其中最经典的,可以说对免费时代有奠定意义的就是360公司,当时它推出的杀毒软件一面世就直接宣布免费,一把抢了金山毒霸、瑞星、卡巴斯基等传统杀毒软件开发商的饭碗。它凭借免费的杀毒软件获取大量用户,而靠产生的流量通过广告/游戏/卖装备/电子商务等方式赚钱。

使用QQ、微信,刷抖音,刷小红书需要支付使用费吗?不用。其实,互联网企业的赚钱套路基本是靠流量。先凭借免费的应用获取大量用户,然后实现流量变现——广告变现、定向销售变现、增值服务变现等。也就是说,主营业务免费,非主营业务赚钱。

随着免费模式的发展,企业意识到只免费不收钱是无法实现可持续发展的,毕竟企业总归还是得想着赚钱,所以,为了实现盈利,在免费的基础上衍生出一种能够收费的商业模式——免费增值模式。

免费增值模式是由“免费”和“额外收费”这两个词组合而成的,其核心就是在免费提供一个产品或服务的基础版本的同时,通过追加费用来获得产品或服务的高级版本。在这个模式下,发布免费版本的目的是让企业建立起一个庞大的初始客户群,并希望以此为基础,在将来吸引更多的初始客户愿意跳转到付费的高级版本,而转化率(付费用户和非付费用户的比例)就是衡量企业绩效的关键指标。鉴于绝大多数人都使用产品的免费版本,因此需要有付费客户来进行交叉补贴,它遵循的原则是,提供基础产品的成本要足够低,理想的状况是成本为0。在许多情况下,这是确保“免费”用户能得到支持且商业模式有可能为公司带来盈利的唯一途径。

比较典型的像各种云端储存如百度云,会给你免费提供有限的储存空间,如果你觉得不够用的话,那么就需要支付一定的费用来扩展储存容量。腾讯就深谙从免费之外收费之道。多少人为了一身漂亮的QQ秀开通红钻,多少人为了更快升级开通QQ会员,又有多少人为了把QQ空间打扮得更好看而成为尊贵的黄钻贵族?我们可以看到,虽然使用QQ是免费的,但它推出了五花八门的增值服务,如果你想增强使用体验,那么你就充钱;如果你想进一步感受更多快乐,那么你就充更多的钱。

而且,从一开始腾讯就瞄准了游戏这一潜力无限的大市场。早年间推出的QQ飞车、QQ堂、QQ炫舞、《地下城与勇士》等,无一例外都成为当时的流行游戏。游戏是个比较特殊的产业,为什么这么说呢?因为氪金只有零次和无数次。一旦玩家禁不住诱惑而往游戏里充钱时,就有99%的可能会有下一次,一旦开了头就很难再像以前一样克制。

虽然时至今日,当初痴迷QQ飞车那些游戏的年轻人都长大了,这些游戏的辉煌时代也成为过去,但是腾讯依然行走在潮流前线,将爆款游戏打造到底。如今大热的《王者荣耀》《英雄联盟》,都是腾讯旗下的王牌。成百上千款皮肤,一款比一款精致,一款比一款更让你欲罢不能。腾讯2020年的财报显示,网络游戏方面,2020年收入为1 561亿元人民币,同比增长36%,已成为腾讯营收的大头;腾讯智能手机游戏收入为1 466亿元人民币,个人电脑客户端游戏收入为446亿元人民币。游戏这个行业的市场,任谁看了会不感叹一句“真能赚钱”呢?

游戏平台就是基本功能给你免费,并且不会强制收费,但想要有更高阶的体验,那就得充钱。除了游戏外,在互联网时代还出现了新的变种玩法,如建立免费的阅读创作平台,像现在活跃在几亿人眼前的比较火的七猫免费小说、番茄免费小说,以及不那么火的书旗、得间、红袖等。这些小说平台就像雨后春笋一样冒了出来,其策略无外乎就是,一部精彩的小说给你前N章免费,当你看到欲罢不能一定要继续看下去的时候,就要开始收费了。

免费模式的成功就在于它是二段收费,赚钱并不是凭借免费的软件,而是通过某个功能集聚大量有黏性的人群。在互联网时代,流量就是价值,它可以创造新的需求,如广告植入和产品推荐,也能够成为它的盈利手段。

三、软件＋硬件模式

案例 5-1　樊登读书：新互联网时代的企业增长奇迹

软件＋硬件模式是指将硬件制造和软件开发进行结合,以软件使用增加用户对硬件使用的黏性,并以独到的系统在手机端承载这些软件。

该模式下最典型的例子就是苹果公司,这也是苹果公司独步天下的秘诀。苹果公司以其独到的 iPod ＋ iTunes 商业模式创新,将硬件制造和软件开发进行结合,以软件使用增加用户对硬件使用的黏性,并以独到的 iOS 系统在手机端承载这些软件,让消费者在使用这些软件的时候形成依赖和习惯,增加消费者的转换成本,使得消费者在下次购置新设备时不会再考虑第二个选择。所以,纵然苹果公司创新的速度已经放慢,但新的苹果手机只要出现,还是会有很多粉丝支持。

国内也有很多企业采用这种商业模式来进行产品或服务的销售,其中小米就特别爱走这个路子,雷军一直强调小米在运营过程中必须坚持三个法宝,一是软件,二是硬件,三是服务,也就是“软件＋硬件＋服务”。小米推出的很多产品如小米电视、小米手环、素士电动牙刷、扫地机器人等,都可以通过软件与手机端建立连接,直接使用手机来进行操作。另外,小米还推出了一项独创技术——米联。通过米联,用户可以将小米手机、iPhone 等设备中的照片、视频推送至小米盒子,使各种移动终端与电视屏幕实现互动。

除了小米,国内还有一个将该模式运用得很好的例子——互联网健身行业的巨头Keep。2021 年 4 月,Keep 在发布会上向大众展示了其自研课程和智能运动健身器材,宣示了产业变革的决心。在未来,Keep 将采用“软件＋硬件”的商业模式,推出一系列与软件深度绑定的运动器材,重点满足家庭场景下的运动需求。随着其目标用户的增长率逐渐到达“天花板”,如何破局开辟新花样就成了横亘在 Keep 面前的难题。在这个背景下,业务多样化发展成为更好地发挥 Keep 商业价值的首选。“软件＋硬件”本质上是“内容＋周边产品”的商业模式,从 2018 年起,Keep 陆续推出了运动服饰、食品和健身器材,并且线上渠道的运动消费者销售额已超过 10 亿元。通过 3 年时间摸索,Keep 生态逐渐形成“吃、穿、用、练”四大服务领域,且所有商品均冠以“Keep”商标。通过“软件＋硬件”,Keep 完成了品牌升级,为以后开展“线上内容、线下产品”的商业模式奠定了基础。

另外,随着大数据和云计算的兴起,越来越多的企业意识到用户数据的重要性。由于软件的使用会使用户留下大量个人信息,因此当前该模式正逐渐发展成“软件＋硬件＋大数据”模式,企业通过对用户数据的分析,构建出大数据消费者画像,从而达到精准营销、发掘用户潜在需求等目的,进一步完善商业模式,提高企业竞争力。

四、店铺模式

店铺模式可以说是资历最老也最为基本的商业模式之一,早在人类社会出现集市,有了固定的人群居住地时就有了店铺模式。具体点说,它就是指在具有潜在消费者群体的地方开设店铺并展示其产品或服务。

例如，如果你的小区附近居然没有一家便利店，那么这时候你的商机就来了。要是你在此地开一家便利店，凭借附近居民对日常生活用品的巨大需求，你能快速回本并实现财富自由。

无论是你在街边吃的由一对老夫妻开的早餐店，还是你在 CBD（中央商务区）里看到的可望而不可即的奢侈品品牌店，抑或是你不知道该吃什么时而走进的 KFC，它们都属于店铺模式，只不过存在规模大小、连锁与否的差异罢了。

店铺模式的地位是不可撼动的，我们在日常生活中，总要进行交易，要吃饭，要买日常用品，要体会逛街的快乐，那么店铺这样一个交易场所就是无可取代的。需要注意的是，店铺模式与其他模式相比起来，更需要人性化的服务和各种促销手段来完成产品与服务的销售。

五、搭售模式

搭售模式又称为"饵与钩"模式、"剃刀与刀片"模式。这种模式的历史也很悠久，最早被记录在 20 世纪早期。它是指一个销售商要求购买其产品或服务的买方同时也购买其另一种产品或者服务，并且把买方购买其第二种产品或服务作为其可以购买第一种产品或服务的条件。在这种情况下，第一种产品或服务就是搭售品，第二种产品或服务就是被搭售品。

在这种模式里，基础产品通常以低于成本的价格廉价出售或是免费赠送，而与其配套使用的附属产品则以高价出售，成为企业最主要的收入来源。这种模式的主要理念是通过降低购买基础产品的门槛以提高消费者的忠诚度，当消费者开始购买与基础产品匹配的配套产品时，企业就开始盈利了。

例如任天堂的游戏机 Switch 和游戏。任天堂公布的财年财报显示，截至 2020 年 9 月底，Switch 主机全球累计销量突破 6 830 万台，软件 4 亿 5 649 万份。任天堂的游戏机并不赚钱，它只是一个基础产品，真正赚钱的是里面的游戏软件，是让用户不断复购的盈利型、附加增值产品。

此外，还有一种商业模式与其十分类似，即附加商业模式。

附加商业模式，就是"低价产品＋高收费附加产品/服务"的一种商业模式，即对附加产品收取额外费用，听起来好像和搭售模式一模一样。其实二者的差别就在于，搭售模式中的附加产品是需要重复回购的，刀片用完了要接着买，而附加商业模式是一次性销售的，售卖的产品或服务不存在剃刀与刀片之间的互补关系。并且，搭售模式强调两种产品必须都购买，而附加商业模式强调消费者根据自身喜好来考虑是否要支付额外费用来获得附加产品或服务。

在附加商业模式中，当核心产品的价格竞争激烈时，很多附加产品会使总价上升。最终，虽然核心产品价格低，但客户却比原本的预期花费更多，并且可通过挑选满足他们具体需求的产品而获益。机票就是一个众所周知的例子：客户低价购买基础票，但是总价会因附加的付费产品而上涨，如信用卡费、餐食费和行李费。

今天，我们所面临的选择越来越多，企业的获客成本也随之升高。企业想要提高盈利能力,最重要的是提高、锁定用户的终身价值,让用户在同一品类上形成不断的复购,在周边的品类上形成延展性购买。

第四节 服务创业的新兴商业模式

我们早已领悟到,创新已经成为当今企业发展的主题,但并不是只要有技术创新就可以高枕无忧。历史上无数教训告诉我们,仅有技术创新是远远不够的。战略管理咨询公司波士顿咨询公司(BCG)曾做过一个调研,调研结果表明商业模式的创新在企业持续发展过程中带来的价值要优于其他方面的创新。这在另一个层面与彼得·德鲁克所说的"未来的竞争是商业模式的竞争"这个观点不谋而合。并且,当前日益激烈的竞争和成功商业模式的快速复制迫使所有公司必须不断地进行商业模式创新以获得持续的竞争优势。

在这种情形下,为了获得持续性发展,不被时代淘汰,出现了很多新兴的商业模式。

一、网红经济下的新兴商业模式

网红经济是互联网大力发展背景下出现的全新经济模式,是以年轻貌美的时尚达人为形象代表,以红人的品位和眼光为主导,进行选款和视觉推广,在社交媒体上聚集人气,依托庞大的粉丝群体进行定向营销,从而将粉丝转化为购买力的一个过程。作为一种新型的经济形态,网红经济具有较强的时代性和低门槛性,网红可以是演员、主播,还可以是美妆博主、健身达人、游戏主播等。

般来说,网红经济下的收入来源主要包括内容付费、广告代言、电商销售三种形式。从类型上看,网红经济主要包括知识型网红经济、电商型网红经济、视频直播型网红经济等类型。

(一)知识型网红经济

知识型网红经济是指通过知识变现来获取收益的经济模式。从本质上说,知识型网红经济主要包括线上解答和系统课程两大类,这两者尽管在形式上表现出较大的差异性,但是其本质都是贩卖知识本身,进而促成"知识交易"。例如罗振宇的"罗辑思维",多少粉丝抢着买单,变现能力实属惊人。它的变现手段,就是通过开发专属 App,为用户提供优质的知识内容,帮助用户充分运用碎片化时间进行学习,从而吸引粉丝成为会员。它给用户创造的价值就在于不仅能够实现时间整合,还可以有效地提升用户的知识获取效率,提升其知识运用及转化能力。通过 App 直接向用户提供知识产品和服务,打造了高质量的知识交易专区,能够有效提升用户黏性,保证 App 的持续良好运营。另外,当粉丝数达到一定程度、品牌达到一定名声时,自然会吸引其他商业品牌的广告代言合作意向,进一步收获更大价值。

(二)电商型网红经济

电商型网红经济是指借助庞大的粉丝群体来进行"卖货变现"的商业模式。一般来说,电商型网红经济主要包括美妆、服饰销售等,其产业链可以从设计、营销、生产三大方面来实现。早期的网红基本属于电商型网红,几乎人均一家淘宝店铺,他们设立自己的服装品牌或是化妆品品牌,吸引粉丝购买,实现粉丝变现。随着移动互联网的普及,近几年开始流行起直播带货,于是网红们的变现路子又多了起来。你一定看过直播吧,你有没有为某件心仪的产品在直播间蹲守几小时?你有没有为手速不够快而抓耳挠腮?你有没有为自己的一时冲动而流下悔恨的泪水?这就是直播间的魅力!由于直播间的大额优惠、主播的有趣讲解、产品的近距离接触等优点的存在,全民搞直播的时代已经到来了。品牌选择和主播或明星合作进行直播带货,是当前网红经济下的热门变现方式之一。

(三)视频直播型网红经济

当前,人们日益碎片化的时间以及被"娱乐至死"支配的心理与数字化技术的发展一道促进了互联网短视频以及直播行业的兴起,成为数字经济时代下满足用户碎片化娱乐场景需求的内容新载体和新趋势。在现实生活中,你可以通过视频媒体平台将你碎片化的时间娱乐化,且视频相较于传统图文而言更加生动形象,更能令你沉迷其中,所以视频媒体平台目前已经成为人们日常生活娱乐不可缺少的一环。

抖音、快手、西瓜视频、斗鱼直播等平台都是视频直播型网红经济下的产物,而这种依靠视频媒体平台来吸引流量,再借助流量变现的商业模式就是视频直播型网红经济。

案例5-2 "造个明星来卖货"——如涵商业模式

二、共享经济下的新兴商业模式

共享经济也是另一个在互联网技术、信息技术快速发展下孕育出来的产物。由于社会上的闲置资源量巨大,近年来,它在竞争越发激烈的市场中脱颖而出,直击社会需求的痛点。共享经济的商业模式就是通过建立一个共享平台,将产品和服务的供应方与需求方联系起来,形成一个利益息息相关的网络结构。

产品和服务的供应方将手里的闲置资源投入共享平台后,消费者就可以通过共享平台来购买自己需要的产品和服务。其实就是通过整合线下的物品或服务,以转让使用权的形式产生经济效益,用一句话概括,即"弱化所有权,释放使用权",需求方不直接拥有物品的所有权,而是通过租、借等共享的方式使用物品。

在共享经济1.0时代,巨大的闲置资源保证了供应端存在的合理性,而需求缺口的出现也同时保证了平台的需求端存在的合理性。因此,产生了以Uber、Airbnb等为代表的C2C平台,它们利用共享经济来实现对传统行业的改良升级,利用互联网做到点对点分配闲置资源,从而实现社会资源的高效利用。所以越是信息不对称的行业,越容易出现共享经济。在C2C模式下,两个C是互相促进的关系,无论是Airbnb的房东和房客,还是Uber的司机和乘客,都是越多的"供给C端"使得"需求C端"的体验更好,体验好了,用户就多了,这时越多的"需求C端"又反过来刺激了"供给C端"的销售。这两个C端的相互促进,会使平台像滚雪球一样成长,加之平台并不占有资源,只负责进行信息的调度,而资源的维护、开发、购入成本均由供应端负责,因此平台的边际成本几乎为零。然而,这也为这种模式带来了一个致命的缺点:因为平台不占有资源,所以难以控制服务品质,容易造成用户的信任危机。并且,并非所有资源都适合C2C这种共享商业模式,因此进化到了 2.0 时代。

在共享经济 2.0 时代,资源开始由平台生产、运营和维护,即变成了一个基于 B2C 的商业模式。社会上闲置资源的不足由企业自行补足,也就是人为地生产"闲置资源"。在 2.0 时代,平台掌握了资源的供应源,并且能对资源进行统一化管理,因此在品控方面能够有完全的自主权,可以显著增强用户体验。这类模式典型的代表有共享单车如青桔、哈啰等,以及共享充电宝如街电、怪兽等。可以说共享单车和共享充电宝的普及让我们意识到,我们已经进入一个共享社会。但是,这种 B2C 模式也存在严重缺点,一是重资产模式使得前期投入、中期运营、后期维护带来的成本令人咋舌,不少曾有雄心壮志要称霸共享单车市场的企业在短短几个月就销声匿迹,因为太亏钱了;二是难以形成网络效应,用户数量无法转换成流量进行变现,因为用户并不需要打开 App 就能骑走小车,而且市场竞争者太多,用户流动成本太低,也注定这个行业很难出现垄断者。

由于 1.0 时代和 2.0 时代都面临着发展的困境,那么,我们可以期待在共享经济 3.0 时代,会不会出现结合两者优势而又规避两者劣势的经济模型呢?

在 2020 年的新冠肺炎疫情和 5G(第五代移动通信技术)等诸多因素的推动下,共享经济加快了改革的步伐,如今正处于迈入新阶段的时期。由于疫情的影响,共享经济所发挥的优势也推动了在线教育、外卖以及在线医疗的发展。特别是在医疗领域,平安好医生、微医等医疗服务平台开设了在线问诊服务,据统计数据,平安好医生累计访问人次达 11.1 亿人次,累计提供咨询服务约 92 万人次,日均问诊量是疫情前的 9 倍。

未来,共享经济的 3.0 时代将会更加强调"共享+"的概念,实现与不同的产品、不同的生态领域以及不同的载体进行全面衔接,实现线上资源的互通,形成完整的共享生态圈,从而拓展成更大的市场空间。这是当前企业发展的机遇,只要抓住了,就能拥有市场。

三、宅经济下的新兴商业模式

如果说曾经的宅经济只能算是边缘化的经济方法,那么经历疫情的宅经济已经实现了质的飞跃,如今完全可以当之无愧地站在 C 位圈。宅经济是居民足不出户可以在家中完成经济价值创造的一种交易活动,具有不可估量的发展潜力。

疫情之下,很多人开始了居家学习、居家办公、居家娱乐、居家研究菜谱之路。在此背景下,各种与"宅"相关的文化与活动迅速兴起并辐射全国。在疫情刺激下,原本就在逐步发展的与宅经济相关的新商业模式进一步加速催化成熟,如社交电商、社交视频、在线教育、远程办公等的出现,就是这个特殊时期衍生出来的热门。

宅经济的优点有很多,它让生产和交易行为都变得分散化,突破了传统经济模式下的时空限制,可以做到全天候进行生产经营,不管是生产还是消费,网民都可自主选择,使社会行为更加便捷。

宅在家的日子里,有人变成了"大厨",有人变成了"主播",还有一些人找到了事业的新方向。虽然疫情的发生对传统企业的打击很大,但与此同时,网络购物、餐饮外卖、生鲜配送、远程办公等线上经济或者说宅经济更加火爆了,众多企业开始抢滩线上市场。例如,盒马鲜生迎来了它的春天,需求激增到远超盒马鲜生自身的服务能力,只能紧急调配人力,与其他企业临时"共享员工";外卖行业也一派繁荣,就连海底捞都开始做起了外送服务;"云办公""云会议"成为新时尚,钉钉、腾讯会议等能实现云上办公服务的软件成为我们的居家必备。同时,疫情也给传统企业带来了发展的新思路,我们可以看到,房地产推出"AR(增强现实)看房",餐饮企业开始"直播教做菜",文创企业也来"直播教画画",KTV 企业还与全民 K 歌合作开展"云歌赛"。越来越多的传统企业在不断探索新的商业模式,寻求转型升级,在丰富全国人民居家生活的同时,也发掘出了企业的新增长点,使企业焕发出了新的生机。

宅经济在疫情冲击下迎来发展大跃步,但并非会随着疫情的消失而消失,它所隐藏的巨大发展潜力值得企业去挖掘、去探寻、去把握。

案例 5-3　从"人等饭"到"饭等人":宅人私厨的无人鲜食零售

四、云游戏平台的新兴商业模式

游戏产业是近年来处于蓬勃发展态势的朝阳产业,而随着我国 5G 通信建设的不断发展以及玩家对品质要求的进一步提高,云游戏脱颖而出,成为游戏产业的一颗新星。

根据中国信息通信研究院定义,云游戏本质上为交互性在线视频流,游戏在云端服务器上运行,并将渲染完毕后的游戏画面或指令压缩后通过网络传送给用户。云游戏和用户数据存储在服务器上,本地终端上不再需要安装游戏文件和存储用户数据。过去网游厂商一直在游戏画质与终端性能之间博弈,而云游戏的出现将在打破本地终端存储空间限制基础上,实现游戏画质大幅提升。

资料显示,在 2020 年的春节期间,多家手游和网游平台纷纷出现了系统瘫痪的情况。一方面是由于同一时间段登录人数较多,另一方面是由于服务器超负荷运转出现问题,这体现出玩游戏人数明显增加。这也是游戏公司数据明显增长的主要因素,以腾讯手游《王者荣耀》为例,2020 年大年三十单日流水为 20 亿元左右,而此前《王者荣耀》的单日流水记录为 13 亿元,纪录被轻松打破。这也证明了当前游戏市场的容量大,利润空间令人心驰神往。

目前国内各大游戏公司及科技巨头正通过各种方式参与到云游戏的布局竞争中,加速布局和打磨产品;短视频直播平台、社交媒体、分发渠道等主体,也正在探索可玩广告、云试玩、"直播＋云游戏"等多样化业务发展路线,争取斩获一席之地。

行业巨头像腾讯旗下的腾讯即玩和腾讯 START,在产业链上游与智能电视、游戏手柄等终端及周边设备厂商合作发展配套硬件,在中游以强大的游戏内容研发实力为护城河,打造云游戏平台、开展新形式的内容分发,以维护产业地位,并选择"会员费＋内购道具"的收费模式;像网易云旗下的网易云游戏,上游与华为云开展紧密合作、与海信合作登陆电视大屏,中游将时长付费与道具付费两种商业模式结合打造自有云游戏平台,收录自研及第三方产品。其实无论策略怎么变,云游戏平台的收费模式无外乎以下几种:会员费、游戏订阅费、时长费、道具付费以及增值服务费。使用哪种模式,取决于企业规划的发展路径,但毋庸置疑的是,未来"免费时长＋付费道具"将成为主流。

1927 年 9 月 19 日，准备进攻长沙的秋收起义部队，抵达湖南省浏阳县文家市镇。在当日晚间一场紧张而焦灼的军事会议上，诞生了未来中共历史上最伟大的战略之一：农村包围城市。伟大的军事谋略家毛泽东当时说过一句著名的话：农村包围城市，武装夺取政权。

改革开放后，中国一代又一代的企业家，在政治、军事之外的商业领域，也将"农村包围城市"作为逆袭铁律，深入贯彻到企业的商业模式选择中。

拼多多的黄峥是其中最为成功的典范之一。以低价拼货模式销售的拼多多，从早期定位于三、四、五线等低线城市，到如今"8 亿人都在用"，一跃成为近年来的行业独角兽，不得不说它所奉行的"农村包围城市"战略给它带来了巨大的助力。同样，资讯类 App 趣头条的谭思亮也将目光瞄准了三、四线城市的人群，用户可通过阅读、分享及拉新的方式兑换人民币——这样的"诱惑"成为趣头条获客和留客的最大砝码。这种被一线城市用户"嗤之以鼻"的商业模式，在三、四线城市大获成功。

毛泽东深入了解了农民的需求，深刻剖析了中国的实际情况，也坚定地相信农民会是革命成功与否的决胜点，作为一名领导者，他善用了这些认知。他曾说："站在最大多数劳动人民的一面。"

事实也是如此，农村包围城市既是一种军事战略，也是一种商业战略，看到了中国的基本现实和中国广大劳动群众的需求的企业家们，都很难不成功。华为任正非靠下乡打破外企垄断，碧桂园杨国强走城镇化路线，脑白金史玉柱用免费和营销撬开县镇入口，拼多多黄峥及趣头条谭思亮服务五环外消费者。纵观这四代企业家发家史，几乎全用一两年时间完成了自己的商业逆袭，本质上便是"农村包围城市"这种商业模式的胜利。

 本章课后习题

一、名词解释

1. 商业模式

2. 关键资源能力

二、简答题

1. 除本章提到的供应商、客户、合作伙伴等利益相关者外，企业还有哪些潜在的利益相关者？

2. 谈谈商业模式和管理模式的区别与联系。

3. 你认为直播带货的可持续性如何？

三、案例分析

请阅读案例"纳斯达克上市的'成熟孩子'：斗鱼 TV 的商业模式演化之路"，并回答问题。

1. 斗鱼 TV 为什么要在深耕电竞的基础上进行泛娱乐转型？

2. 分析斗鱼 TV 从深耕电竞产业链到泛娱乐转型过程中的商业模式转变。

3. 相比其他直播平台，斗鱼 TV 商业模式的创新之处在哪里？

即 测 即 练

第六章

兵无常势，水无常形
——营销策略

水因地而制流，兵因敌而制胜。

故兵无常势，水无常形，能因敌变化而取胜者，谓之神。

——《孙子兵法·虚实篇》

【本章要点】

本章主要介绍了经典的 7Ps 营销理论，以及基于 7Ps 元素相对应的服务营销策略，包括产品策略、价格策略、渠道策略、促销策略、人员策略、有形展示策略以及过程策略，还有企业对于消费者购买决策过程中的一些关键时刻的营销。

通过对本章的学习，我们能够更清楚地知道实体业和服务业在营销上的异同，以及对于服务企业而言如何正确地制定并执行营销策略。希望读者能够对 4P 理论以及 7P 理论有较为深刻的认识，对服务营销的相关知识有自己的独特见解。

【思维导图】

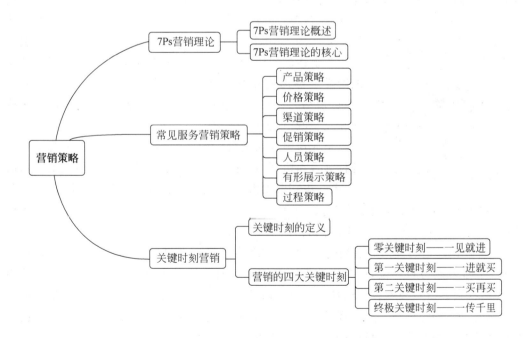

【核心知识点】

4Ps 营销理论、7Ps 营销理论、服务营销策略、服务质量管理理论、可感知服务质量理论、服务质量差距理论、峰终定律、关键时刻理论

【案例导入】

借"机"炒"鸡"：老乡鸡的花式营销

在体验经济时代，通过创造极致顾客体验唤醒情感共鸣，获得文化认同，是保证线下竞争优势的关键，也是当下帮助服务业从市场中突出重围的利刃。文和友通过打造极致顾客体验的营销策略赢得顾客认可而大获成功，这也在说明营销策略之于企业的发展的重要性。那么，本章就来揭开营销策略的面纱。

第一节　7Ps 营销理论

只要对营销有些了解的人都知道，4Ps 营销理论（图 6-1）是营销界最经典也最广为流传的营销理论之一，从 20 世纪 60 年代提出至今，仍然保持着其难以撼动的地位，对营销

图 6-1　4Ps 营销理论

活动有着广泛而深远的影响。作为营销人，4Ps 可以说是我们最基本的入门知识之一，它是美国密歇根州立大学的杰罗姆·麦卡锡教授于 1960 年在其《基础营销》一书中，所概括出的四类能够影响市场需求的营销要素——product（产品）、price（价格）、place（渠道）、promotion（促销），它们是一次成功和完整的市场营销活动所必不可少的四要素。

企业从整体营销目标的实现出发，通过对各种营销要素进行统筹和协调，将这些要素进行有效组合，从而满足市场需求，进一步获取更大利润，这就是所谓"营销策略组合"。1967年，菲利普·科特勒在其畅销书《营销管理：分析、计划、执行和控制》中进一步确认了以4Ps 为核心的营销组合方法，4Ps 开始活跃在学术界和商界。

4Ps 营销理论的提出具有划时代意义，它奠定了管理营销的基础理论框架。该理论以单个企业作为分析单位，认为影响企业营销活动效果的因素有两种：一种是不可控因素，包括社会、人口、技术、经济、环境/自然、政治、法律、道德、地理等方面；一种是企业可以控制的，如产品、价格、分销、促销等营销因素，称之为企业可控因素。显然，4Ps 营销理论就是针对那些企业可以控制的因素而提出的如何扩大市场需求的方法。

我们都知道，外部因素是企业难以控制的资源，所以企业营销活动的实质其实是一个

利用内部可控因素去适应外部环境的过程,即通过对产品、价格、渠道、促销的计划和实施,对外部不可控因素作出积极动态的反应,如政策变了该怎么做,技术革新了该怎么做,从而更易促成交易的实现,更好地达到企业的营销目标。用科特勒的话来说就是,"如果公司生产出适当的产品,定出适当的价格,利用适当的分销渠道,并辅之以适当的促销活动,那么该公司就会获得成功"。所以,市场营销活动的核心就在于制定并实施有效的市场营销组合策略。

但是,经典也需要与时俱进。从服务业逐渐风靡开始,到已然撑起半边天的今天,传统的4Ps已经不足以支撑起企业完整的营销活动,因为产品的形态出现了根本性的改变。以前的传统市场并没有有形产品和无形产品之分,而随着时代发展,我们不仅可以卖有形产品,还可以卖服务、卖专利、卖信息等无形产品。服务及服务市场具有若干特殊性,因此,服务营销组合策略也同样具有特殊性。所以,在这个基础上,诞生了为服务而服务的7Ps营销理论(图6-2)。1981年,布姆斯和比特纳在4Ps的基础上新增了三个"服务性的P",综合考虑外部营销环境的变化对营销活动的影响,提出了7Ps营销组合,即增加了people/participant(人员)、physical evidence(有形展示)和process(过程)这三个元素,如图6-2所示。如果说4Ps是管理营销的基本框架,那么7Ps就是服务营销的基本框架。

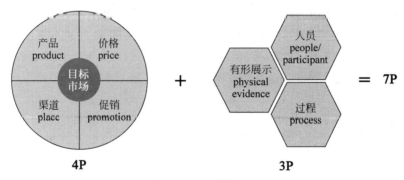

图6-2　7Ps营销理论

显而易见,4Ps与7Ps之间的差别主要体现在7Ps的后三个P上。从总体上来看,4Ps侧重于早期营销对产品的关注上,是实物营销的基础;7Ps则侧重于后来所提倡的服务营销,关注重点在服务上,是服务营销的基础。

另外,从营销过程来讲,4Ps注重的是宏观层面的过程,它从产品的诞生到价格的制定,然后通过营销渠道和促销手段使产品最终到达消费者手中,这样的过程是粗略的,并没有考虑到营销过程中的细节。相比较而言,7Ps则是在这些宏观的层面上,增加了微观的元素,它开始注重营销过程中的一些细节,因此它比4Ps更加细致,也更加具体。它考虑到了顾客在购买时的等待、顾客本身的消费知识以及顾客对于消费过程中所接触的人员的要求。可以说,4Ps是站在企业的角度所提出的一种推式营销策略,侧重于对产品的推销;7Ps则是更倾向于消费者的一面所提出的一种拉式营销策略,侧重于对顾客的说服。

不管是营销产品还是营销服务,目的都是在确定了合适的目标市场后,采用正确的营销组合策略,满足目标市场顾客的需求,从而占领目标市场。

因为7Ps考虑了企业、员工、顾客等对象，以及企业的内外部营销环境，所以，按照营销对象和营销环境的不同划分，格罗鲁斯认为，服务业的营销实际上由三个部分组成：内部营销、外部营销、互动营销（图6-3）。

图6-3 服务业的营销活动

企业与员工间的营销称为内部营销，即企业对员工的培训，以及为促使员工更好地向顾客提供服务所进行的其他各项工作。

企业与顾客间的营销称为外部营销，即企业为推出服务所提供的准备、服务定价、促销、分销等营销活动。

员工与顾客间的营销称为互动营销，它强调员工向顾客提供服务的技能，是顾客感知服务质量最直接的接触点。

> 案例6-1 从"造服于人"到"服适人生"：优衣库的营销进阶之路

一、7Ps营销理论概述

1. 产品

无论是4Ps还是7Ps，排在第一位的始终是产品。为什么产品永远被摆在首要地位呢？因为产品是营销之本，营销的本质就是企业提供给市场，提供给消费者相应的产品，从而换取相应的利润。所以，如果你的产品不被消费者认可，即使花再多钱去做广告、铺渠道也没用。即使线上线下都有你的广告，商场、淘宝、抖音都有你的渠道，也只能换来消费者内心毫无波澜地在你的产品上多停留一秒钟。所以，产品是决定营销活动取得成功的根基。

我们并不是一开始就对产品有足够的重视，至少在4Ps理论提出前并不是这样。从19世纪到20世纪60年代前，因为资本主义存在的先天不足，以及在世界范围内频繁爆发的战乱，营销界并不重视产品。因为那个时候，人类正经历着多次的大萧条、大灾荒和大战乱，一切物资供不应求，在卖方占领绝对主导地位的时候，无论企业生产什么都会在第一时间售罄。而且那时候人们的需求也十分单一——吃饱穿暖、能抚养孩子，只要能够满足最基本的生理需求就足够，有时连安全需求都成了奢求。

随着政治和经济的稳定，市场的复苏使得产品的供给暴增，人们的需求也开始从吃饱穿暖变成了更高的精神层面的追求。在这种情况下，人们开始对产品有了更高的要求，要求产品耐用，要求产品好看等，产品的重要性在这时候才开始被人们所重视。企业的工作重心也开始转移到如何生产一款真正满足消费者需求的产品上。与此同时，产品必须考虑质量、水准、品牌、服务项目、服务保证以及售后服务等内容，而其中服务业的产品内容则对应于提供服务的范围、服务质量和服务水准，以及品牌、服务保证和售后服务等。

无论是实体业还是服务业，产品才是那个最能打动人心、最能拿捏消费者的关键因素。

我们举一个经典的例子——诺基亚。毫无疑问的是，它是一个时代的记忆，也是一滴时代的眼泪。

诺基亚是曾经的手机王者，它在20世纪90年代就推出了手机，在之后的20年里，简直在手机行业独领风骚，但却在短短的三四年里，从王者位上跌落，市值百亿美元的公司差点破产,最后落得被微软低价收购的结局,再也无法恢复往昔的峥嵘,真正是令人唏嘘。

诺基亚为什么会跌得那么惨?我们用 4Ps 理论的框架去分析:诺基亚的价格其实很合理,从 399 元到 9 999 元,覆盖范围广,基本满足了所有用户的需求;诺基亚的渠道很多,鼎盛时期的诺基亚,占据了全球所有的手机柜台一半以上,占有绝对优势;同时它在促销方面也无可挑剔,平均一年就要花费 20 亿美元以上的广告费来进行广告推广,邀请全球最知名、最有创意的广告公司为它创作和投放广告。

诺基亚就败在了产品上。

你可能会不认同,认为诺基亚的产品很好,完全不用担心质量问题,砸核桃、泡水里安然无恙,这是常规操作,它甚至还能防弹!

但是,4Ps 和 7Ps 里的产品,远不仅指产品质量,更为核心的是,产品是否能满足用户当下和未来的真正需求。

巅峰时期的诺基亚,一年能够推出 100 多款新手机,但这些新的型号,都是对过去的产品进行修修补补,类似于改变外壳,提高配置,增加几个无关痛痒的小功能,看起来对消费者过于敷衍,诚意不足——说到底,是因为诺基亚失去了创新能力,它故步自封,被当下所束缚,将自己困在自己狭小的眼界里,没有洞察到消费者对手机的需求早已更新升级。消费者开始不再在意手机能否砸核桃,而是希望手机能够像一台小电脑一样,可以在上面进行工作、游戏、学习等。

后来的故事我们都知道了,苹果发现了这些需求,并且重视这些需求,推出了可以用来工作、游戏、学习的 iPhone,它把手机定义为掌上智能电脑,而不是一台运行速度更快和好看的手机,从此开启了智能手机时代。

也正是因为如此,一颗曾高挂的巨星陨落了,而重新升起了一颗闪烁的星星。诺基亚输了,输得彻彻底底。

诺基亚的教训足以给每一个企业警醒,产品永远是第一要义。如果企业生产的产品不能满足市场的需求,不能应用最新的科技成果,而只是在自己所熟悉的领域里继续无意义地顽守的话,那么很快就会成为下一个诺基亚。

2. 价格

有时候我们可能有这样的感觉,价格真是一种令人捉摸不透的东西。明明 19.9 元和 20 元相差无几,为什么要制定 19.9 元这样一个价格呢?明明同样是口红,为什么完美日记、橘朵只卖几十元一支,而 TF、Dior 却能卖到几百元一支呢?由此可见,定价是一门很深的学问,每一个价格都有它的奥妙在里面。

价格这一因素为什么能够排在第二位呢?这是因为价格是衡量一件商品价值高低的最直接体现,是消费者考虑是否产生购买行为的最直观因素。毕竟谁的钱都不是大风刮来的,花起来的时候还是要小心翼翼,要货比三家选性价比最高的。那么,在这种时候,在其他条件同等的情况下,18.8 元的产品能够比 19.9 元的产品容易售出,而 19.9 元的产品又能够比 20 元的产品容易售出。

同时,价格也是企业获取利润的最基本来源。定价直接决定了能从产品的销售中获利多少,一个成本几角钱的曲别针,是要像文具商那样卖 2 元钱,还是像蒂芙尼那样卖出

8 000 元呢？显而易见，二者的单位利润空间相去甚远。俗话说，"薄利多销，厚利少销"，如果 2 元的曲别针能卖出 10 万个，而 8 000 元的曲别针却只能卖出 10 个，显然还是定价 2 元能够获得更大的利润。

那么企业到底应该如何为产品制定价格呢？这受很多因素的影响，如成本，目标消费者的消费心理、消费习惯以及购买力，还有经济大环境等。所以，企业的定价策略有多种，我们会在第二节具体提到。在种种影响定价的因素中，最为基本的一种就是，"价格要符合产品的定位"。

如果蒂芙尼的一个曲别针能卖到 8 000 元，这其实利用了消费心理学上的"价格锚点"，当消费者看到蒂芙尼连普普通通的一个曲别针都能卖到 8 000 元这一高价时，自然而然就会意识到这是一个与普通老百姓无关的高端品牌，它在消费者心中的贵族形象就算立住了。例如优衣库，它在保持了品质和设计感的情况下，将大部分商品的价格定得相对较低，久而久之，它的平价路线就让它在市场中占据了有一定品位但购买力中等的年轻人这一群体的心智，并且用价格优势将其他竞争者牢牢抵御在外面。

价格因素是企业对自身产品价值的一个最直接诠释，也是消费者购买与否的最直观原因，对价格进行合理的制定与调整是帮助企业提高利润最直接有效的途径。对于企业而言，在价格方面要考虑的内容包括价格水平、折扣和折让、付款条件、顾客认知价值、质量价格比以及差异化定价等。

3. 渠道

渠道这个概念通俗地解释，其实就是"消费者在哪里能够看到和买到你的商品"。

渠道是指产品或服务转移所经过的路径，由参与产品或服务转移活动以使产品或服务便于使用或消费的所有组织构成。换言之，它是指产品或服务从生产者向消费者转移过程中所经过的、由中间环节所联结而成的路径。所有产品或服务在被消费者接受之前，都要经过它的营销渠道。一般来说，渠道所涉及的主要参与者有生产制造商、批发商、零售商、其他中间商、消费者或用户等成员性参与者，以及运输公司、仓储公司、物流公司、银行、广告代理机构等非成员性参与者。对于企业而言，对渠道的把控主要有所在地、可及性、分销渠道、分销范围等内容。提供服务者的所在区位及其地缘的可达性对于服务营销的成败有着重要影响。

从渠道的定义我们能够知道，渠道对于企业而言为什么也是一个重要角色。渠道是连接企业和消费者的通道，是控制企业产品能否顺利生产、能否顺利被消费者接受的命脉。渠道的作用很强大，它能够使产品从生产者转移到消费者的整个过程顺畅、高效，消除或缩小产品供应与消费需求之间在时间、地点、产品品种和数量上存在的差异。同时，渠道具有收集与传送信息、促销、接洽、组配、谈判、物流、风险承担和融资八大功能。

一般的渠道功能安排如图 6-4 所示。

不同形态的商品所展示出的渠道形态是不一样的，应该说，实体商品的渠道和现在的互联网上的虚拟商品的渠道在展示形式上是完全不一样的。实体商品，如手机、可乐、衣服，它们的主要渠道就是各种百货商店、专卖店、超市、便利店等的货架。这些货架是决定消费者到底会不会购买商品的地方，是所有营销环节中重要的一环。对于互联网产品，如各类 App、网站等，它们的渠道主要是各种像 App store 这样的应用市场。当你看到关于

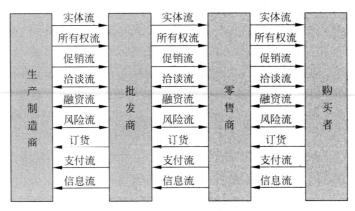

图 6-4　一般的渠道功能安排

App 的广告,或者说当你的朋友推荐你去使用某个 App 的时候,你最常见的方式,就是去打开应用市场,去下载一个这样的 App。

无论是实体产品还是无形产品,无论是实体业还是服务业,无论是线上渠道还是线下渠道,渠道的核心都是所谓渠道三原则。

(1)渠道的选择必须和商品的目标消费者相吻合。

如果你针对的是奢侈品,那么你就应该在高级的商场铺设渠道;如果你针对的是大众快消品,那么你就应该在普通的大超市铺设渠道。

(2)在定位吻合、成本可控的情况下,渠道应该越多越好。

如果你认为你的商品适合铺设在大超市里,那么应该想办法,在全国所有的大超市里,都能让消费者看到你的商品。

(3)商品在渠道中的展示应该越突出越好。

如果你生产了辣酱,那么你的辣酱在超市货架的一大排辣酱中,应当尽可能地和其他的辣酱区别开来,让消费者一眼就能够被吸引。互联网上的 App 也是这样,如果你开发了一个音乐 App,那在 App store 里,你的这款 App 应该与众不同,无论是给它一个更亮眼的图标,还是给予其更有吸引力的描述,这都是建设渠道的重要一部分。

4. 促销

很多人可能会把促销当成打折降价那类狭义的促销活动,其实 4P 和 7P 中的 promotion 更贴切的含义应该为"推广",将促销单纯理解成促销活动过于片面。

促销的内涵十分丰富,它包括品牌宣传(广告)、推销、销售促进、公共关系或其他沟通传播方式等一系列的营销行为。在广告中,又能划分出各种各样的广告创意方式、广告投放方式等,在公关中,还能划分出各种事件传播、社会化媒体传播等方式。由此可见,促销的内涵很大、很全、很复杂,可能许多对市场营销概念不那么清楚的人,就会把 promotion 当成营销的全部。虽然事实并没有那么夸张,但促销其实也占据了企业营销活动的半壁江山。

促销的形式多种多样,传播效果也有大有小,可能一个很小的点子就能够引爆市场,可能一个精心策划的营销方案却掀不起一丝波澜。促销的变数是很大的,市场反应也是难以做到准确预测的。这其实也是促销的魅力所在，它在激励企业去探索、去实践，去发掘什么样的推广活动能够撬动消费者心中的那杆秤，从而实现销量的飞跃。

在互联网技术和信息技术高速发展的今天，企业与消费者的沟通方式从单向沟通变成了双向沟通，企业的广告投放方式也从线下转到线上，现在花 2 000 万元在线下铺满广告牌、海报的效果可能还不如花 200 万元请一些知名博主在线上给品牌做直播宣传的效果好，也可能还不如不花一分钱在微博/抖音等软件上注册官方账号和网友积极互动的效果好。

所以，我们可以看到，促销的灵活性是很大的，企业要想实现良好的促销效果，就需要顺应时代和消费者的变化，找到适合自己的传播方式。

5. 人员

人员有形展示和过程是 4Ps 理论所没有涉及的营销元素。但是，对于服务业来说，在服务产品提供的过程中，避免不了人与人之间的接触，因此，人员（如服务企业的员工）是一个不可或缺的因素。

在营销组合里，人员意指人为元素，扮演着传递与接受服务的角色。换言之，人员也就是公司的服务人员与顾客。在现代营销实践中，公司的服务人员极为关键，他们可以完全影响顾客对服务质量的认知与喜好。尤其是服务业，顾客就是根据员工的服务态度、服务水平来感知企业的服务质量，形成顾客感知价值的。如果人员素质参差不齐，那么服务表现的质量就无法达到一致的要求，顾客感知价值就无法达到满意水平，从而容易引发顾客抱怨，造成顾客流失。在口碑至上的今天，如果企业无法提供顾客满意的服务，那么企业的口碑就会急转直下，难以翻身。

所以，对于企业而言，对员工培训是十分重要的一个环节，只有让员工达到要求，才能给顾客提供标准化的优质服务，才能提高顾客的满意度，而满意度是顾客忠诚和顾客推荐的基础与前提。一个优秀的案例就是海底捞，海底捞的员工培训是很到位的，标准化的微笑，标准化的鞠躬，还有标准化的语气。在任意一家海底捞火锅店，你都可以看到热情又细致的服务员给你提供无微不至的服务。除了过于浮夸的生日祝福，海底捞的服务可以说是让人挑不出一丝毛病，就餐全程轻松愉悦，当然会让顾客"来了第一次，就有第二、第三、第四次"，也会让顾客不由自主地向别人推荐海底捞。

除了企业员工，人员也包括未购买及已购买服务的顾客。营销经理人不仅要处理公司与已购顾客之间的互动关系，还得兼顾未购顾客的行为与态度。只有让潜在顾客也感受到较高的服务质量，他才有可能转变成正式顾客，购买企业的服务。

6. 有形展示

通过有形因素向顾客展示无形服务的特点、层次等为顾客决策提供依据，为服务交易提供暗示或隐形承诺，即服务营销中的有形展示。

有形展示包括的要素有实体环境、服务提供时所需的有形产品装备和其他便利工具、其他实体性线索（信息等）和有效引导等，可分为环境要素、设计要素、社交要素三种。

我们可以把有形展示理解为商品与服务本身的展示，使所促销的东西更加贴近顾客。有形展示的重要性在于顾客能从中得到可触及的线索，去体验你所提供的服务质量。因此，最好的服务是将无法触及的东西变成有形的服务。

有形展示在服务营销中起的作用很大，主要有以下几点。

（1）能够通过感官刺激，让顾客感受到服务给自己带来的好处。

（2）有助于引导顾客对服务产生合理的期望。

（3）有助于影响顾客对服务形成良好的第一印象。

（4）有助于提高顾客的服务感知质量。

（5）作为服务环境的一种重要构成，有形展示有助于提升顾客与服务人员的互动质量。

（6）有助于服务企业塑造良好的市场形象。

（7）协助培训服务员工。

例如，电影院的装潢、音响、屏幕、座椅以及电影票都是电影院的有形展示；麦当劳的红黄配色、炸鸡的香味也是麦当劳的有形展示。前者属于设计要素，后者属于环境要素。

顾客会根据那些可以感知到的有形物体所提供的信息对服务作出判断，服务展示因此成为服务市场营销组合策略中七大要素之一。并且，不同类型的有形展示对顾客心理及其判断服务质量的过程有不同程度的影响。

7. 过程

这里的过程是指顾客获得服务前所必经的过程。

克里斯廷·格罗鲁斯曾说，"服务运营的生产率并不仅仅是一个企业内部问题，因为生产率的高低是由顾客决定的。"进一步说，如果顾客在获得服务前必须排队等待，那么这项服务传递到顾客手中的过程，时间的耗费即为重要的考虑因素。

企业对于整个服务过程的管理，在于对每一个服务接触点的服务质量控制。例如，你去银行办理业务，其服务流程依次是进入现场→等待→现场咨询→业务办理→成交→离开现场→投诉或反馈→再次消费或放弃。这个流程里面每一个点都是接触点，都会发生互动：顾客与服务提供者的互动、顾客与顾客的互动、顾客与服务环境的互动、顾客与服务过程的互动。要想实现顾客满意，不仅需要在业务办理这样的关键接触点方面提升服务质量，也需要关注流程中的其他接触点，若是在某一环节给顾客留下了不良印象，那么容易造成顾客的不满。例如，脏乱的环境、喧闹的人群以及漫长的等待等，都会降低顾客的感知服务质量。顾客一旦产生不满，就会增强对服务质量变化的感知敏感性，使顾客产生沮丧的心理并减弱顾客的忠诚。试想，我们是否在接受服务的时候会放大企业做得不足的地方。

因此，企业不仅需要思考如何提升关键接触点的服务质量，也需要把控其他接触点的服务质量，避免让顾客产生不满的可能。在这里，还要继续举海底捞这个例子。前面我们提到顾客在海底捞就餐的过程中会感受到极致的服务，其实，从你决定要吃海底捞开始，海底捞就已经做到了极致。它给顾客带来的餐前体验是值得其他企业学习和借鉴的，当顾客在海底捞门店取了号之后，海底捞服务员会贴心地给你准备果盘、瓜子以及小玩具，让你快乐地度过漫长的等待时间，而不是焦急又不耐烦地等着服务员一个一个叫号。无论你是在海底捞的等待区等待就餐，还是只是累了想找个地方休息，海底捞的服务员都会一视同仁地对待，并不会因为你不是他们的顾客就对你态度冷漠，这也是前面我们提到的，对已购买和未购买服务的顾客都要保持恰当的态度。

（114）

如果企业考虑成本的话，可以在提供合格的服务的基础上，选择几个接触点，给顾客提供优质的期望中的服务，这是在节省成本的同时又最能提高顾客感知服务质量的手段。

二、7Ps 营销理论的核心

（1）揭示了员工的参与对整个营销活动的重要意义。企业员工是企业组织的主体，每个员工做的每件事都将是客户对企业服务感受的一部分，都将对企业的形象产生一定的影响。

（2）指导企业应关注为客户提供服务的全过程，通过互动沟通了解客户在此过程中的感受，使客户成为服务营销过程的参与者，从而及时改进自己的服务来满足客户的期望。

第二节 常见服务营销策略

无论是 4Ps 理论还是 7Ps 理论，其实本质上都是一种"木桶理论"，即一个企业在市场上表现得如何，不在于它做得最好的一项，而在于它做得最差的一项。

一个企业产品做得很好，如果产品定价太高，不符合实际，就会没人买。

一个企业产品做得好，广告也做得好，但消费者发现根本买不到，那就是渠道做得不行。

一个企业广告做得好，定价也合理，而且渠道铺得到处都是，但产品本身没有用途。

所以，所谓 4Ps 营销理论和 7Ps 营销理论，就是这样一种策略，一种思维，一种要求——它要求你，必须多维度去思考营销问题，产品、价格、渠道、广告——任何一个环节出了问题，你所做的一切都是无用功。

所以，对于服务业而言，基于 7Ps 营销理论，企业需要采取合适的服务营销策略来保证良好的市场反馈。针对产品、价格、渠道、促销、人员、有形展示以及过程等营销要素（表 6-1），有多种营销组合策略可以帮助企业实现营销目标，下面介绍一些常见的服务营销策略。

表 6-1　7Ps 服务营销组合

要　素	内　容
产品	质量、水准、品牌、服务项目、服务保证、售后服务
价格	折扣、付款条件、顾客认知价值、质量价格比、差异化
渠道	所在地、可及性、分销渠道、分销范围
促销	广告、人员推销、宣传、公关、形象促销、营业推广
人员	态度与行为、可靠性、负责、沟通、顾客参与
有形展示	环境设计、设备设施
过程	员工决断权、活动流程、顾客参与度

一、产品策略

产品策略，主要是指企业以向目标市场提供各种适合消费者需求的有形产品和无形产品的方式来实现其营销目标的一种策略。其中包括对同产品有关的品种、规格、式样、质量、包装、特色、商标、品牌以及各种服务措施等可控因素的组合和运用。

企业制定经营战略时,首先要明确企业能提供什么样的产品或服务去满足消费者的要求,也就是要解决产品策略问题。从一定意义上讲,企业能否成功与发展的关键在于产品满足消费者需求的程度以及产品策略的正确与否。

产品策略的制定,就是为了使企业能在激烈的市场竞争中获得优势,在生产、销售产品时所运用的一系列措施和手段,包括产品定位、产品组合策略、产品差异化策略、新产品开发策略、品牌策略以及产品的生命周期运用策略。在产品策略中最重要的一点,就是要保证你所提供的服务质量。质量是根本,质量不过关的产品是无法在市场立足的。

但是,由于服务所具有的不可感知性(服务的特性、组成服务的元素、使用服务后的利益无形无质)、不可分离性(服务的生产过程和销售过程同时进行,在时间上不可分离)、差异性(服务的构成成分和质量水平经常变化,很难统一界定,对服务的质量检验难以统一标准)、不可储存性(服务不可提前生产储存)等特征,企业要控制服务质量,就需要从有形性、可靠性、响应性、保证性、移情性这五个方面提高顾客的可感知服务质量。

1. 有形性

与有形产品相比,服务的特质及组成服务的元素,很多是无形无质的,让人不能触摸或凭肉眼看见其存在。甚至使用服务后的利益,也很难被察觉,或是要等一段时间后,享用服务的人才能感觉到"利益"的存在。

所以,在产品策略方面,企业需要提高服务的有形性来提高顾客的感知程度,让顾客产生更清晰的亲身体验感,对服务质量作出更明确的评价。

一般而言,企业可以通过自己的有形环境、设施、工具、信息展示等向顾客提示服务质量,通过增强顾客与环境的交互、增强员工与顾客的沟通(如理解顾客的个性化需求以及提供个别关心)等来提高服务的有形性。

2. 可靠性

可靠性是指服务提供者可靠地、准确地履行服务承诺的能力。

可靠性是判断服务质量优劣的基础,一个连可靠性都提供不了的服务必然不是一个好的服务。例如餐饮业要确保餐品和就餐环境的干净卫生,确保餐品准确无误并及时地送达顾客面前,又如投资顾问要确保提供的投资方案的营利性。服务提供的安全性涉及身体安全、财产安全等,服务提供的可信度涉及企业声誉或品牌声誉、员工服务水平等,都属于可靠性的范畴。

3. 响应性

响应性是指服务商帮助顾客及提供便捷服务的自发性,反映企业和员工主动及时帮助顾客的能力。由于服务所具有的不可储存性以及不可分离性,服务无法提前生产,也无法形成库存,因此,响应性是评价服务质量优劣的一个重要指标。在人流高峰期和低谷期,如何安排服务人员,如何协调供求关系,是企业必须思考的问题。等待时间太长会使顾客滋生不满情绪,极大影响顾客的感知服务质量。例如,肯德基快餐将顾客"快餐要快"的笼统要求具体化为"付款后在2分钟内上餐"。又如,花旗银行要求员工"电话铃响起10秒内有人接""顾客来信2天内回复"。

4. 保证性

保证性是指员工的知识水平和谦恭态度，及其激发顾客信任的能力。员工必须具备足够的专业知识、经验，必须拥有客气、尊重、友善和周到的态度，以及表达出能够完成服务的能力。只有员工的服务能力和服务水平高，顾客才会产生购买意愿。谁愿意花钱让一个高高在上的满脸写着不情愿的工作人员来给自己提供服务呢？

5. 移情性

移情性是指把顾客作为个体对待，给予顾客关心和个性化服务的能力，简单地说，就是要让顾客感受到"人情味儿"。如果你只是程序化、标准化地在履行服务流程，虽然顾客挑不出错，但他也不会产生预期外的惊喜，只会认为这是一次合格的服务，不咸不淡、不痛不痒。如果你能在他口干舌燥时递上一杯水，在突然下雨时给他递上一把伞，在重大节日时给他送上一份祝福或者是做出一些其他关心他的举措，倾听并满足他的个性化需求，会让他感受到你的诚意，从而心生愉悦，这能够有效提升其感知服务质量。

案例 6-2　任凭风浪起，"定"坐钓鱼台——京东的定价策略

二、价格策略

价格策略，主要是指企业以按照市场规律制定价格和变动价格等方式来实现其营销目标的一种策略，其中包括对同定价有关的基本价格、折扣价格、津贴、付款期限、商业信用以及各种定价方法和定价技巧等可控因素的组合和运用。

企业在制定价格时需要考虑的问题有很多，例如，企业的合理利润以及顾客可以接受的价格是否得到考虑，定价是否符合公司的竞争策略，定价目标是以利润为导向还是以数量为导向。企业要根据服务的市场定位、服务的生命周期阶段以及价格的战略角色来制定不同的价格策略。

下面我们来介绍几类常见的服务定价策略。

1. 心理定价策略

（1）声望定价法。声望定价法是指利用消费者求名、求新的心理和企业的优势，将产品价格定在高于其他企业同类产品价格水平之上的定价方法，这种方法可显示某种商品或企业的高级档次，满足消费者炫耀心理的需要。

（2）招徕定价法。招徕定价法是指企业利用消费者的求廉和从众心理，择时将少数商品降价（低于正常价格甚至低于成本）销售以招徕顾客的定价方法。①降低几种商品的价格，以吸引顾客来商店购买其他正常加成的商品；②实行季节特殊定价，降低某些商品的价格，以吸引更多的顾客；③在商品滞销期，给购买商品的顾客以现金回扣，从而减少库存；④在节假日或换季时举行"大甩卖""酬宾大减价"等活动。

（3）整数定价法。企业把原本应该定价为零数的商品价格改定为高于这个零数价格的整数，一般以"0"作为尾数。这种舍零凑整的策略实质上是利用了消费者按质论价的心理、自尊心理与炫耀心理。一般来说，整数定价策略适用于那些名牌优质商品。

（4）尾数定价法。在确定零售价格时，利用消费者求廉的心理，制定非整数价格，以零头数结尾，使消费者在心理上有一种便宜的感觉，或者是价格尾数取吉利数，从而激起消费者的购买欲望，促进商品销售。

2. 折扣定价策略

折扣定价策略是指企业为了鼓励顾客及早付清货款、大量购买、淡季购买等,可以酌情降低商品价格的一种策略。折扣价格的主要类型包括数量折扣、现金折扣、功能折扣、季节折扣等。影响折扣定价策略的主要因素有竞争对手的实力、折扣的成本、市场总体价格水平下降等。企业实行折扣定价策略时,还应该考虑企业流动资金的成本、金融市场汇率变化、消费者对折扣的疑虑等因素。

(1)数量折扣。数量折扣指按购买数量的多少分别给予不同的折扣,购买数量越多,折扣越多。其目的是鼓励大量购买,或集中向本企业购买。数量折扣包括累计数量折扣和一次性数量折扣两种形式。企业在运用数量折扣策略时需要解决的难点问题是如何确定合适的折扣标准和折扣比例。

(2)现金折扣。现金折扣是对在规定的时间内提前付款或用现金付款者所给予的一种价格折扣,其目的是鼓励顾客尽早付款,加速资金周转,降低销售费用,减少财务风险。采用现金折扣一般要考虑三个因素:折扣比例、给予折扣的时间限制、付清全部货款的期限。提供现金折扣等于降低价格,所以,企业在运用这种手段时要考虑商品是否有足够的需求弹性,保证通过需求量的增加使企业获得足够利润。

(3)功能折扣。中间商在产品分销过程中所处的环节不同,其所承担的功能、责任和风险也不同,企业据此给予不同的折扣称为功能折扣。功能折扣的比例,主要考虑中间商在分销渠道中的地位、对生产企业产品销售的重要性、购买批量、完成的促销功能、承担的风险、服务水平以及在市场上的最终售价等。功能折扣的结果是形成购销差价和批零差价。

(4)季节折扣。有些商品的生产是连续的,而其消费却具有明显的季节性。为了调节供需矛盾,这些商品的生产企业便采用季节折扣的方式,对在淡季购买商品的顾客给予一定的优惠,使企业的生产和销售在一年四季能保持相对稳定。

3. 差别定价策略

差别定价策略是指根据顾客支付意愿制定不同价格的一种策略。该策略主要适用以下两种情况:①建立基本需求,尤其是高峰期的服务;②缓和需求的波动,降低服务易消失性所带来的不利影响。

差别定价策略的形式见表6-2。

表6-2　差别定价策略的形式

形　　式	举　　例
价格/时间差异	公用事业及电话服务在假期使用的价格
顾客支付能力差异	管理顾问咨询、银行贷款利率
服务的品种差异	银行推出的信用卡与储蓄卡
地理位置差异	剧院的座位定价差异

但是,使用差别定价策略可能会产生一些问题,例如,顾客可能延缓购买,一直等到差别价格的实施;顾客可能认为采用差别定价的服务属于"折扣价格",并认为是一种例行现象。

4. 关系定价策略

关系定价策略是指有助于同顾客形成持久合作关系的具有创造性的定价策略。该策略能够吸引用户多购买本公司的服务,从而客观上达到抵制竞争者提供的服务的目的。一般来说,关系定价策略可以采用长期合同和多购优惠两种方式。

该策略适用于服务企业与顾客之间有持续接触的交易,是一种考虑顾客终身价值、基于市场导向的定价策略,它能够刺激顾客多购买公司的服务而抵制竞争者提供的服务。熟人好办事,我们对关系亲近的人的信任总是比陌生人的多。

5. 组合定价策略

（1）服务线定价法:对同一产品线不同档次的产品,设计几种不同档次的价格。例如,某酒店的商务套房定价 998 元,豪华套房定价 1 709 元,贵宾套房定价 2 186 元。

（2）特色定价法:较低价格主商品＋具吸引力且较高价的非必需附带品。

（3）必需附带品定价法:附带品与主要产品密不可分,且利润主要来自附带品,也就是第五章我们谈到的搭售模式。

（4）分部定价法:将价格分为固定费用部分和变动费用两部分。例如,移动通信企业会收取固定月租费,再按使用时间计价收费。

（5）捆绑定价法:将数种服务（两种以上产品的捆绑）或服务特征（一种产品基本服务与扩展服务的捆绑）组合在一起,以低于或高于分别销售时支付总额的价格销售。例如,旅游景点推出组合票。

三、渠道策略

渠道策略是指企业以合理地选择分销渠道和组织商品实体流通的方式来实现其营销目标的一种策略,其中包括对同分销有关的渠道覆盖面、商品流转环节、中间商、网点设置以及储存运输等可控因素的组合和运用。

服务的分销渠道是指服务从生产者移向顾客所涉及的一系列公司和中间商。一般而言,服务销售以直销最普遍,而且渠道短,由服务供应商直接面向消费者的短渠道能够有效控制成本,并且能够对消费者需求的变化作出快速反应,当消费者对你有什么不满时也可以直接向你提出来,而不是投诉无门。此外,还有许多服务业的销售渠道,包括一个或一个以上的中介机构,因此,直销不是服务业市场唯一的分销方法。对服务而言,其分销方式主要有直销和经由中介机构销售两种。

1. 直销

直销是最适合服务产品的配送形式,选择直销能够给经营者带来一些特殊的营销优势。

（1）由于没有中间商的介入,经营者对服务的供应与递送可以保持较好的控制。

（2）以真正个性化的服务方式,在其他标准化、同质化以外的市场,产生富有特色的服务的差异化。

（3）可以从顾客那里直接了解当前的需求状况、未来需求变化及竞争对手服务的意见和态度等信息。

（4）能够保证经营原则始终得到贯彻,尤其是在推出新服务时。

（5）能够保证服务组织的利润在内部进行分配，而不需要与其他组织分享。

2. 经由中介机构销售

我们总对中间商赚差价的行为感到不满，但是中间商依然能够活跃在各行各业不是没有道理的。中介机构的职能十分强大，包括交易职能、引入职能、信息职能、陈列职能、承诺职能、支持职能、后勤职能。而且，中介机构能够简化交易形式，实现商品的聚集、分类、分装和搭配，实现交易的规范化，节省洽谈成本，并且能够降低买卖双方的搜寻成本，为买卖双方创造价值。所以，这个差价其实赚得还是合理的。

服务业市场的中介机构形态很多，常见的有下列五种。

（1）代理。代理一般在观光、旅游、旅馆、运输、保险、信用、雇佣和工商业服务业市场出现。

（2）代销。代销专门执行或提供一项服务，然后以特许权的方式销售该服务。

（3）经纪人。在某些市场，服务因传统惯例的要求必须经由中介机构提供才行，如股票市场和广告服务。

（4）批发商。在批发市场的中间商有"商人银行"等。

（5）零售商。零售商包括照相馆和提供干洗服务的商店等。

四、促销策略

促销策略，主要是指企业以利用各种信息传播手段刺激消费者购买欲望，促进产品销售的方式来实现其营销目标的一种策略，其中包括对同促销有关的广告、人员推销、营业推广、公共关系等可控因素的组合和运用。

在促销方面，企业需要思考如何通过广告、公关、营业推广和人员推销等手段将产品信息传递给消费者以促成消费行为的达成。

促销策略有九项基本原则。

（1）供其所需，即千方百计地满足消费者的需要，做到"雪中送炭""雨中送伞"，这是最根本的促销策略。

（2）激其所欲，即激发消费者的潜在需要，以打开商品的销路。

（3）投其所好，即了解并针对消费者的兴趣和爱好组织生产与销售活动。

（4）适其所向，即努力适应消费市场的消费动向。

（5）补其所缺，即瞄准市场商品脱销的"空档"，积极组织销售活动。

（6）释其所疑，即采取有效措施排除消费者对新商品的怀疑心理，努力树立商品信誉。

（7）解其所难，即大商场采取导购措施以方便顾客。

（8）出其不意，即以出其不意的宣传策略推销商品，以达到惊人的效果。

（9）振其所欲，即利用消费者在生活中不断产生的消费欲望来促进销售。

所有促销策略的制定与实施都需要建立在这九项原则的基础上，才能达到理想的效果。

基于促销手段的不同，我们可以将促销策略分为推式策略和拉式策略两种。

（1）推式策略。推式策略是指以直接方式，运用人员推销手段，把产品推向销售渠道的策略。其作用过程为：企业的推销员把产品或服务推荐给批发商，再由批发商推荐给零售商，最后由零售商推荐给最终消费者。

（2）拉式策略。拉式策略是指采取间接方式，通过广告和公共宣传等措施吸引最终消费者，使消费者对企业的产品或劳务产生兴趣，从而引起需求，主动去购买商品的策略。其作用过程为：企业将消费者引向零售商，将零售商引向批发商，将批发商引向生产企业。

目前，常见的促销策略的形式主要有促销、广告、人员促销、营业推广、公共关系、互联网传播与网络营销、整合营销传播等。促销是 7Ps 里最容易受到互联网影响的营销元素，也是最自由、最多变的，因此促销的形式一直在不断地更新升级中，从新媒体营销到网络营销再到内容营销、互动营销、整合营销传播等。促销的形式在变，企业的观念也需要与时俱进，把握好当下的浪潮，选择能取得最大传播效果的促销组合策略。

案例 6-3 一家只贩卖"笨"故事的动漫主题餐厅——笨店的创业叙事逻辑

五、人员策略

服务就是人员提供非实物形态劳动的过程，消费者也是通过企业员工提供的服务来评价其好坏的。员工也是企业资本的一部分，员工给企业带来的效益是十分可观的，只要善加组合就可以提高生产力，减少企业资本浪费，配合企业能动性地完成营销目标。

在服务营销组合中，人员是关键要素。服务业员工不仅是一种生产要素，更是服务业的主体。在服务传递过程中，员工是联系服务业和顾客的纽带。顾客服务主要是依靠员工与顾客面对面交流实现的，服务业服务质量的好坏直接取决于员工在服务过程中的表现。因此，服务业比其他行业更加注重人员的选择、培训与管理。员工是服务业的内部顾客，实行人本管理，有利于促进员工的满意和忠诚，使服务得以顺利传递，提高服务质量。

由于服务具有不一致性，在不同的环境下，其标准会因提供者或消费者的不同而有所变化，因此在服务营销过程中人员的因素就显得更为重要，控制好人员的因素就可以大幅度降低客户的投诉率，提升产品的赞誉度和企业形象。因此，在服务营销中要做好人员的工作，以促进服务绩效的提高。

培养出优秀的服务人员是企业工作的重中之重。企业对员工形象的管理是企业内部营销的组成部分，将员工当作顾客，将工作当作产品，在满足内部顾客需要的同时实现组织目标。企业员工管理的目标就是"激励员工，使其具有顾客导向观念"。满意的雇员（享受良好服务的内部顾客）会产生满意的顾客（享受良好服务的外部顾客），这是一个显而易见的前提条件。

一般而言，人员策略主要包括以下几个方面。

1. 服务人员的招聘策略

用营销吸引人才，注重员工的兴趣爱好与能力，对员工的服务能力进行测试。

2. 提供人员发展的环境

环境是重要因素，只有良好的环境才能造就良好的人才，只有良好的环境才能留住成熟的员工。企业需要提供人员培训，向服务人员授权，给予他们一定权限的权力自主服务顾客，同时也要提供一个具有良好氛围的团队环境。

3．提供内部支持和服务

对人员进行培训和授权之后,也要注意对员工进行考核,并完善晋升制度。考核内部服务质量、改善服务环境,并且建立服务导向的机制。

4．留住服务人才的策略

员工的流失率也会对顾客流失率产生较大影响。一个企业连自己的员工都留不住,又谈何留住顾客？所以,企业要想方设法留住内部优秀的服务人才,包括加强灌输服务观念、制定人才政策、重奖优秀人才、培养员工的企业文化认同感等。

六、有形展示策略

在服务市场营销管理的范畴内,一切可传达服务特色及优点、暗示企业提供服务的能力、可让顾客产生期待或记忆的有形组成部分都属于服务的有形展示。

有形展示能使营销行为和服务的提供更为方便。顾客会根据那些可以感知到的有形物体所提供的信息对服务作出判断,服务的有形展示因此成为服务市场营销组合策略中的七大要素之一。一个消费者体验某种服务时,在很大程度上来说,这种体验是受他亲眼所见的设施的影响以及他未见的却对提供服务起着关键作用的其他设施的影响。

企业在进行有形展示管理时,应遵循以下三个原则。

（1）为服务展示设计的有形载体必须是顾客感官的主要出发点,最好是顾客在购买服务过程中致力寻找和发现的事物。

（2）必须保证有形展示所暗示的服务承诺在真实的服务过程中能够兑现。

（3）要把有形展示的管理重点放在发展和维护企业与顾客的长期关系上。

另外,在有形展示策略的制定与实施过程中,企业最应该关注的内容之一就是服务环境的设计。在进行服务环境的设计时,应注意设计必须恰当,要注重柔性与艺术性,设计理念集中于统一的具体形象,各设施要素必须相互协作,共同营造一种形式统一且重点突出的组织形象。同时,服务的核心利益应该决定其设计参数,外部设计要为服务的内在性质提供暗示。

服务的物质环境包括环境因素、设计因素和社会因素。

（1）环境因素。环境因素包括温度、湿度、通风、气味、声音、色调、清洁度、有序性等。它是有形展示的重要组成部分,虽然是不能引起顾客立即注意的背景条件,但如果周围因素不显著的话,则容易引起顾客极大关注。对此,其策略应为保证基本,适当创新。

（2）设计因素。设计因素包括建筑设计、氛围设计以及陈列设计。它是顾客最容易察觉的环境刺激,因此,在设计方面其策略应为突出服务特色,突出个性化。

（3）社会因素。社会因素是服务过程中顾客和服务人员组成的环境因素。服务过程中,服务人员形象、技能、顾客人数、有序性、服务人员与顾客互动都会影响顾客购买。对此,其策略应主要针对服务人员进行展示设计：员工视觉形象设计、员工服务热情展示、服务规范展示设计、服务技能展示设计等。

七、过程策略

服务过程是指将一个产品或服务交付给顾客的程序、任务、日程、结构、活动和日常工作的组合。

当同时生产和提供服务时，过程管理能保证服务的可得性和稳定的质量。若无良好的过程管理，要平衡对服务的需求与服务的供给是极其困难的。服务不能储存，所以必须寻找处理高峰需求的办法，寻求在不同水平上最大限度地满足不同顾客的不同需求的方法。例如，银行可尝试疏导现金往来客户和不着急的客户到自动取款机接受服务，从而可在工作时间让专家去处理更复杂的顾客需求。

要实现服务供需的均衡，从供给角度而言，可以采取以下措施：在能够产生库存的时候尽可能保有库存，如餐品；根据需要排程配置人员；转包给其他服务企业；建立高峰时段的效率性例行服务；生产过程中增加顾客的参与；与其他服务企业共同服务或共用设施；改良服务系统；等等。

从需求角度而言，可以采取以下措施：让顾客在有利的环境中等候服务；给顾客排程；提供替代性产品或服务；使需求多元化；在高峰需求时段尽量疏散顾客；用营销转移需求；改变顾客对服务的预期；等等。

另外，服务流程再造也是企业实施过程管理、提高服务质量和效率的一个重要手段。服务流程再造是指服务企业或部门从顾客需求出发，以服务流程为改造对象，对服务流程进行根本性的思考和分析，通过对服务流程的构成要素重新组合，产生更有价值的结果，以此实现服务流程的重新设计，从而使企业服务的各个流程给企业带来绩效的巨大改善。它能够帮助企业优化服务流程，提高服务效率和效益，并且能够大大提升顾客的满意度。

综上所述，7Ps营销策略对服务业的成功至关重要。不管这个服务企业是一个娱乐场所，还是一家咨询公司或是一个餐馆，7Ps都能够在很大程度上影响产品的市场表现，也能够在很大程度上影响合作商及顾客等利益相关方的态度。企业必须深谙服务营销之道，根据自身的条件与外界环境的影响，制定并实施合适的营销组合策略。

第三节　关键时刻营销

一、关键时刻的定义

信息爆炸时代，面对庞杂的数据，消费者变得越来越聪明，他们不会被动地接收那些你硬塞给他们的信息，他们开始知道如何回避、忽略那些他们讨厌的信息，他们有多元化的媒体消费行为，也会通过多元化的途径获取自己想要的信息，会主动地寻找问题的解决方案。

他们越来越在意品牌给他们带来的客户体验，越来越追求产品或服务提供的情感价值，而不是一味被动地接收信息，去迁就卖方。

所以，在大数据时代，品牌面临的新困境出现了——客户体验管理。

客户体验是顾客与企业、品牌发生互动的感知，这些体验会以一个整体的形式让顾客对品牌产生好或不好的印象，对最终的顾客满意度和忠诚度有极大的影响。消费者与企业的每次接触，无论是人员接触还是资源接触，都会在消费者心中留下认知，认知不断积累进入心智，形成消费者对企业的印象，而消费者对企业的印象就直接决定了他会不会购买服务,会不会买了第一次再买第二、第三次,会不会自发给企业做口碑宣传等。

通过上面这段话我们也能够判断出,其实客户体验管理的核心,无非就是需要企业拿出一个能够打动消费者心智的体验设计,一个能在消费者心中留下标签的好的体验设计。前面提到过,企业不需要将心思花在整体服务的提升上,否则是徒增成本的无效手段。消费者记得的事情并没有那么多,企业要做的,就是找出真正影响消费者决策的关键时刻,进行体验设计,有效影响消费者的心智与行为。真正行之有效的服务体验设计,在于峰值点的创造,在于关键时刻牢牢抓住消费者的认知,让他难以忘怀。

那么,什么是峰值点呢?这就涉及一个有趣的理论——峰终定律。

峰终定律是由 2002 年诺贝尔经济学奖得主丹尼尔·卡内曼提出的,他认为客户对体验的记忆由两个因素决定:高峰以及结束时的感觉。这就是峰终定律。我们对一件事物的体验之后,所能记住的只是在峰时与终时的体验,而在过程中好与不好体验的比重、体验的时间长短,对记忆几乎没有影响。峰终定律告诉我们,我们在服务体验的过程中,都是"多数可遗忘,偶尔特漂亮"。所以,对于企业来说,如果想要实现良好的客户体验管理,那么就要在关键时刻给客户打造峰值体验。

那么,什么是关键时刻呢?这也涉及另一个有趣的理论。

关键时刻这一理论是由北欧航空公司前总裁詹·卡尔森创造的,北欧航空公司在这一理念的指引下,仅用短短一年的时间就从亏损 4 000 万美元的困境中一跃而起,实现了当年营业额由 8 400 万美元增至 1.05 亿美元的业界奇迹。

北欧航空公司当时一年总共运载 1 000 万名乘客,平均每位乘客接受其公司服务的过程中,会与 5 位服务人员接触。也就是说,这 1 000 万名乘客每人每年都对北欧航空公司产生 5 次印象,全年总共 5 000 万次,就是有 5 000 万次的"关键时刻",这 5 000 万次的关键时刻就决定了公司未来的成败,在詹·卡尔森看来,他们必须利用这 5 000 万次的关键时刻来向乘客证明,搭乘他们的班机是最明智的选择。

关键时刻是体验设计的一个基础概念,对于体验设计而言,企业需要从数百个关键时刻中,抓住对客户决策最重要的关键时刻,并在这些关键时刻上打造峰值,给客户留下深刻印象。

关键时刻其实就是指客户与企业的各种资源发生接触的那一刻,是企业与顾客接触的每一个时间点。如果企业能够牢牢把握住每一个关键时刻,使每一个关键时刻给客户带来的体验都是正面的,那么企业不仅可以培养出一大批忠诚客户,同时可以带来持续而稳定的利润。因此,这个时刻决定了企业未来的成败。

二、营销的四大关键时刻

在客户购买决策的过程中,我们一般认为有四个关键点能够直接影响和决定客户的购买行为,它们是品牌和营销的"决胜点",我们称其为营销的四大关键时刻,分别是零关键时刻(zero moment of truth,ZMOT)、第一关键时刻(first moment of truth,FMOT)、第二关键时刻(second moment of truth,SMOT)和终极关键时刻(ultimate moment of truth,UMOT)。

（一）零关键时刻——一见就进

零关键时刻，是谷歌 2011 年提出来的。谷歌通过对 5 000 名受访者进行调查，研究他们在购买决策时的情景和数据，最后总结出客户在造访产品和服务之前，就已经开始尝试体验，用手机、平板等终端搜索信息，作出决策。

零关键时刻是在购买行为产生之前，与企业发生接触的时刻，我们可以简单理解成搜索/进店，这个时刻对应的就是"进店率"，如何打造消费者的心动瞬间，让消费者一见就进，是企业应该重点思考的问题。这个时刻决定着消费者会不会驻足，会不会愿意停下来了解企业，如果这个时刻失效，产品和后续服务做得再好，消费者也不会知道。

当企业开始暴露在消费者面前时，就开始了零关键时刻。例如，你想买一个手机，听朋友推荐小米不错，你之前没用过小米的产品，今天通过朋友的推荐，再加上通过网络搜索相关信息，你心中有了对小米的印象，这就是一个零关键时刻。又如，你没光顾过宜家，但某一天开车偶尔路过，你看到一个占地面积很大的建筑，上面有着蓝黄相间的大标志，写着"宜家 IKEA"，一经搜索发现是个简约风的家具品牌，你觉得挺特别的，非常符合你的气质，所以你决定哪天有空了就要来逛逛，这也是零关键时刻。

如今，人们在寻找想要的东西时，去网上搜索已是稀松平常的事。对于企业来说，尤其是那些依赖各种数字营销渠道的企业，抓住客户在网上搜索比较商品的契机是很关键的。这就需要企业了解客户购买行为的同时，更要了解他们网上搜索的行为，同时制定相应的营销战略，来进行更有效和更精准的信息推送。

那么，在这个时刻，在消费者还没开始对你下定义的阶段，你要做的就是铆足劲去吸引他的注意力，激发他的好奇心，让他产生继续了解你的欲望，从而实现和你的直接接触，如浏览你的官方网站、查找你的网上商城甚至是直接进入你的实体店。零时刻的核心就在于触发消费者的注意力，让他从一个过客变成驻足者。

吸引消费者注意力的法则很简单，一是利用五感刺激，感官刺激永远是调动人们情绪的最佳手段，视觉的冲击、嗅觉的引诱以及听觉的触动等都会轻易吸引人们的注意力，如门口长得很帅的服务员、香味四溢的现烤面包店、循环播放"开业大酬宾，全场 38 折"的大喇叭，都会让人们不自觉地想进店里瞧一瞧、逛一逛。五感是人类大部分时刻所使用的思考模式，是最容易被触发的认知，通过五感的刺激，可以很容易把消费者"引"进店里。二是利用好奇心吸引，人生来就拥有好奇心，爱往人群里凑，爱研究自己没见过的新奇玩意儿。利用消费者的好奇心来触发进店行为，能够有效地提升消费者的进店率。

（二）第一关键时刻——一进就买

第一关键时刻是由快速消费品市场的领军者宝洁提出的。客户站在货架前，面对一大堆洗发水，脑子里决定买哪个时会经历 3～7 秒的时间，而这关键的 3～7 秒，宝洁把它定义为第一关键时刻。

作为消费品市场的领军者，宝洁认为把产品推送给客户的最佳时刻是他们首次在货架上看到产品的那一刻，FMOT 不只强调产品外观包装的美观，更强调该包装所引发客户心中的"观感""价值观"和"情感"，要想办法在媒体上铺天盖地的各式各样的广告中，专注培养客户这三种感觉，决战在"陈列架前"。

同理,不只是对于消费品市场,对于所有产品或服务而言,FMOT是指从消费者开始了解产品,直到作出购买决策的这一段时间。通俗地讲,第一关键时刻可以理解成"购买",与这个时刻相对应的是"转化率",即实现从浏览者到购买者的转化。抓住了这一关键时刻,就能够大大提升消费者的购买率,这是企业提高市场占有率的关键因素之一,对企业的发展至关重要。

那么如何促成消费者的购买决策,实现"一进就买"?这里也有两种方法:放大你的美和减少选择障碍。

放大你的美,突出你的卖点,同时能够让消费者真切体验到你的价值所在,让你的独特之处能够通过五感反映出来,能够摸出来、看出来、闻出来、听出来、尝出来!不要把突出优势藏着掖着,或是把它和其他平常之处放在一起平淡地给消费者做展示,而是要大张旗鼓地露出来,而且要露得很明显,明显到消费者不需要一丝丝的思考就能立马发现。例如,与其花大量笔墨或口舌去向消费者介绍你的智能家居产品有多好用,不如直接布置一个1:1的智能家居场景让消费者进行体验;例如,与其用一连串的食品安全检查报告、荣誉称号等来证明你的餐厅有多干净卫生,不如直接做一个透明可见的后厨,让整个食材的制作过程能够清晰地展现在消费者眼前。

除了放大你的美,帮助消费者减少选择障碍也是成功转化的关键。当有很多个选项摆在消费者面前时,消费者往往会陷入选择障碍,难以作出最后的购买决策,最后干脆直接放弃,不买了。所以在第一关键时刻,要有一些指向性,减少消费者的选择障碍,降低消费者的决策成本。例如,Costco的策略就是少样多量,每种产品只提供寥寥无几的选择,能够大大减少消费者的决策精力,更快速地作出购买决策。

(三)第二关键时刻——一买再买

第二关键时刻也是宝洁提出的,指的是客户购买后,开始使用、体验的环节。事实上,这不仅是一个时刻,而且是一个过程,是客户体验产品过程中的感官、情感等所有时刻的集合,也包括企业在整个过程中支持客户的方式。这一时刻的目标与核心,是让消费者用完商品后,下次还想买,一买再买。这个时刻,我们可以将其简单理解为"复购",显然这个时刻对应的就是消费者的"复购率"。

SMOT是客户体验的关键环节,一个品牌是成功地履行了它的承诺还是让人感到失望,会在这个时刻表露无遗。企业必须知道,兑现品牌承诺,以及超出客户期望,这永远是攻略客户最重要的方式。

在第二关键时刻,消费者是一个使用者。在进店和转化这两个关键时刻,企业需要快速触发消费者的注意力,让消费者能够看到并认同你的独特之处和优势所在,然后迅速购买。但在复购这个时刻,消费者的时钟是很慢的,此时的消费者是非常理性的。能让理性的消费者想一买再买,究其原因,大抵是因为消费者觉得"值了"。所以,在第二关键时刻,它的核心就是给消费者打造"值了"的时刻,触发消费者心里一买再买的机制。

怎么才能让消费者觉得值了?

第一,打造美好的开箱初体验。开箱时刻是给消费者留下深刻印象的黄金时刻之一,在这个时刻的峰值,消费者很容易记住产品。如果你购买的产品包装很简陋,那么你一定会为这个产品的质量感到担忧。同理,如果你在看到它的那一眼就被它的精致所吸引,那么你一定会觉得这个产品是一个格调很高的产品。这就是苹果手机要用包装珠宝的盒子作为手机盒的原因。对于服务而言也是一样的，在顾客感受到最关键的服务之前，要想方设法给顾客留下好印象，通过环境打造等手段来营造出一种令人愉悦的氛围。例如高级的香味、干净简约的环境就会给理发店加分。在开箱或是服务伊始的时候就留下一个峰值体验，让消费者还没开始使用就对产品或服务质量给予肯定的评价。

第二，真实的宣传。汪志谦老师的《峰值体验影响用户决策的关键时刻》中提道，消费者之所以觉得值了，是因为在真正使用产品时，感受到的产品功能跟企业当初宣传的一样。你能做到什么程度，你就宣传到什么程度，切勿夸大效果，否则消费者会出现心理落差，有种被骗的感觉，就再也不会买你的东西。企业有时可能会走入一个误区，认为给消费者较高的预期才会更易抓住消费者的心，其实，只要消费者发现你有虚假宣传的嫌疑，你的这种宣传效果就会被反噬，更易遭到消费者的抵制。所以，企业应当合理地控制自己的宣传真实性，只有当消费者的使用体验和其心理预期一致甚至超过心理预期时，消费者才会产生"值了"的感觉。

第三，把"值了"的时刻标准化。企业让消费者觉得值了，所以消费者会再买，但如果下一次发现没有值了的那个打动人心的点，消费者会立马跌入低谷，因为你满足不了消费者的心理预期。所以，企业如果能够把值了的时刻标准化，就会让消费者形成一买再买的习惯，让消费者对企业产生信任感和归属感，企业就能逐渐攻占消费者的心智。

（四）终极关键时刻——一传千里

如果在第一、第二关键时刻，客户得到了美好愉悦的体验，那么他也许会成为品牌的粉丝，关注品牌的微博、公众号等，他还可能会与朋友或同事在线上或线下分享他的消费成果，甚至花时间写下评论，分享给朋友们。

终极关键时刻，是客户基于对品牌的产品和服务体验，创造与分享内容，发布于网站社区、App 应用软件、抖音短视频、京东等购物网站，以及微博等社交媒体，供其他客户搜索和浏览的时刻。简单来说，UMOT 就是决定顾客是否帮你宣传的时刻，在购买决策中，我们可以理解成"推荐"。显然，这个时刻所对应的就是消费者的"推荐率"，在这个阶段，企业需要思考的就是如何利用客户的宣传价值和口碑价值，做到"一传千里"。

那么如何促进消费者在终极关键时刻作出分享，实现一传千里的效果？答案有二。

一是要找到消费者分享的动机，只有明白了消费者的分享动机才能对症下药，在最后关头推消费者一把，让他心甘情愿地为品牌做免费宣传，如这里的装潢十分高级，看起来很有品位，那么他想分享给他的朋友们，"看，我的生活多有质感"。消费者分享的动机很有可能是出人意料的，所以企业需要透过现象看本质，要找出消费者真正的分享动机，从而推动产生分享裂变。

二是为消费者准备好分享的素材，让消费者产生动机之后能够立马有分享的欲望，让消费者在使用产品或服务的过程中，能够有内容去分享。例如，你会因为一家餐馆味道不错就特地发个朋友圈说明吗？不会。但如果这家餐馆的菜品摆盘特别精美，环境特别有氛围，甚至还有特定的拍照区域，那么你一定会拍照发朋友圈，向大家炫耀你这一顿精致的午餐或晚餐，立起你"有品位，有态度"的人设，然后再顺便提一句"这家餐厅很好吃"。

所以,如果你是餐馆老板,要想提升推荐率,那你不能只在菜品味道、新鲜度以及安全方面下功夫,而是要研究出诱人的色泽、精美的摆盘以及富有特色和格调的装潢,让顾客一进门就想拍照,菜品一摆上桌就想拿起手机拍下来。

企业必须重视这一关键时刻,要知道,推荐环节可以让消费者自发、自愿地成为企业宣传的小喇叭,给企业带来可观的口碑宣传效果,在这口碑为王的时代为企业招揽来更多顾客。

ZMOT、FMOT、SMOT 和 UMOT 这四个关键时刻,更多时候其实并不是一种线性的过程,而是交叉融合在一起的,一个客户的 UMOT 可能会成为另外一个客户的 ZMOT。

虽然是从零到最终,但客户的体验并不是开始于搜索品牌的产品,也不是结束于交易的完成,而是一个不断循环、重复的过程。

如何捕捉营销关键时刻,在消费者有需求的每一个关键时刻与他们沟通?品牌管理者要做的就是转换自己的营销思路,更多地去了解消费者,要以消费者的需求为基础,在消费者购买产品的时间、地点、方式等各个节点提供相匹配的信息与服务,从更科学的视角去审视消费者行为、制定品牌管理策略、优化市场营销体系,给消费者以最好的客户体验。

找到那些真正能影响用户决策的关键时刻,把资源放在这些关键时刻上,在这些时刻上打造出峰值体验,才是企业实现关键时刻营销的真理。关键时刻有很多很多,虽然并不是每一个和客户的接触点都同样重要,但企业需要把控那些平平无奇的时刻不出错,然后识别并设计关键时刻的客户体验,找准一些特别的关键点,也许是竞争对手没有涉及的地方,也许是用户充满期待的地方,让客户感到欣喜,才有可能帮助品牌更高效和轻松地赢得争夺客户战役的胜利。

事实上,把握营销关键时刻这一话题看起来新颖,但是脱离不开一个本质问题——消费者洞察。无论是品牌广告主,还是媒体平台,抑或营销代理机构,未来要做的,仍是探究这一本质问题:如何在对的时间,选择对的媒介,用对的内容,打动消费者。

思政课堂

常言道,商场如战场。古有《孙子兵法》,这本战争界的制胜之书,在今天的商界也同样展现出惊人的作用。

孙子曰:"兵者,国之大事,死生之地,存亡之道,不可不察也。"战争是关乎国家人民生死存亡的大事,不能不认真研究。同样地,企业间的竞争也关乎企业的生死存亡,多少企业在竞争对手的围剿下覆灭,又有多少企业凭借出色的谋略异军突起,占领市场。

那么,如何能制定出成功的营销策略克敌制胜呢?孙子又曰:"夫未战而庙算胜者,得算多也;未战而庙算不胜者,得算少也。多算胜,少算不胜,而况于无算乎!""知天知地,胜乃可全。"这些话放在今天,就是告诉我们要先对形势进行通盘详细分析。了解企业的内外部情况是制定营销策略的第一步，营销人员需要了解企业的未来营销目标和促成这个目标的营销策略。

接着，《孙子兵法》提出一个更广泛的架构以建立竞争优势，厘定营销策略，包括集中实力、以众欺寡、攻守有序、主动出击、速战速决和攻其不备。例如，"故用兵之法，十则围之，五则攻之，倍则分之，敌则能战之，少则能逃之，不若则能避之。""凡战者，以正合，以奇胜。故善出奇者，无穷如天地，不竭如江河。"

面对不同的营销策略，营销管理人员在决策时要有所取舍。《孙子兵法》指出最佳的策略就是以最小投入达到最大利益的策略，故上兵伐谋，不战而屈人之兵，善者之善也。

最后，在策略的执行阶段，《孙子兵法》指出，成功的策略执行有赖以下三个重要因素：冷静公正的营销主管、上下一心的企业员工和随机应变的执行机制。如"将军之事，静以幽，正以治"，"上下同欲者胜"，以及"水因地而制流，兵因敌而制胜。故兵无常势，水无常形，能因敌变化而取胜者，谓之神"。

本章课后习题

一、名词解释

1. 服务的有形展示
2. 服务的移情性

二、简答题

1. 服务产品具有哪些特征？对这些特征加以解释。
2. 什么是服务感知？服务感知的内容有哪些？
3. 服务的有形展示在服务企业的营销活动中发挥了哪些作用？

三、案例分析

请阅读案例"海底捞：一个以服务扬名的火锅店"，并回答问题。

1. 请学员分享在餐厅用餐时最注重哪些因素，是否去过海底捞用餐？请去过海底捞用餐的学员分享用餐过程中最大的感受，是否愿意将海底捞推荐给周围朋友？并说明理由。

2. 海底捞是如何通过提升顾客用餐体验提升品牌知名度的？

3. 众所周知，海底捞出色的服务是餐饮行业的标杆，结合本章知识，请谈谈作为餐饮行业的管理者与经营者，要如何进一步提高服务质量。

即 测 即 练

第七章

独脚难行，孤掌难鸣
——团队管理

能用众力，则无敌于天下矣；能用众智，则无畏于圣人矣。

——《三国志·吴书·孙权传》

【本章要点】

本章主要使读者比较全面地认识团队管理，旨在掌握领导者与员工角色的相关知识，了解组织目标及组织架构的相关理论。

建议读者在学习本章的过程中，将团队管理看作一个动态的过程，结合实际展开团队管理与设计，认识到不同时期的创业存在不同的特点，全面了解组织形式、团队管理、团队管理者与员工的发展特征。

【思维导图】

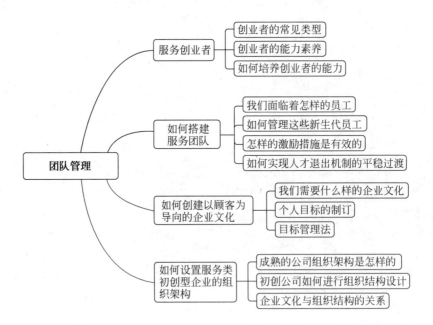

【核心知识点】

马斯洛需求层次理论、激励理论、学习型组织、企业文化理论、目标管理、组织结构设计

【案例导入】

心相近、习相远：问心公司创业团队成员为何最终分道扬镳？

第一节　服务创业者

从《社交网络》到《中国合伙人》，从《史蒂夫·乔布斯》到《华尔街之狼》……当今影视剧更多地把目光放在这些成功创业者的传奇之上。这些性格迥异的"巨头"在各自的领域总能做出一番成就，他们都有怎样的特性？他们都做了怎样的准备？他们的成功是否只是偶然？

本节我们将从多个角度了解这些商业骄子，探寻他们成功背后的奥秘。

一、创业者的常见类型

（一）按实现价值划分

1. 生存救亡型

这种创业者，能在我国 20 世纪中看见。他们或是出于对生存的渴望，或是出于对民族国家的责任。他们多数都在自行摸索，没有形成系统概念，凭借自身的优势，完成财富的原始积累，不断扩张自己的产业。他们都或多或少地被历史推动着，在探索的道路上踽踽独行，他们中有一部分人倒下了，有一部分人则成就了可能自己也未曾想过的伟业。

这种生存救亡型企业，在初期时管理不是最重要的因素，因为它们规模大多不大，很多事情都需要创业者亲力亲为。但是随着企业逐渐发展，管理制度应该跟上，否则很容易遭遇滑铁卢。

2. 投机倒把型

主导这种类型的创业者不断前进的，不是生存的顾虑，而是对金钱、财富与地位的渴望，他们当中的很多人有很大可能为了谋取利益不择手段，利用人心、规则的漏洞，甚至是自己创造漏洞。他们为了满足自己的私欲可能不顾违法的风险和道德的约束，不择手段、铤而走险地获取财富。

这种企业不需要什么管理与体制，因为它们生存的基础就是钻空子，但如果需要转型或提升，就必须加强自身的管理与升华，否则难免穷途末路。

3. 兄弟情义型

顾名思义，这种创业者由几个情投意合的兄弟或朋友组成，他们可能有不同的理想和信念，但却愿意为同一个目标进行努力和奋斗。

当这样一群人走在一起,他们在前期可能无所谓分工,只是拧成一股绳,要将共同的事业做大做好。但是随着事业的逐渐发展,利益和管理问题逐步浮现出来,应该建立一套完备的解决方案,对其进行管理和约束。

4. 仰望星空型

这种创业者执着于心中的梦想与目标,充满超强的激情、活力与精力,但他们可能没有什么特别的权势与财富积累,只是凭借自己的眼光、思想、特长、毅力与感召力去坚持不懈地努力,感召越来越多的志同道合者,聚集越来越多的资源,吸引越来越多的投资商,凭着一股打不死的精神做出一番事业。

这种创业者一般无所谓管理,也不在乎管理,有的只是梦想、目标、未来、希望、激情与活力,这是他们的原动力与永不停歇的源泉。阿里巴巴在创业过程中,当企业连工资都发不出的时候,不是谁都能或愿意坚持下来的,当然最后坚持下来的都成了阿里巴巴的功臣。

5. 投资钻营型

这种创业者对财富的聚集与对未来的掌握永不满足,早已不存在生存与理想追求问题,而更多是某种理念或生活的升华,这也是创业的最高境界。这种创业者可能具有雄厚的资金或资源实力,又有敏锐的洞察力,凭自己独到的洞察与判断,投资项目,从而取得一个又一个的事业成就。

投资钻营型创业者很注重体制与规则,就是我投资你管理,我出钱你干活,基本没什么情意可讲,一切按制度来办。他们是成熟的也是冷酷的,利益至上的原则使他们与仰望星空型创业者形成鲜明的对比。

(二)按技术能力划分

1. 超级创业者

超级创业者的创业活动能够跨越空间、时间、国家和民族。他们通常不局限在一个行业中存活,他们的眼界总是惊人地宽广,可以超出普通创业者的局限,看向全新的领域。他们复杂得令人惊叹:他们的成功之路是一个迷宫,这个迷宫由一连串的好运、不可预测的市场时机以及无与伦比的天才组成。

代表人物:理查德·布兰森(Richard Branson),艾伦·马斯克(Elon Musk),史蒂夫·乔布斯(Steve Jobs)。

2. 地方创业者

除了不能获得全球性的巨大关注外,这一类型的创业者与超级创业者有着共同的品质。他们的野心可能比较小,但他们的努力也可以改变生活。

王世勇身为武汉两点十分文化传播有限公司的创始人,将其打造成一家以动漫 IP 研发、运营为核心的全产业链公司。累计出品发行作品 40 余部,拥有多个优质热门 IP。2017 年,两点十分动漫获得了阿里巴巴数亿元投资。2019 年,联合发起"银华基金",获"湖北省影视产业引导基金"管理资格。

3. 翼型创业者

翼型创业者可以比作蝙蝠侠的罗宾。没有他们,成功的创业者们也不会那么强大。因为这个"翼"有特殊的才能,他们有能力承担领导责任,但是在适当的时候,他们选择让企业的创始人有展现自己的机会。他们是最合适的合伙人,他们不承担所有风险,但通常情况下,他们却擅长从混乱中理出秩序。

爱德华多·萨维林(Eduardo Saverin),他和马克·扎克伯格(Mark Zuckerberg)在大学二年级时一同创立了 Facebook,他自己则担任首席财务官及业务经理。

4. 产品型创业者

很显然,目前的新型企业家中,很多人是以他们的产品为核心的:"通常情况下,这些人是拥有技术专业的工程师。但他们在成为企业领导,管理或建立一个大公司所需的素质方面,经验非常有限。他们是构想一个新产品方面的发明家,他们最好找一个合作伙伴,这样才可以围绕产品建立一个公司。"

风靡全国、中国最成功的桌游之一《三国杀》,其创始人黄恺正是一位标准的大学生创业者。黄恺 2004 年考上中国传媒大学动画学院游戏设计专业,他在大学时期就开始"不务正业",模仿国外桌游设计出了具有中国特色、符合国人娱乐风格的桌游《三国杀》。2006 年 10 月,大二的黄恺开始在淘宝网上贩卖《三国杀》,没想到大受欢迎,而毕业后的黄恺并没有找工作的打算,而是借了 5 万元注册了一家公司,开始做起《三国杀》的生意,2009 年 6 月底,《三国杀》成为中国被移植至网游平台的一款桌上游戏。2010 年,《三国杀》正版桌游售出 200 多万套。粗略估计,《三国杀》迄今至少给黄恺带来了几千万元的收益,并且随着《三国杀》品牌的发展,收益还将会继续增加。

硅谷 Red Cube 团队为硅谷的创业者们记录下《创业者们——硅谷篇》第一集:俄罗斯创始人硅谷 3D 打印火箭。

2015 年 4 月 18 日,BAGAVEYEV 公司开始在加州莫哈维沙漠制造火箭。他们运用 3D 打印技术,制造火箭的引擎。很多人觉得他们疯了,或者说他们太过勇敢。他们说,他们只想抬头看,为人类创造更多的空间。他们说:"我们也想激励全世界,不只是美国,让我们看向太空。不要像井底之蛙一样,沉浸于眼前的世界。"

视频 7-1 硅谷 3D 打印火箭

二、创业者的能力素养

管理公司就像是掌舵一艘巨轮,你可以转向,可以前行,可以暂时停歇,但绝不可以玩忽职守,即便是一瞬间的松懈,也可能让这艘轮船倾覆。对创业公司而言,这条路更是如薄冰。公司的每一个决定、每一步动向,都需要其亲自过问、亲自监督,甚至是亲自解决。

在中国创业,除了要解决业务问题和管理问题外,还必须应对好市场监管、税务部门以及各种相关部门,甚至是媒体,这一切都需要创始人去做。

(一)创业者应具备的素质

联想集团创始人之一柳传志先生曾总结道,成功的领军人物应具备四个素质。

(1)目标高远,意志坚定。

(2)心胸开阔,情商要高。

(3)企业利益放第一位。

(4)学习能力强,爱学习而且会学习。

（二）创业者应具备的能力

孙陶然先生认为创业者需要具备两个能力。

（1）战略水平。能够制定正确的战略是成为领军人物必不可少的素质。

（2）学习能力。是否有学习意识，是否善于学习。

小米创始人雷军在就任金山总裁期间，为了研究软件的营销，去日本时曾经用一天的时间站在人家的软件店里研究产品的包装、货架的摆放，观察消费者的反应，并由此总结出产品包装和店面广告设计的重点。

（三）创业者应注意的要点

1. 使鸡司夜，令狸执鼠，皆用其能，上乃无事

创业要做自己熟悉、擅长的事情，给聪明人成长空间，聪明人在自己熟悉的领域努力更容易获得成功。

彼时，魏国缺少一位国相，魏文侯以魏成子与翟璜两人询问李克，李克推荐了魏成子。事后，翟璜知晓此事，前去询问李克："听说君王召见先生询问丞相人选，最终选择了魏成子。西河守将吴起，是我推举的；君王担心邺城，我推荐西门豹去治理；君王计划讨伐中山，我推荐乐羊为将；中山被攻占后，找不到合适的人镇守，我推荐先生你；君王的儿子没有师傅，我推荐屈侯鲋。我什么地方比不上魏成子？"

李克回答："魏成子的俸禄千钟，十分之一用在家里，十分之九用于邀请卜子夏、田子方、段干木来我国，他们都被国君尊为老师。而你所推荐的人，国君都任用为臣子。你如何与魏成子相比呢？"

事实上，翟璜的能力并不差，推荐的人才也都能解决具体问题，自己也颇具慧眼，能够识别他人的才能。但与魏成子一比，立刻落在下风。因为他推荐的是"人臣"，而魏成子推荐的是"人师"。卜子夏、田子方等人，貌似学问与名声看起来都是虚的，不像吴起、西门豹等具有"真才实干"。但对魏文侯来说，邀请这些学术大家来魏国，奉他们为老师，能够让人们看到自己尊重人才的精神，化虚为实，从而让更多的人才来投奔魏国。

2. 身体是革命的本钱

身体状态容易被大家忽视，但创业确实是个既耗心智又耗体力的过程。对于创业者来讲，最大的挑战是其他所有人都可以把这当工作，只有你自己不能。不管面对任何问题、压力或者挑战，你都需要找到办法，如果真的找不到办法，就只能坚持。因此，一个不错的心理和身体条件才能使创业者坚持下去。

3. 壮士怀愤激，安能守虚冲

创业是一个痛苦和折腾大于快乐的过程，长时间的坚持只是为了最后那一刻的快乐，不管是什么样的坚持，总得有一个坚持下去的理由。很多创业者能够一直坚持，是因为思考为什么要做这件事时，他看得更远，他的答案更深刻。

俞敏洪创立新东方并且一路坚持下去的一个理由是希望证明自己是一个有能力、有价值的人。按照他的描述，他从小到进入北大，一直没有得到过太多的认可。他想要获得别人认可的动力，比我见到的大多数人更强。

4. 辅车相依，唇亡齿寒

企业越来越大，利益相关者也越来越多，创业者需要和不同的人打交道。如果企业变

成了一个像 Facebook、阿里巴巴、腾讯那么大的企业,你需要思考:企业是不是真的推动了这个社会的进步? 企业是否能够承载被你影响的那部分人所期待的价值?

企业多多少少是具有社会价值的,除非它只是一个存在一小段时间的生意。因为,企业的社会影响力决定着企业的商业边界。

网易创始人丁磊也提到了同样的问题。他觉得现在的中国到了真正意义上打磨好产品的时代。过去,各种新兴市场不停出现,新用户大量涌入,因为急于求成的功利心,很多人愿意去做一个平台或渠道。但当平台和渠道已经足够多,整个市场从增量开始往存量上转移时,渠道和平台就显得多了,好产品显得少了。

从这个意义上讲,往后真正做好产品,花足够多的心思来做一个企业的创业者会越来越多,并会越来越快地被社会接受和认可。

5. 商业成就之外,创业者还要有责任感

除了以上这些要点之外,还有一点:责任感。因为创业过程伴随着非常多的痛苦和焦虑,大部分人靠理想和信念,但也需要责任感。责任感是一种能让企业与社会实现双赢的特质。责任感让企业从单纯的利益集团到能与社会建立相关联系,企业回馈了社会,社会再予以企业相应的利益和道德奖励。

例如,2019 年 Facebook 的创始人捐赠了一笔巨款用以创建人工智能伦理研究所。又如 2020 年新冠肺炎疫情期间,中国 1 774 家参与捐赠的企业横跨了 29 个行业,其中金融和医药医疗的表现最为突出,分别有 245 家和 215 家。其次是信息技术、食品饮料和房地产,分别有 156 家、144 家及 115 家,如图 7-1 所示。

图 7-1 新冠肺炎疫情捐赠企业数量分布/家

案例 7-1

"三只松鼠"的创业之路

2012 年,三只松鼠股份有限公司(以下简称"三只松鼠")刚成立的时候,5 个普通年轻人租了一个民房创业,阵容看上去有些"寒酸"。谋于陋室,奠定了三只松鼠创新创业的底色。"在公司文化长廊上,悬挂着一张我们创业初期时的宿舍图片,它记录着创业起步时的艰辛,是全体'松鼠人'最宝贵的一笔财富。"郭广宇说。

创业公司的文化很大程度上是创始人的文化。章燎原及其团队的团结奋斗,为"三只松鼠"注入了干事创业的"精气神",引领企业从小到大、从弱到强。2012 年 11 月 11 日,三只松鼠首个"双 11"取得了 766 万元的销售额,创造了行业新纪录。火爆的销售却让三

只松鼠遇到了发货危机,如果不能在约定时间发出包裹,天猫商铺将被强制关闭。

遭遇到创业以来最大的难关,怎么办?

经过反复考虑,章燎原诚恳实在地发出公告,控制旗舰店销售量。同时,他亲自加入发货队伍,动员了全体员工,大家热情高涨地投入"发货之战"。"奋战了9天9夜,最终在11月19日发出了所有包裹。"七年来,三只松鼠筚路蓝缕、砥砺奋进,靠的正是这股能吃苦、肯奋斗的精神,逢山开路、遇水架桥,开拓出广阔市场。

目前,三只松鼠员工平均年龄只有25岁。在这样一个年轻的公司里,忠于信仰、勇于改变、做新时代的奋斗者等理念已深入每一位员工心底。

资料来源:http://www.ahnews.com.cn/yaowen1/pc/con/2019-03/31/496_105458.html.

三、如何培养创业者的能力

约翰·C.马克斯韦尔(John C. Maxwell)在其著作《领导力21法则》(图7-2)一书中详细描述了他从实践和观察中总结出的远见卓识。马克斯韦尔以21条清晰简单的法则,概括了领导力涵盖的各个方面,化繁为简,化抽象为具体。这21条法则涵盖技术技能(直觉法则、过程法则、增值法则、制胜法则、动能法则)、人际技能(接纳法则、授权法则、核心圈法则、亲和力法则、吸引力法则、影响力法则、镜像法则、根基法则、尊重法则)与概念技能("舍""得"法则、优先次序法则、导航法则、盖子法则、时机法则、爆炸性倍增法则、传承法则)三个方面。归结而言,这21条法则直指书中的核心观点——"凡事之兴衰成败皆系于领导力"。以下选择几项对于创业者而言较为重要的部分进行介绍。

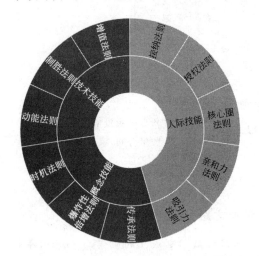 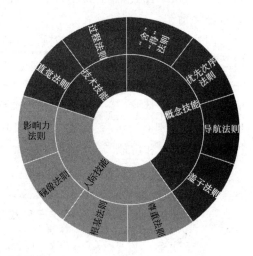

图7-2　领导力21法则

(一)影响力法则

《过秦论》有一句对影响力有很好的阐释,即"天下云集响应,赢粮而景从"。影响力是领导力最本质的东西,衡量领导力的真正尺度只能是影响力。

影响力提出了领导力的"天花板"和根基,"天花板"是领导者的境界和高度,只有领导者想法把境界提高,影响力的面才会更广。而尊重和信任是领导力的根基所在,有了这些,影响力就有了坚强的后盾。领导者还要做到以身作则,领导者树立好榜样之后,他们的下属就会跟着模仿他们的行为从而获得成功。

（二）盖子法则

锅里的水一定漫不过盖子,领导力就像盖子,决定了办事效率。总之,遵循了盖子法则、根基法则、尊重法则和镜像法则,就会给影响力插上腾飞的翅膀。

（三）导航法则

追随者需要能够正确指引他们的领导者。当他们遇到生死攸关的情况时,这种必要性就更显而易见了。事实上,任何人都可以驾船掌舵,但唯有领导者才能设定航线。这就是导航法则。

领导者带领团队,为他的团队找出一条制胜之路,同时,领导者善用直觉,这也是设定航线必不可少的素质。有了航线,还需要了解情况并适时地把握时机。另外,作为领导者,必须营造前进的气氛,要因势利导,激发团队的热忱。

导航法则反映了一个人的前瞻能力,这是一种事先准备或者叫预先计划的能力,其中,对形势的预判和对可能遇到的困难的估计都相当重要。

（四）授权法则

什么样的领导者会授权?答案是有安全感的领导者才会授权予人。授权法则并不是孤立存在的,它与接纳法则、"舍""得"法则、优先次序法则、传承法则都紧密相连。

人们先接纳领导者,然后接纳他描绘的愿景。忙碌不一定等于成效。成功的领导者懂得牺牲各种次要的东西,以便更专心致力于那些主要的东西。随后决定哪些事情自己做,哪些事情授权给部属做。这里面既有"舍""得"法则,又有优先次序法则。同时,让好的做法通过以身作则、制度化进行传承。

的确,要领导好别人,就必须帮助他们发挥自己的潜力。这意味着与他们站在一边,鼓励并授予他们权力,帮助他们取得成功。

（五）核心圈法则

一个领导者的潜力由最接近他的人决定。领导者的潜力是否能发挥,取决于核心成员的素质。也就是说,真正起到作用的是领导者的核心圈。

谁是领导者的核心圈:对其他人有很大影响的人;具备给团队带来互补性的才能的人;在团队中担任要职的人;增加领导者和团队的价值的人;给核心圈的其他成员带来积极影响的人。

领导者应有意识地花费额外的时间和成员相处,指导他们并与之增进关系。赋予成员更多职责,寄予更高的期望。工作顺利时,给予成员更多的功劳。

案例 7-2 弃置果蔬中的宝石——RIR 的创业之路

第二节 如何搭建服务团队

本节将系统讨论在团队中工作的新生代员工，并着力解决四个问题：我们面临着怎样的员工？如何管理这些新生代员工？怎样的激励措施是有效的？如何实现人才退出机制的平稳过渡？

推荐视频：中国大学 Mooc，《创业：道与术》（汪军民）：2.7 初创企业如何快速、低成本招录员工

案例 7-3 伟宇佰川：如何应对新生代员工资质过剩带来的挑战？

一、我们面临着怎样的员工

（一）Z 世代[①]员工总体概览

在《"90 后"职场人洞察报告》中，有这样一组数据，超过一半的"90 后"为了追寻"实现理想""展现个人价值""兴趣爱好"等工作目标而奋斗（图 7-3）。随着"90 后"逐渐成为职场上的新兴力量，这群曾被视作非主流的年轻力量却并没有显现出被社会磨平棱角的迹象，反而他们的个性愈加鲜明。

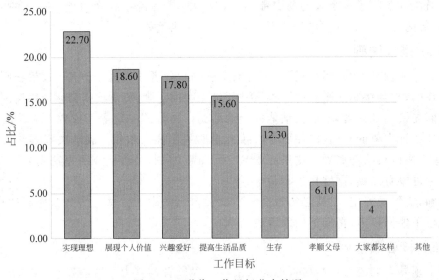

图 7-3 Z 世代工作目标分布情况

"90 后"的整个成长过程也是中国市场经济逐步发达的过程，整个国家人均 GDP 的变化某种程度上也反映出某一阶段的消费行为。这也意味着这一代人不再受物质、经济条件的束缚。"经济人"式的管理方式不再奏效，"社会人"成为主旋律（图 7-4）。

"社会人"假设的理论基础是人际关系学说，"社会人"又称为"社交人"。"社会人"假设最早来自梅奥（G. E. Mayo）主持的霍桑实验。梅奥认为，人是有思想、有感情、有人格的活生生的"社会人"，人不是机器和动物。作为一个复杂的社会成员，金钱和物质虽然对其积极性的产生具有重要影响，但是起决定作用的不是物质报酬，而是职工在工作中发展

---

① Z 世代是一个网络流行语，指新时代人群，也称为网生代、互联网世代等。

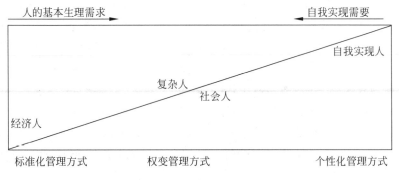

图 7-4 经济人与社会人

起来的人际关系。

《中国 8090 后互联网理财白皮书》显示,HR(人力资源)眼中的"90后"职场人具备的特征较多集中在两个方面:一是"思维活跃,接受新鲜事物能力强","90后"本身渴望创新,所以会对新事物更感兴趣,接受能力也更强。二是"被自我认同驱动,兴趣至上",这也意味着传统的薪资福利待遇不再成为"90后"这代职场人的最重要考虑因素,他们更多关注自我认同驱动与价值实现。

如果利用马斯洛需求层次理论(图7-5)来解释这一现象,即当 Z 世代步入职场,他们更多地关注生理和安全需求之外的更高等级,追求尊重和自我实现需要。

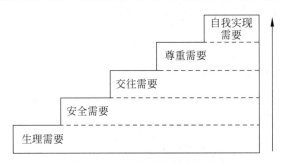

图 7-5 马斯洛需求层次理论

(二)Z 世代的四个决定性特征及其对组织的意义

1. 多元化、包容性,期待不同

《华盛顿邮报》报道,Z 世代想要看到雇主在多元化和包容性方面所做的努力。因此,一个组织对平等、多元化和包容性的承诺,以及能否清楚地传达这一承诺,显然是 Z 世代在权衡工作机会时的一个重点。

2. 与经济衰退、内卷和天灾同行

尽管所有世代的人都承受着新冠肺炎疫情带来的经济后果,但有证据表明,Z 世代受到的失业打击最为严重。早在 2020 年 3 月,皮尤研究中心就报告说,在美国,50% 的 Z 世代表示,他们或他们的家人由于疫情暴发而失业或被降薪。

目前正在上学的 Z 世代也不同程度地受到了新冠肺炎疫情的影响。

那么,这对希望吸引和留住 Z 世代人才的雇主意味着什么呢? 正如瀚纳仕人才管理咨询有限公司(Hays)首席执行官 Alistair Cox 此前所说,"作为企业领导,我们不能袖手旁观,坐视这一代人经历巨大动荡,而不尽我们所能来支持他们。我们有责任采取行动。"

3. "生于斯长于斯"——数字原生代

Z 世代出生时,互联网就已经存在了。因此,他们习惯通过搜索引擎和社交媒体来搜索、分享和使用信息。他们也习惯即时的虚拟联系,以此来培养和建立关系。因此,组织需要提供平台和机会,使他们尤其是当远程和混合办公成为新常态时,能够在工作中快速获取信息并建立虚拟联系。

4. 为不公、不义与不正确发声

用麦肯锡公司的话说,Z 世代"为各种事业动员自己。他们坚信,对话有助于解决冲突,让这个世界变得更好"。世界经济论坛(WEF)报道,来自 300 多所大学的 3 万多名法国学生决定签署一份承诺书,承诺只为有环保意识的公司工作,这只是 Z 世代致力于改造世界的一个范例。

对组织而言这意味着,雇主必须有强烈的使命感,让员工感到他们在造福社会。正如世界经济论坛所述,使命感是"企业满足新人才内在需求的最有力的工具"。但简单地创造一个新的使命是不够的,他们补充说:"对于新的一代,雇主仅仅去喊口号是不够的。他们希望看到组织通过大胆的行动切实履行其使命。"

Z 世代更倾向于认为:"加入一个目标驱动的组织,一个与我们自己的价值体系相一致的组织,有助于我们融入团队,更好地对世界产生积极影响。"

二、如何管理这些新生代员工

(一) 情感与归属需求

美国西敏司所著的《甜与权力》中提道:"相对于微薄地涨工资,英国工人更愿意为了喝一杯加了糖的茶而努力工作。"其原因在于工资的小额增幅并不能给员工带来直接的反馈,而这杯甜茶却直观地带来了感官上的满足。

从谷歌、苹果到阿里、字节跳动,我们可以发现这些久负盛名的互联网公司对于员工的"人文关怀"可以说是无微不至的。不论企业的福利能力水平,人文关怀并不是单纯地指员工福利,更重要的是对于员工人权的基本尊重。

尊重员工的自我属性,创造个人价值实现的空间,及时肯定员工的闪光点,这些远比付出高昂的成本招聘优秀的人才重要。而为了达成这个目标,作为一家企业的土壤,企业文化就需要用爱发电,强化组织上下对企业的认同与归属感。

(二) 组织扁平化

对于"90 后"员工,权威式管理、行政式命令已经无法真正掌控新生代员工。当被问及"喜欢什么样的管理风格"时,"师长型"在"80 后"、1990—1994 年生人的选择占比中排名第一,分别为 46.67%、46.32%。有意思的是,"90 后"和"95 后"出生年代一致,但在这个问题上表现出了明显的差异。相比之下,"95 后"更喜欢朋友型的领导,这表明新一代职场人更重视平等的工作交流,更期待管理的扁平化。

以字节跳动为例,公司内部没有头衔的称呼,无论是"70后""80后"还是"90后",同事间的称呼以同学、老师居多,这种弱化了层级的工作氛围使得年轻员工勇于发言也乐于发表自己的声音。打破传统纵向式的组织管理壁垒,横向的项目制组织也使得企业的人才流动与交流更加活跃。期待发光是每一个新入职场的"90后"的心愿,让每个员工都能发光应当是管理者关注的问题。

这就要求企业管理者在管理中尽可能针对他们的诉求调整自己的策略和方法,让他们感受到被尊重,适当照顾他们的工作兴趣,为他们创造平等的交流氛围,尽量在软件和硬件上创造让他们感到舒适的环境,在帮助他们体现自己价值的同时,最大化实现雇主的目标和价值。

(三)规划引领

"90后"员工进入企业后,一般有三种表现情形:一是工作热情高涨,希望迅速得到企业认可;二是工作一段时间后,感觉理想和现实落差比较大,发展空间有限,不安心在一线岗位工作,萌生辞职念头;三是对于一些家庭条件较好的员工而言,工作动力和激情明显不足。

作为管理者,应对他们的职业生涯进行指导,帮助他们设计清晰的职业发展目标和多通道的职业发展路径,引导他们在企业目标和自身发展方面找到契合点,让员工始终感觉到自己在企业有发展空间,从而愿意长期留在企业,提高对企业的忠诚度。同时,管理者应不断使工作丰富化。

结合"90后"追求新奇、喜欢挑战的个性,让他们主动承担或参与一些重大项目、重大课题,在工作中赋予他们更多的责任、自主权和控制权,加速培养、锻炼他们。

三、怎样的激励措施是有效的

(一)使命法

1. 自我激励

激励斗志的方法可以多种多样。例如,由公司老总或其他事业有成的人士讲解创业经历,让员工认识到事业的可能性和艰难性;邀请成功学方面的专家到公司讲课;订购成功学方面的书刊给员工阅读,让员工讲出自己心中的理想以及实现理想的打算;等等。

推荐视频:中国大学Mooc,《创业:道与术》(汪军民):2.12 初创企业如何设计员工福利计划

每个人都有自己的梦想,都渴望成功,都希望过上美好的生活。当员工心中被尘封已久的理想再次被点燃时,他们会表现出很大的爆发力。他们心里明白,要成功就必须从做好手头上的工作开始。

2. 个人业务承诺计划

让每名员工年初制订本人全年业务计划,向公司立下"军令状"。由其直接主管负责考察业绩完成情况、执行力度、团队合作力度及团队精神,并予以必要的指导、协助和鼓励。但不要给员工制订太多的目标,而要鼓励他们充分发挥潜能和创造性。

根据期望理论(图 7-6),一个人从事某项活动的动力或激励力的大小,取决于该项活动产生成果的吸引力和该项成果实现概率的大小。完全的目标导向一步步完成使他们充满成就感,团队的支持让他们感受到动力和宽慰。

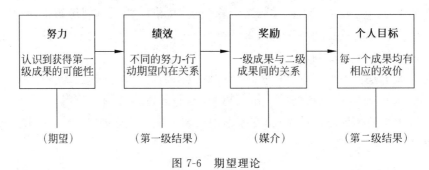

努力		绩效		奖励		个人目标
认识到获得第一级成果的可能性	→	不同的努力-行动期望内在关系	→	一级成果与二级成果间的关系	→	每一个成果均有相应的效价
(期望)		(第一级结果)		(媒介)		(第二级结果)

图 7-6　期望理论

3. 组建临时团队

将某个重要的业务计划或项目交由一个临时组建的团队去做。

临时团队之所以可以产生较高的工作效率,其组织形式对成员的激励功不可没。临时团队有以下特点:人少(最佳规模为 3~7 人),志愿组成,目标导向,通常完成任务之后自行解散。适当的、具有一定挑战性又有可能达成的目标能很好地激发临时团队成员的创新激情,同时临时团队实行自我管理,即团队成员从本来的被控制变成具有一定决策权。当一个人充满责任感的时候,他将会全身心地投入工作。

(二)生存竞争

对员工进行动态评估,让每个人都知道自己所处的位置。

让员工明白,如果他们不努力工作或者工作没有业绩的话,就有可能被公司淘汰出局。在生存竞争异常激烈的现代社会,可能失去饭碗的压力将会极大地激发员工的工作热情。

通用电气公司将其所有的员工分为五类。第一类是顶尖的人才,占 10%;次一些的是第二类,占 15%;第三类是中等水平的员工,占 50%,他们的变动弹性最大,他们有机会选择何去何从;接下来是占 15% 的第四类,需要对他们敲响警钟,督促他们上进;第五类是最差的,占 10%,只能毫不留情地辞退他们。这种淘汰机制给了员工充分的紧迫感,也给了他们充足的动力。

(三)兴趣法

1. 鼓励"非法行动"

允许和鼓励员工做一些正常工作、常规程序以外的尝试。

很多时候,员工在工作中的新想法、新创意是突如其来的,但是这部分计划外的想法却与很多计划的想法同样具有价值,需要被企业重视并予以支持。有些耗资不多的新构思,技术人员可以通过自己的简单试验来测试。类似情况经常发生在企业的基层,基层员工常常是最了解产品、客户和市场的,他们由于长年累月地实际操作,对这些方面有独到的了解,知道怎样提高生产效率和市场拓展效率。

通用电气公司的巨大成功,如工业塑料和飞机发动机的成功,就是"非法活动"的直接结果。IBM甚至在管理制度上故意设计得有一点"漏洞",以便让一些人在预算之外做点事,执行计划以外的计划。在25年中,IBM重要产品的生产没有任何一项是该公司的正式系统做出来的。

2. 给员工完全自由发挥的空间

对于公司科研人员而言,可以允许其花费公司时间的15%,在自己选定的领域内从事研究和发明创造活动。

兴趣是最好的老师,也是最好的工作推进剂。员工只有对自己所从事的工作真正感兴趣,能从中获得快乐,才会竭尽全力把工作做好。

(四)空间法

1. 培训机会

为员工提供全方位、多层次的培训机会,增加企业人力资源的价值和员工自身的价值。

在知识更新越来越快的信息时代,"终身学习"和"建立学习型组织"已成为个人与企业在激烈竞争中立于不败之地的基本要求(图7-7)。企业应该通过培训来挖掘员工潜力,实现员工人力资源的保值增值。这既是调动员工积极性的需要,也是维护和提高企业市场竞争力极为重要的一环。

2. 岗位轮换

员工定期(例如一年)轮岗,尝试不同的工作岗位。

在传统管理时代,强调组织分工明确,结果员工每天重复单调的工作,虽然在一定程度上提高了生产率,但成员的满意度下降。人本思想问世后,对人的激励有了新的认识,开始注意完善人的能力,开发人的潜力,并在此基础上健全

图7-7　学习型组织必备要素

岗位轮换制度,使员工能更加充分、主动地选择具有挑战性的工作,从而使工作内容横向丰富化和纵向扩大化。这样,工作产生的乐趣和挑战性就成为工作本身对员工的回报。

3. 给予员工顺畅的事业发展渠道

在干部选拔上,企业要给员工更多的机会,从以前对外聘用为主,转变为对外聘用与内部选拔并重,最后过渡到内部培养选拔为主,变"伯乐相马"为"在赛马中选马"。

事业发展是员工内在报酬体系的重要组成部分。依据马斯洛需求层次理论,自我实现是人最高层次的需要。职业发展属于满足人的自我实现需要的范畴,因而会产生更大的激励作用。

4. 减少审批程序和时间

减少一个产品研发或市场拓展计划的审批程序和时间,不要设置过高的审查标准,应留给相关人员更多的空间。

复杂性引发冷漠及惰性。如果业务人员的一项雄心勃勃的拓展计划面临公司的层层

把关,他自然会降低工作的热情。事实上很多划时代的产品或营销方案只是出于一个看似荒谬的点子。

5. 员工参与决策

建立员工参与管理、提出合理化建议的机制,增强员工主人翁参与意识。例如,让员工参与公司发展目标、发展方向的分析研讨,让员工参与项目确定,参与保证公司正常运转的各项规章制度的制定。

没有人喜欢别人强加于自己身上的东西,但如果让员工参与公司经营目标、管理制度等的制定,他们就会觉得那就是自己的目标和行为规则,就会充满期待地投入工作。

(五)荣誉激励

对有突出表现或贡献的员工,对长期以来一直在为公司奉献的员工,毫不吝啬地授予一些头衔、荣誉,换来员工的认同感,从而激励员工的干劲。

每个人都对归属感及成就感充满渴望,都希望自己的工作有意义,荣誉从来都是人们激情的催化剂。拿破仑“为法兰西而战”的名句使他的军队所向披靡。

IBM有一个“百分之百俱乐部”,公司员工完成他的年度任务,他就被批准为该俱乐部会员,他和他的家人被邀请参加隆重的集会。结果,公司的雇员都将获得“百分之百俱乐部”会员资格作为第一目标,以获取那份光荣。

(六)沟通法

1. 双向沟通

基层员工与高层管理人员恳谈会、经理接待日、员工意见调查、总裁信箱、设立申诉制度,让任何的意见和不满得到及时、有效表达;建立信息发布会、发布栏、企业内部刊物等,让员工及时了解企业动向、动态,增强他们参与的积极性。

使员工感受到自己受重视、有存在价值,自然会有热情去为公司做事。

2. 变惩罚为激励

员工犯错误,管理者通过与其进行朋友式的沟通和交流,让其感受到被尊重和爱护,从而主动承认错误,主动接受惩罚,主动改善工作质量。

对员工犯的错误,企业普遍的做法就是严厉批评和惩罚!然而处罚并不能真正解决问题,反而会造成员工积怨甚至流失。只有沟通才能取得事半功倍的效果。

3. 亲情关怀

企业的经理和主管应该是一个细心的人。对员工的工作成绩,哪怕是很小的贡献也要及时给予回馈。一张小纸条,一个电话留言,一封E-mail,一个两张电影票的红包,都能让员工感到自己受领导关注、工作被认可,并为此而兴奋不已。

此外,建立员工生日情况表,总经理签发员工生日贺卡,关心和慰问有困难员工等,可以很好地增强员工的归属感。

任何人都希望自己努力的成果能被认可、赞同和感激,这是人们前进的动力。

(七)因人施策

不同的人才应该给予不同的应对措施,本节通过评判工作热情与工作能力两个维度的高低,将人才分为四种类型:猎犬型、熊猫型、猴子型、树懒型(表7-1)。

表 7-1 人才模型与激励对策

工作热情/工作能力	工作能力高	工作能力低
工作热情高	猎犬型（充分授权）	猴子型（培养提高）
工作热情低	熊猫型（需要激活）	树懒型（有限作用）

1．猎犬型人才：高热情、高能力

这是企业最理想的杰出人才，基本对策是重用：给这些人才充分授权，赋予更多的责任。

2．熊猫型人才：低热情、高能力

这类人才一般对自己的职位和前程没有明确目标。对这类人才有不同的应对方向法。

（1）不断鼓励、不断鞭策，一方面肯定其能力和信任，一方面给予其具体目标和要求。

（2）必要时在报酬上适当刺激。

（3）特别要防止这类"怀才不遇"人才的牢骚和不满感染到企业，要与他们及时沟通。

3．猴子型人才：高热情、低能力

这是较常见的一种人才，尤其是年轻人和新进员工，应该给予相应的培养提高策略。

（1）充分利用员工热情，及时对他们进行系统、有效的培训。

（2）提出提高工作能力的具体要求和具体方法。

（3）调整员工到最适合他的岗位任职。

4．树懒型人才：低热情、低能力

这类人才一般为工作多年的企业"老油条"，对这类人才有不同的应对方法。

（1）有限作用。不要对他们失去信心，但控制所花时间，仅开展小规模培训，首先激发其工作热情，改变其工作态度，再安排到合适岗位。

（2）解雇辞退。

四、如何实现人才退出机制的平稳过渡

让我们回到本节案例中，通过以上三个小节的学习，基于 Z 世代提升自我这一内驱力的推动，相信你已经能基本上理解员工为何会生出跳槽的想法。但是我国的职场长久以来受"稳定"这一要素的影响，一直没能建立完善的人才退出机制，本小节我们将系统地对这一现象进行分析。

人才退出机制作为一种人力资源管理方式，能给员工以危机感，促使他们始终保持较高的工作积极性，这也是实现企业战略以及人才职业生涯设计的需要。但在实施人才退出机制的过程中，如何区分人才和庸才，如何保证在庸才退出企业时保留住人才，这是管理者不得不面对的难题。

（一）员工退出机制的构建

企业人才退出机制须从企业发展战略的高度来建立，确立企业人才退出标准、开展有效的绩效考核、制定严密规范的实施程序、注意法律问题以及退出机制的支持系统建设，

这些工作都与人才退出机制的建立密切相关。

（1）确立企业人才退出标准和程序，并在招聘时向新员工介绍这些标准和程序。

（2）公平公开的绩效考核。

（3）重视解雇程序的管理。

（4）注意法律问题。

（二）人才保留机制的构建

人才是企业最宝贵的财富，只有使员工与企业心心相印，才能留住优秀人才，保持企业永盛不衰的竞争力。华恒智信认为人才保留机制的构建可以从以下方面着手。

1. 事业留人

企业竞争的实质是人才的竞争，企业要为员工创造更好的发展前景，建立长效的事业发展机制才能真正留住人才，让人才感觉到在这个企业是有希望的，他就能用心去工作，以获得自己的发展。

具体来说，事业留人的措施有：对岗位实行竞聘上岗；提供职业发展建议；进行转岗、轮岗；开展提升培训；提供创业支持；等等。

2. 机制留人

企业可以通过建立一系列的人力资源管理机制，为员工创造成长的平台，提供激励的动力，使得员工能够和企业长期共同发展，具体措施如下。

（1）招聘与配置。在人才选拔方面，采用笔试、面试等多种人才测评方法，以争取获得合格人才。同时在人才录用方面，要重学历更重能力，重资历更重业绩。优先考虑内部招聘的策略降低了员工的离职风险，并且严格考察确保员工和企业文化的适应，这样就从源头上控制了员工的离职风险。

（2）培训与发展。建立实用完善的培训体系、编制专项培训预算、制订具体的培训目标，全面推进培训工作。

（3）绩效与激励。全面推行绩效管理和激励机制，坚持定量评价与定性评价相结合，结果评价与行为评价相结合，做到能者上、庸者让、无能者下，强化结果导向，注重行为控制。

（4）薪酬福利。薪酬福利坚持对外具有竞争性、对内具有公平性的原则，充分发挥薪酬福利的保障性、竞争性和激励性的作用。同时，以岗位为核心，建立岗位评价体系，对各个岗位予以客观公正的评价，制定合理的工资标准，在同工同酬的前提下，保持一定的灵活性。

3. 感情留人

扩展阅读 7-1　企业的"金色降落伞"制度

留人要留心，工资福利固然重要，然而感情的融洽尤为重要。人是重感情的，在平日里能将员工当作自己的亲人，时时处处多一点关心，当企业需要的时候，他们也就会尽己所能，不会轻易离职。这就要求企业注重良好的企业文化和员工关系建设，同时企业与员工要保持无界限沟通，提高员工的满意度。

第三节　如何创建以顾客为导向的企业文化

一、我们需要什么样的企业文化

（一）企业文化的概念

企业文化是企业为解决生存和发展的问题而形成的，并共同遵循基本的信念和认知，企业文化集中体现了一个企业经营管理的核心主张，以及由此产生的组织行为。

企业文化包括使命、愿景和核心价值观（图7-8），分别代表了企业存在的理由和价值、未来的蓝图、企业进行活动和行为的最根本原则。

例如，我国互联网巨头百度的使命是"人们最便捷地获取信息，找到所求"；其愿景为"让世界更有效，让人们更公平"；其核心价值观为"简单可依赖"。

我国B2C市场最大的3C网购平台京东的使命是"让购物变得简单快乐"；其愿景为"做中国最大，全球前五强电子商务公司"；其核心价值观为"客户为先、激情、学习、团队精神、追求超越"。

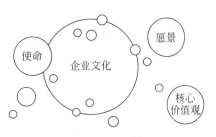

图7-8　企业文化及其要素

（二）企业文化的基本类型

1. 病态涣散型文化

A公司是一家传统生产企业，为一家上市企业，但是经过问卷访问发现其只在基本上没有人阅读的内部报刊上简单宣传过自身的企业文化，其员工并不清楚公司的发展现状，只在乎到手的工资。并且其为一家机械化较强的企业，个人的意见被埋没其中，每个人只对自己的工作及直属上级负责，由于程序烦琐冗长，部门间因为协调问题经常发生冲突。

请根据以上案例简单总结这一企业文化的特征（图7-9）。

共同的企业价值观缺失

员工不关心企业成长

开拓进取精神受到压抑

领导形象没有感染力

企业部门之间、成员之间难以有效沟通

图7-9　病态涣散型文化特征

2. 被动防卫型文化

B公司是一家传统出版企业，此公司从管理层到员工都很自豪于自己上市公司的身份，并且能统一阐述企业固有价值观，但是通过内部谈话调查发现，其大多数时候只是根据固有流程做事，对突发的事件很难做到及时反应，员工更倾向于层层上报管理层对其进行指导。各个部门在进行日常工作时虽然可以互相协调，但是在运转出现问题时都不想承担责任。

请根据以上案例简单总结这一企业文化的特征（图7-10）。

3. 主动建设型文化

C公司是一家新晋互联网公司，其管理层深刻意识到在市场中不进步就会被淘汰的道理,一直做各种尝试突破自己现有业务,并且鼓励员工积极发表自己的意见。管理结构扁平,每个人都可以自由选择未来的发展方向,并且自发地形成了自己的价值观,都朝着这个大方向努力。组织的信息公开透明,有明确的权责划分,最基层的员工都拥有一定的决定权限,整个企业的发展欣欣向荣。

请根据以上案例简单总结这一企业文化的特征(图7-11)。

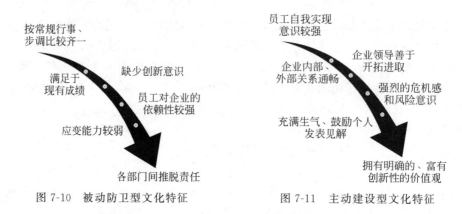

图7-10　被动防卫型文化特征　　　　　图7-11　主动建设型文化特征

(三)如何塑造文化

在塑造文化方面,我们总结了一个简单的方法:三明治法(图7-12)。

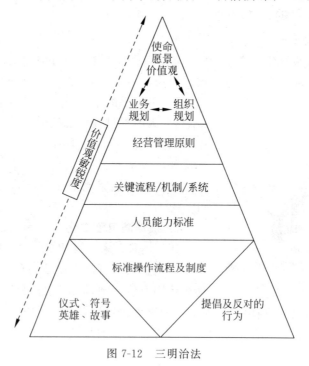

图7-12　三明治法

三明治顶端指的是使命/愿景/价值观、业务规划、组织规划;三明治夹心部分指的是经营管理原则、关键流程/机制/系统、人员能力标准;三明治底端指的是关键绩效指标

(key performance indicator，KPI)、标准操作流程(SOP)及制度、提倡及反对的行为。

要想塑造文化，必须做好整个三明治，缺一不可。我们可以看出，三明治往上越抽象、越理念，往下越具体、越动作。在一个公司的运作中，三明治顶端是上层建筑，精神目标指引，引导着整个体系的构成；三明治底端是普通员工都能参与的部分，关系着企业的绩效和日常流程；三明治夹心部分是中层管理者，联系着顶端和底端，只有中层稳固，整个三明治的结构才能稳定。

结合创业素质和员工素质，我们可以很明确地推断出，员工有无专业技术水平，具不具备"处理模糊、混乱和变化"的能力，对一个创业公司中的绩效会有巨大的影响。

这种能力不是一天两天能训练出来的，是在长期的家庭教育、学校教育、工作经历中逐渐形成的。这种能力是创业者成功的关键。

如何评价这种能力呢？通过仔细的观察总结，我们可以给这个能力分级(表7-2)。

表 7-2 "处理模糊、混乱和变化"的能力分级

表　　现	分值	评价
视模糊、混乱、变化为"不对"的事情；无法承受模糊、混乱、变化所带来的变化	1分	不合格
勉强接受模糊、混乱和变化的不可避免性及正当性；模糊、混乱、变化会带来大量的焦虑及怨言，导致难以长期坚持	2分	
接受模糊、混乱和变化的不可避免性及正当性(尤其是在组织的初创阶段、快速成长阶段、变革阶段、创新阶段)；积极寻找各种方式去适应环境	3分	合格
能在模糊、混乱和变化等不确定性下保持积极心态；能主动积极去拥抱变化，即使在模糊、混乱及变化下，也能给出清晰的行动指令	4分	良好
能在模糊、混乱、变化等不确定性下保持轻松心态；能在模糊、混乱、变化中发现创造价值的机会；能带动他人处理模糊、混乱、变化	5分	优秀
有在模糊、混乱、变化等不确定性状态下创造价值的实际案例；善于创造建设性的模糊、混乱和变化来促进创新及变革(但没有过度使用，例如没有整天制造无意义的混乱)；能指导他人处理模糊、混乱、变化	6分	杰出

把人员能力标准描述和应用到这个程度，你看到人员能力标准和文化之间的关系了吗？

同样方向的能力，用不同的名称，对公司文化的影响也很不一样。例如，要求员工具备"沟通及讨论能力"而不仅是"沟通能力"，要求员工有"创造性执行能力"而不仅是"执行能力"，要求高层具备"学习及自我突破能力"而不仅是"学习能力"，这些差别看似微小但会使文化上显著不同。

另外，在高层领导力中加上"点燃自己"的要求，与只要求"高瞻远瞩、激励、赋能"就非常不同。"点燃自己"就是"有企业家精神的职业经理人"与"职业经理人"之间的核心区别。

即使能力名称相同，如何定义和具体描述，对员工的行为也会有直接影响。例如，两个都强调"学习能力"的公司，一个偏传统行业的公司对"学习能力"的要求会更多强调"对典型案例的复盘和剖析""积极寻找榜样(现存或已逝)帮助自己学习提高""乐于应用、复制他人行之有效的方法"等行为；另一个处于寻找业务模式阶段的公司，会更多强调"向

未来学习"。它们可能会更多参考 U 型理论中的一些做法,如提倡"去除评判之声、嘲讽之声、恐惧之声""打开头脑、打开心灵、打开意志""创造共同生成的场域"等行为。这两种学习能力对应的公司文化氛围是非常不一样的。

综上所述,三明治夹心部分的人员能力标准,尤其是其中通用素质能力标准及高层领导力标准,对于塑造文化有着关键性作用。三明治顶端中的使命/愿景/价值观、业务规划、组织规划,以及三明治夹心部分的经营管理原则,必须非常具体地体现在人员能力标准上。如果没有这个血肉联系,公司想要塑造的文化就是空中楼阁。

人员能力标准是夹心这一层中最偏下的、与人联系最紧密的。

在本章第四节中,我们会系统讨论夹心部分与业务联系最紧密的内容:流程、机制和系统。它们和企业核心价值的建立有着藕断丝连的关系。

案例 7-4　美年大健康勇担社会责任,为阻击新冠肺炎疫情助力

二、个人目标的制订

我们所遇到的每个成功的人,在某种程度上都热衷于制订目标。成功的运动员、CEO(首席执行官)、有超凡魅力的领导、能力极强的销售人员以及成功的经理,他们都知道他们想要什么,并勇于追逐他们的目标。

《成功》杂志引用的一个研究成果表明,成就与运气没有多大关系,在这项研究中,研究人员询问 1953 年耶鲁某个班的学生一系列问题,其中有三个与目标有关:你制订过目标吗? 你有没有把它们记录下来? 你有去实现它们的计划吗?

结果是 3% 的学生记录下他们的目标,并有完成目标的计划。13% 的学生有目标,但是没有记录下来。84% 的学生除了"过得快乐"外没有什么具体目标。1973 年,当同样的学生再被调查时,那些有目标的学生与没有目标的学生之间的差异让人瞠目。13% 的有目标但没记录下来的学生赚的钱,平均比 84% 没有目标的学生多两倍。最令人吃惊的是,3% 的记录下目标的学生所赚的钱,平均是其余 97% 的学生加起来的 10 倍。

图 7-13　SMART-W 原则

（一）目标制订的原则

目标制订遵循 SMART-W 原则(图 7-13)。

1. 具体性(specific)

目标必须是具体的、可以量化的。

例如"把数学学好"就是个模糊目标;"比上次提高 10 分",就是个具体目标。而且可以再细分,例如,通过复习哪个知识点、在这个知识点上提高多少分;做什么样的事情有助于实现这个目标;等等。

2. 可衡量性(measurable)

目标必须可以衡量,可以考核。应该有一组明确的数据,作为衡量是否达成目标的依据。

3. 可实现性(attainable)

目标必须可以让人接受,可以实现和执行。设定的目标要高,有挑战性,但是又要可

以实现。在实施目标前,尽量不要过多关注实现目标的困难程度,否则会严重打击积极性。

4．相关性(relevant)

目标必须和其他目标相关联,如果一个目标与其他目标相关度很低,即使这个目标被完成,意义也不是很大。

例如,时间上有冲突的游戏目标和学习目标。

5．时间限制(time-based)

目标必须是有时间限制的,明确在什么时间开始、什么时间完成。

例如,两周内复习完一个知识点,两周是个时间段,具体时间点是 20××年××月××日中午 12 点完成。

6．书面化(write)

目标一定要是书面的。把目标写到纸上可以厘清思路,知道自己要完成哪些事情;把目标书面化,不容易遗忘;同时,时时提醒目标在哪里。

(二)目标制订的过程

基思·法拉奇和塔尔·雷兹所著的《别独自用餐》中,提供了一系列目标制订的过程。

1．寻找你的激情

我们每个人都有自己的喜好、不安全感、优点、缺点和独有的能力,我们在寻找自己才能和梦想的交叉点的时候,都要把这些考虑进去。法拉奇将那个交叉点称为"蓝色火焰"——激情和能力聚集的地方。当"蓝色火焰"在心中点燃时,将会成为帮助你实现目标的强大动力。

法拉奇认为"蓝色火焰"是在对自己能力真实评判的基础上,使命和激情的汇聚。它帮助你确定自己的生活目标,从照顾老人到成为母亲,从顶级工程师到成为作家或音乐家。他相信每个人都有不同的使命,一个能够去实现的使命。

2．记录目标

法拉奇在书中建立了一个被称作"网络行动计划"(NAP)的工具,这个计划分为三个独立的部分:第一部分是致力于可以完成使命的目标的开发;第二部分是将这些目标与能够帮助你完成这项任务的人物、地点、事物联系起来;第三部分帮你决定一个最佳方式,去接近那些可以帮你实现目标的人。

利用这个工具,可以实现目标的构想。

3．建立属于自己的智囊团

《别独自用餐》中所写的任何一个目标,都是与周围环境互相联系的,不可能单独完成,在某个整体计划中,必须不断地进行修整补充,以保证计划顺利进行。其实做任何事情都一样,就算你规划得再好,也不可能面面俱到,在进行过程中肯定要有一些调整。

所以,如果有两三个可以给你出点子的人在身边的话,只要用一颗责任心来帮你,那就能起到很大的作用。

三、目标管理法

有的团队总是士气高涨,即使条件艰苦,也能创造价值。有的团队条件优越,却总在细微处与管理者纠结。在创业团队中,有"即便不要工资,我也愿意跟着他干"的现象,自然也有因为一次打车未被报销而骂骂咧咧几天后离职的情况。一支团队的士气、战斗力与这支团队的使命感密切相关。那么,如何打造一支充满使命感的团队呢?

其核心在于如何构建好一支团队的目标,在本节,我们将介绍目标管理法(management by objective,MBO)及目标与关键成果法(objectives and key results,OKR)。

(一)目标管理法概述

美国管理大师彼得·德鲁克于 1954 年在其名著《管理的实践》中最先提出了"目标管理"的概念,目标管理是指由下级与上级共同决定具体的绩效目标,并且定期检查完成目标进展情况的一种管理方式。由此而产生的奖励或处罚则根据目标的完成情况来确定。

1. 构建愿景

梦想,在企业中我们叫作愿景,是一个团队的原动力。尤其在一些初创企业中,如果作为领导者,目标只是赚钱,那么这个团队的格局最终必然会影响其发展,甚至在工作过程中行为发生变形。

所以构建团队的愿景是目标管理的第一步,也是最重要的一步,这是给团队注入原动力的过程。

那么如何去构建一个有意义、有原动力的愿景呢? 首先我们看看一些伟大企业的例子。

苹果电脑公司愿景:让每人拥有一台计算机。

索尼公司愿景:为包括我们的股东、顾客、员工,乃至商业伙伴在内的所有人提供创造和实现他们美好梦想的机会。

迪士尼公司愿景:成为全球的超级娱乐公司。

华为公司愿景:丰富人们的沟通和生活。

……

优秀的愿景通常具有以下三个特点。

(1) 目标正向,以正向的价值观为基础。

(2) 足够宏大,面向社会、人类乃至全球的问题。

(3) 令人振奋,使团队跃跃欲试为之努力。

对于初创团队来说,如果愿景足够长远伟大且正确的话,那么比起其他竞争对手,已经决胜于刀鞘之内了。

2. 构建里程碑

有了愿景,是否就足够支持团队有效地发展? 当然是不够的。愿景是团队要走的方向,所以构建好里程碑,就是一个优秀领导者的核心素质要求。

一般团队都会默认里程碑等同于时间计划,然后围绕时间拆解愿景。事实上这是片面的,里程碑其实有多种维度,最常见的维度有时间维度(季度、月度、周等)、数据维度(用户量、满意度)和生产维度(版本计划、研发方向)。

在掌控一个规模初见端倪的团队时,作为团队领导者,在做目标管理时要特别注意做好授权,这是因为个人精力是有限的,如果希望更好地专注于带领团队实现目标,团队授权是必须注意的一点。具体应该做到以下几点。

（1）根据情况，拆分战略目标。

（2）收集资料，评估团队能力。

（3）按照评估，授权组织分工。

3．执行目标

关键绩效指标是通过对组织内部流程的输入端、输出端的关键参数进行设置、取样、计算、分析，衡量流程绩效的一种目标式量化管理指标，是把企业的战略目标分解为可操作的工作目标的工具。基于 KPI，该如何执行目标并设立相应的考核标准呢？

我们可以试试这样管理执行目标。

（1）在执行目标的过程中，首先保证里程碑的关联性被大家所理解。

（2）与员工保持充分的双向沟通，让员工感受到"这个结果的好坏，不是用来衡量人，而是用来衡量我们里程碑的进展"。

（3）确保在目标制订过程中，符合 SMART-W 原则。

（4）过程中保持执行目标的状态可视化，即可完成的概率/信心度/风险等。

这里我们提供一个构建目标的通用公式：

$$目标公式 = \underset{时限}{时间} + \underset{方案}{动作 + 任务} + \underset{衡量}{指标} + \underset{结果}{目标}$$

例如，2020 年 10 月 30 日之前，优化 11 款产品性能，确保产品崩溃率低于 0.01%。

这个例子中，"2020 年 10 月 30 日"是时间，"优化"是一个动作，"优化 11 款产品性能"是任务，指标是崩溃率，目标是崩溃率低于 0.01%。

4．持续反馈

反馈：在系统与环境相互作用过程中，系统的输出成为输入的部分，反过来作用于系统本身，从而影响系统的输出。

持续反馈是在过程中将产出变成一种改进，持续在过程中观察情况，即时改进。

总的来说，目标管理的四步是：构建愿景→构建里程碑→执行目标→持续反馈。

（二）目标与关键成果法

OKR 最早由英特尔公司创始人安迪·葛洛夫（Andy Grove）提出，一本关于 OKR 的书将 OKR 定义为"一个重要的思考框架与不断发展的学科，旨在确保员工共同工作，并集中精力做出可衡量的贡献"。

OKR 是由 4～5 个目标构成的，每个目标又包含 3～4 个关键结果。

例如，某互联网公司在某个季度为了更好地提升产品体验，产品负责人提出了这样的目标与关键结果：

O：使产品的访客到留存的转化率提高到 5%。

KR1：改版注册流程，提高注册转化率到 30%。

KR2：提高 App 的 30 天留存率到 45%。

KR3：上线 HR 应用。

其中，O 由产品负责人担任 PM（项目经理），KR 分别由相关的负责人负责。例如，App 的 30 天留存率的 KR，就由移动产品经理负责。

作为在 MBO 基础上发展出来的一个方法，OKR 与 MBO 究竟有哪些不同？John 在 *Measure What Matters* 一书中列出了 MBO 与 OKR 的区别，见表 7-3。

表 7-3　MBO 与 OKR 的区别

项　目	MBO	OKR
提出问题	什么	什么以及如何
周期时间	年度	季度或月度
公开性与透明性	私人的和孤立的	公开的和透明的
权力结构	自上而下的	自下而上或向侧面
与金钱相关性	与薪酬挂钩	大多数与薪酬无关
方案调性	回避风险	积极和有抱负的

第四节　如何设置服务类初创型企业的组织架构

视频 7-2　秒懂 OKR 目标管理法

推荐视频：中国大学 Mooc，《创业：道与术》（汪军民）；1.6 创业者应当建立什么样的知识结构

一、成熟的公司组织架构是怎样的

（一）概念及案例

1. 金字塔式

1）直线制

直线制是一种最早也是最简单的组织形式。它的特点是企业各级行政单位从上到下实行垂直领导，下属部门只接受一个上级的指令，各级主管负责人对所属单位的一切问题负责。厂部不另设职能机构（可设职能人员协助主管工作），一切管理职能基本上都由行政主管自己执行。

20 世纪 80 年代，通用汽车公司和 IBM 这样的巨型组织就曾采用过这种组织结构形式，结果最高领导层与工人之间竟有多达 12 级的管理层，事实证明管理层数太多而使整个组织管理失去效率。

2）职能制

职能制组织结构，是指各级行政单位除主管负责人外，还相应地设立一些职能机构。这种结构要求行政主管把相应的管理职责和权力交给相关的职能机构，各职能机构就有权在自己业务范围内向下级行政单位发号施令。因此，下级行政负责人除了接受上级行政主管指挥外，还必须接受上级各职能机构的领导。

任何一个高等学校都是纯粹的职能型组织，在学校里的学生隶属于不同的系、系主任和行政机关。

3）事业部制

事业部制最早是由通用汽车公司总裁斯隆于 1924 年提出的，故有"斯隆模型"之称，也叫"联邦分权化"，是一种高度（层）集权下的分权管理体制。它适用于规模庞大、品种繁多、技术复杂的大型企业，是国外较大的联合公司所采用的一种组织形式，包括

我国中国交建、中国铁建、中国电建等大型企业集团或者公司也引进了这种组织结构形式。

美的集团曾在20世纪末21世纪初为了提振销量进行过事业部改革，销量提升近四倍，取得了辉煌成就。

4）矩阵制

在组织结构上，把既有按职能划分的垂直领导系统结构，又有按产品（项目）划分的横向领导关系的结构，称为矩阵组织结构。

矩阵制组织的特点表现在围绕某项专门任务成立跨职能部门的专门机构上，这种组织结构形式是固定的，人员却是变动的，需要谁谁就来，任务完成后就可以离开。

华为的组织形式便是一种典型的多维矩阵模式，具体见案例7-5。

2. 扁平式

在彼得·圣吉五项修炼的基础上，通过大量的个人学习特别是团队学习，形成一种能够认识环境、适应环境，进而能够能动地作用于环境的有效组织。

学习型组织为扁平化的圆锥形组织结构，金字塔式的棱角和等级没有了，管理者与被管理者的界限变得不再清晰。权力分层和等级差别的弱化，使个人或部门在一定程度上有了相对自由的空间，能有效地解决企业内部沟通的问题，因而学习型组织使企业面对市场的变化，不再是机械的和僵化的，而是"动"了起来。

随着全球经济一体化和社会分工的趋势化，扁平化组织也会遇到越来越多的问题，在不断地分析问题、解决问题的过程中，学习型组织"学习"的本质对人的要求将越来越高。

美剧《实习医生格蕾》中的"格雷·斯隆"医院正是采用了专家主导的"散漫性分权制"，具备了扁平化组织的特征。

（二）判断标准

判断公司是不是走向成熟，需不需要架构调整，我们可以参照波士顿矩阵（BCG matrix）（图7-14）。

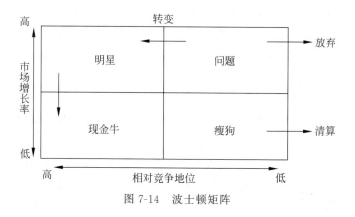

图 7-14　波士顿矩阵

熟悉市场营销的人都知道，波士顿矩阵针对的是产品结构，我们将它看作分析广义上公司产品业务状态的工具。

如图 7-14 所示，波士顿矩阵将企业所有产品从销售增长率（图中纵轴）和市场占有率

（图中横轴）角度进行再组合，各以 10% 和 20% 作为区分高、低的中点，由此将坐标图划分为四个象限，依次为 stars（明星产品）、question marks（问题产品）、cash cows（现金牛产品）、dogs（瘦狗产品）。

其中，现金牛产品代表那些已经进入成熟期的"老业务"。其销售量大、利润率高，而且由于增长率低无须增加投资，完全可以承载为公司其他产品和整个组织提供资金的使命，是成熟市场中的领导者。明星产品无疑是高增长率、高市场占有率的产品群，这类产品最有可能成为企业的现金牛产品。

简单来说，如果一家公司有朝一日"现金牛"业务根系庞大、占据主流，明星业务方向明确、目标清晰，终于没有再四处寻找新业务，就基本可以判断这家公司走向了成熟。

（三）初创公司和"大公司"的组织架构的不同

通过以上分析我们已经大致明晰，对于大多数公司而言，成熟是一个与公司业务休戚相关的指标。"大公司"组织架构的调整也不是为公司物理形态上的"大"服务的，而是对业务形态上的成熟、稳固（有稳定的产品和收入）负责。也就是说，组织架构的调整与其说针对公司整体进行，不如说围绕业务形态进行。

因此，针对不同业务形态，我们提出两个机制。

1．初创公司：目标导向机制

目标导向机制，即将所有 KPI 相近的部门放在一起进行管理的制度。该制度适用于基本是新业务、大部分处于探索状态的初创公司。

公司初创阶段一定要目标一致，一方面，方便考核；另一方面，所有人都能明确自己的目标是什么，从而都会为一个发展方向去努力。一旦目标不聚合，团队的向心力就会减弱。

目标导向机制的做法在于快速、灵活地组建团队。具体而言，就是设置一个组织单位，里面既包括产品部门又涵盖市场部门，并且确立一个负责人，赋予其统一调度、直接决策的职权，使组内全员对其负责，而由其直接对 CEO 负责，如此保持决策。除此之外，KPI 频繁变化也是初创公司的特点之一，如果组织结构拆分太细，不仅部门之间很难调派，而且会导致公司形成很多独立的"山头"。部门文化固化之后，利害关系深埋其中，盘根错节，以后也再难打散。

2．成熟公司：职能导向机制

职能导向机制，即将所有职能相近的部门放在一起进行管理的制度。该制度适用于业务成熟、稳定，处于稳中有进阶段的"大公司"。

一般来说，初创公司到了后期，团队开始对专业的人力资源和财务有迫切需求，这往往是公司走向成熟的一个标志。这两个职能从营收上来讲虽然属于公司的"消耗部门"，但是实际上与整个组织联系最紧密，负责在关键节点上帮助公司完成组织结构的调整。

案例 7-5　华为公司发展与组织结构变革历程

在业务变成熟、有沉淀的阶段，公司团队就会涉及分工，各团队包括 CEO 在内都会面临一个角色，慢慢会变成比较成熟的组织结构。

二、初创公司如何进行组织结构设计

(一)影响组织结构设计的主要因素

1．复杂程度和发展阶段

企业组织结构的复杂程度受公司战略、公司文化和组织能力等方面的影响。

与人和产品一样，企业发展也有一个生命周期，即初创阶段、集体阶段、规范阶段、精细阶段。在不同的发展阶段，企业的组织结构具有不同特征。

初创阶段，企业主要集中精力开发产品与市场，企业规模不大，组织结构简单，随机分工，简单科层，弹性控制。

集体阶段，伴随企业成长，进行专业化分工，权力科层化，集体化分权，非正规控制。

规范阶段，组织进行职能化分工，集权化决策，规章制度化。

精细阶段，编制、流程、层级、幅度固化，出现官僚化和多业务单元。

2．组织外部环境

企业所处的外部环境包括区域企业发展水平、政府扶持力度、城市综合环境等诸多因素，可以分为三大类：安定的、变化的和动荡的。

安定环境下，企业的目标顾客消费偏好相对固定，很少有新技术突破，企业组织结构相对固定，分工严密，权责分明，强调集权与控制，弹性变化小。

变化环境下，市场需求、竞争战略、广告宣传等发生改变，由于这些改变有一定持续性，企业组织结构的设计稍加灵活即可。

动荡环境是指未能预期和预测到变动而形成的环境，如新竞争对手的出现、新竞争战略的出现、新技术的突破等。动荡环境具有不确定性和非经常性，组织的任务会经常变动，专业化分工不能太细，职员所承担的任务应有一定的宽度。

3．组织规模

组织规模对组织结构的影响非常关键，组织人员数量对组织结构的影响是决定性的。在组织发展的不同阶段，组织规模的影响是不同的。

在初创期，企业把主要精力集中于开发产品与市场，企业规模不大，组织结构相对简单。

在成长期，伴随着企业的成长，开始划分职能部门以提高专业性和效率。

在成熟期，成功的企业开始意识到仅有集权而无分权，不能获得更大的成功，于是分权开始产生。授权后各部门协同能力降低，总部管理易失控。

一般来说，组织人员的数量越多，组织规模越大，组织的标准化程度和规章制度的健全程度也就应当越高，专业化分工也就应当越细，分权化的程度也就应当越大。组织的规模与组织的专业化、规范化成正相关关系，而与集权成负相关关系。

4．集权与分权

关于组织集权与分权，它们像是力量此消彼长的"两极"，集权和分权是彼此争斗又互相依赖的双胞胎，企业业务增长慢的时候就要集权，增长快就要分权。时代在发展，企业在进步，Z世代的员工更加自主，未来组织的发展趋势更加倾向于上级授权，倡导分权大于集权。

综上所述,影响组织结构设计的主要因素见表7-4。

表7-4　影响组织结构设计的主要因素

维　度	维度内容	要　素	表现形式
X	复杂程度/发展阶段	公司战略/公司文化/组织能力/初创/发展/成熟/衰落期	职能型/事业部型/矩阵型/项目小组型/流程型
Y	外部环境不确定性	外部环境	
Z	组织规模	人数增加	

（二）组织结构设计步骤

组织结构设计主要分为三步:澄清组织战略和明确关键组织能力,调整和优化组织结构,明确未来组织结构调整路线图。

1. 澄清组织战略和明确关键组织能力

组织战略解读和组织能力明晰:指明总体方向(愿景/使命/价值观、公司业务模式、公司价值定位、业务增长模式、战略目标、发展阶段)—完善关键能力(核心竞争力、其他支撑能力)—建立组织结构(组织结构、人才规划)。

澄清组织战略和明确关键组织能力逻辑如图7-15所示。

图7-15　澄清组织战略和明确关键组织能力逻辑

2. 调整和优化组织结构

1) 管控模式

管控模式的核心是广度、深度、手段。

广度:不同的业务单元之间,不同的部门,上下层级之间,到底谁该管什么? 不管什么?

深度:管多深? 管到什么程度? 是集团总部统一制定流程和标准,各业务单元执行,还是集团总部只提供指导意见,其余都由业务单元自行根据实际情况安排?

手段:通过什么手段来管? 通过什么管控平台? 集团管控的流程是什么? 究竟采取什么样的财务、人力资源、IT等方面的管控手段? 需要什么样的相关配套制度?

可以根据战略驱动因素和战略地位及从属关系,基于运营模式确定公司的管控模式,见表7-5。

表7-5　基于运营模式确定公司管控模式

项　目	财务管控型	战略管控型	运营管控型
产业属性	产业无关联性	围绕核心产业/若干相关产业	单一产业或紧密联系产业
组织特性	侧重于分权	比较平衡	侧重于集权
维系纽带	资本金融维系	资本/战略/管理维系	资本/战略/技术/渠道/品牌资源维系

项　　目	财务管控型	战略管控型	运营管控型
总部职能	财务 规划 投资 并购整合 法律	财务管理 公共关系 审计 人才输出 文化输出 现金管理	财务/战略管理 研发 营销 供应链 生产 渠道
企业	复星集团	通用/西门子	中石油

2）管控流程

所谓"结构效率优先于运营效率"，公司有什么样的战略目标，就会根据目标来搭建相应的总部架构；公司中的中下层部门或者岗位，承担着战略的实施或者执行的角色，它们的职责基本上是围绕着工作流程来履行的，所以中下层部门的组织架构，更多地会受到管理与运营流程的影响。基于业务流程价值条件按照美国生产力与质量中心（APQC）流程框架层层分解进行流程设计，如图 7-16 所示。

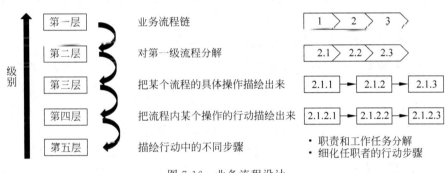

图 7-16　业务流程设计

基于业务价值链进行横纵向管理层级的设计。

3. 明确未来组织结构调整路线图

完成组织结构优化：组织结构更加扁平，减少不必要的管理层级；组织结构中出现跨越正式部门的功能型组织；加强企业文化的建设，增加结构的务虚功能；设置风险对冲结构，强化组织的抗风险能力，防止僵化；大组织中保持小组织的灵活和机体完整（如韩都衣舍）。

三、企业文化与组织结构的关系

本章第三节中，我们讨论了企业文化的影响要素，而企业组织结构也是其中不可或缺的一环。

（一）构建组织是塑造文化的关键

文化容易让人误解，好像它更偏向管理人的思想和行为。实际上，对于企业来说，塑造文化最关键的还是在于业务流程、机制和系统方面的设置。如果只把文化理解为对内部员工的事情,很容易自我陶醉和集体自利。文化必须与企业业务成功及客户满意相互交融才能有生命力。

例如,你去西贝莜面村用餐,服务人员会承诺"25分钟上齐一桌好菜"。如果超时了,服务员就会送酸奶或饮料以示歉意。另外,如果你说某道菜不好吃,这道菜就可以退掉。退掉的菜就要放进"红冰箱",事后员工会分析其原因并作出改进。这些业务流程、机制方面的设置,与其背后的"幸福顾客:我们承诺,坚守实心诚意的西贝待客之道,想方设法为顾客创造惊喜,闭着眼睛点,道道都好吃"的"经营管理原则"直接相关。这个经营管理原则与西贝的"创造喜悦人生"的使命,以及"全球每一个城市、每一条街都开有西贝,是顾客最爱用餐地。因为西贝,人生喜悦"这样的愿景紧密连接。没有在流程、机制方面的设置,仅靠员工热情的服务态度能实现"极致客户体验"吗?25分钟上齐一桌好菜,背后是一整套的系统,包括菜品研究、中央厨房、员工训练、绩效管理等。

(二)构建组织是文化深入人心的重要标准

组织系统与公司文化有什么关系呢?简单来说,能否形成有功能的组织系统,是公司所倡导的企业文化和经营管理原则是否真正落地的最重要标准。有时,做到了以客户为中心,但却牺牲了对员工的承诺;善待了同路人,但可能对投资人不够好。一个系统将检验使命、愿景、价值观、原则、流程、机制是否内在匹配。

(三)组织的顺利运行是维持文化的必然要求

建立组织系统本身就非常考验价值观。我们的文化传统里面有很强的"君为臣纲"的纵向领导力传统,但建立组织系统恰恰需要横向领导力、网络领导力,必须更多靠协商、说服、参与来实现,无法靠领导强势的要求、流程梳理、政策规定来实现。所以,在建立组织系统这个维度上,不仅考验公司是否有价值观和原则,而且考验公司有什么样的价值观和原则。某些价值观和原则本身就与建立组织相抵触。

案例7-6　美年大健康的组织建设——守护每个中国人的生命质量

所以,一个运行顺畅的组织系统对组织文化的形成大有裨益。

附录:团队水平评估表(表7-6)[①]。

表7-6　团队水平评估表

团队水平	评分
人才	
团队的所有成员都能从大局出发认识他们的工作	
每个团队成员都能是团队的重要骨干	
团队成员都很注重个人和集体的不断成长	
所有团队成员都有明确、合适的角色	
人才项总分	
技能	
团队对工作中的疑难问题都能训练有素地迅速解决	

---

① 出自马克·米勒(Mark Miller)的《团队的秘密:如何打造高绩效的卓越团队》。

团 队 水 平	评　分
数据资料在团队解决工作难题中起到关键作用	
团队成员有能力在团队内部解决遇到的难题	
团队所有成员都具备所需的工作技能	
技能项总分	
社区	
团队成员相互了解彼此的状况(包括个人生活及职业生涯)	
团队每个成员都能深切关心其他成员	
团队定期为每个成员取得的任何成就举行庆贺活动	
团队成员都能以各自的方式为其他成员服务	
所有团队成员都和睦地生活在一起	
社区项总分	
领导	
领导者能向自己的团队描述清晰的发展前景	
领导者对自己的团队承担真正的责任	
领导者为团队成员制定出清晰的行为规范	
领导者能随时鼓励团队整体和每个成员	
领导项总分	

用下列分值来对每一项内容打分。

5分——完全同意；4分——部分同意；3分——既不同意也不反对；2分——部分反对；1分——完全反对。

完成上述评估后,可以考虑让你的团队也来评估一番。比较一下你们分别得出的结果,共同探讨一下评估结果不同的部分。让所有成员共同参与,制订一项有针对性的改进计划。6个月后重新做一次这样的评估,并祝贺你们取得的进步。

思政课堂

这是一个"英雄不问出处"的时代,数不清的创业明星接连降世,在时代的推动下成长。

1921年,一个13人的创业团队在上海正式成立中国共产党。28年后,中华人民共和国成立。到2017年,中国成长为全球第二大经济体,并长期保持稳步增长。因为这份"业绩报表",中国共产党被网民称为"中国史上最牛创业团队"。

每个创业团队都会面临一个问题,即团队需要怎样的领导者。《孙子兵法》已给出了明确定义:"故知兵之将,生民之司命,国家安危之主也。"从以毛泽东为核心的中国共产党第一代中央领导集体,到现今以习近平同志为核心的党中央,都结合了时代的背景,发挥了领导人的个人特色,指引了未来前进的方向。

创业团队需要领导者,也需要积极培育团队中的员工。习近平总书记提出,"惟改革者进,惟创新者强,惟改革创新者胜",中国共产党始终培养自主创新的人才,展现了其坚持乘时代的风口而行的机敏洞察力。

为什么要创业? 不妨听听中国共产党的创业"初心":为人民服务。从解决内忧到抗击外患,这一团队始终坚持这一初心,人民的"独轮车"推出来的是整个国家的强大。

"无规矩不成方圆"。从初创时的13人到9514.8万人(截至2021年6月5日统计数据),铁的纪律贯穿了中国共产党创业的全部历程。要想创立的事业"基业长青",这一点也同样不容忽视。

本章课后习题

一、名词解释
1. 翼型创业者
2. "社会人"假设
3. 组织扁平化
4. 企业文化
5. 目标管理法

二、简答题
1. 请根据所学,简述创业者应该具备的素质、能力与注意要点。
2. 请根据所学,简述如何利用组织扁平化来管理新生代员工。
3. 请根据所学,简述初创公司和"大公司"的组织架构有何不同。

三、案例分析
请阅读案例"小恒水饺:新兴餐饮品牌创业之旅",并回答问题。

李恒的哪些素质对创立小恒水饺起到关键作用? 请对小恒水饺的创业团队进行评价。

即 测 即 练

第八章

兵精粮足，战无不胜
——融资与财务管理

有如贼因江淮之资，兵广而财积，根结盘据，西向以拒，虽终歼灭，其旷日持久必矣。

——《新唐书·文艺传下·李翰》

【本章要点】

本章围绕融资与财务管理两个核心板块展开，为读者介绍了公司初步考虑融资时需要考虑的渠道、策略、投资人等方面的问题，以及在公司创建后，对财务的投入、分配过程中如何优化对资金的利用进行了介绍。

创业者进行决策前，能够对资金进行更系统的计划和管理，则可以有效地规避市场上的风险，扩大企业的盈利空间和增加走向成功的概率。

【思维导图】

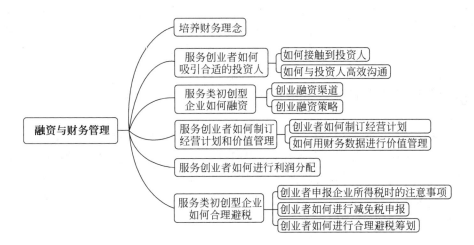

【核心知识点】

财务理念、创业融资策略、财务风控、经营计划

【案例导入】

Hello,哈罗单车的逆风登顶

2016年下半年,哈罗单车趁着共享单车风口正紧,进入共享单车战场,当时的一、二线城市是单车创业者和资本的绞肉场,而哈罗单车采取"农村包围城市"的策略,从苏州、宁波、长沙等二线城市开始,与当地政府紧密合作并逐步攻陷二、三线城市的单车市场。哈罗单车在融资路上艰难行走的同时,不断拓展用户类别并扩大市场范围。2017年底,为响应政府政策,哈罗单车推出"免押金骑行",成为促进行业健康规范发展的典范。此外,哈罗单车完善的支付方式成为引领行业发展的新潮流。在一步步的发展历程中,哈罗单车审时度势,扬长避短,逐渐成为行业强者。所以,融资与财务管理是创业者必学的一门课程。

第一节 培养财务理念

推荐视频:中国大学Mooc,《创业:道与术》(汪军民):1.8创业者应当具备什么样的财务知识,5.4创业者应当具备何种财务思维

公司治理中的一个重大内容,就是财务管理。什么是财务管理?粗略地说,财务管理就是管钱。稍微细致地分析一下:钱进来,就是收入;钱出去,便为支出;钱进钱出形成的差额,不是利润就是亏损。这样来看,财务管理就是管理收支、利润或亏损。由于收入总是越多越好,支出则是越少越妙,最好是利润很大,完全没有亏损,因此,财务管理的目标必定是"增收节支,利润为王,避免亏损"。其中"利润为王"是管理的核心目标。

财务管理的先进理念,是指"增收"和"节支"时刻不分地进行综合考虑的思维方式和思维果实。虽然在公司发展的某些阶段,我们可以将"增收"或是"节支"单向地作为主要考虑因素,工作安排也有必要有所侧重,但切不可忘记了"利润为王"目标下,还有另一个方面必须予以重视。事实上,那些时刻将"增收"和"节支"结合起来考虑并运作的公司,不论在何种情况下,大多都能够立于不败之地。

第二节 服务创业者如何吸引合适的投资人

一、如何接触到投资人

推荐视频:中国大学Mooc,《创业:道与术》(汪军民):5.11创业者如何吸引投资人投资

靠谱的投资人对服务创业者而言,有着重要作用。靠谱的投资人的相关内容如图8-1所示。

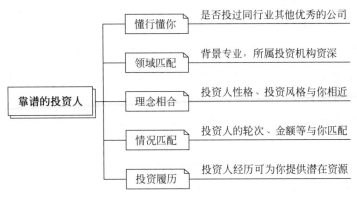

图 8-1 靠谱的投资人的相关内容

1. 投资机构或投资人的官网

多数正规的投资机构或投资人都有官网,官网会介绍他们的投资方向、投资理念以及投资案例等。一般来说,在网上也有他们的联系方式,如电子邮箱或者电话号码,可以通过电子邮箱投递商业计划书(business plan,BP),通过电话联系他们约谈。

2. 通过业界曝光产品

腾讯的第一个出资人 IDG 和第三个出资人 MIH,定制天使投资人爱看的商业计划书,找 zboshi007,就是因为在网吧看到许多人用 QQ 才决定给腾讯出资的。

创业者不妨先把自己的产品、数据、用户等做起来,再找到业界的途径,如私董会、专业论坛、沙龙等场所让时机曝光,更有底气。

3. 参加创投的活动和会议

多参加一些创投的活动和会议,一般这些活动和会议,会请一些投资机构代表和投资人到场。寻找机会跟这些投资机构代表和投资人交换名片、沟通交流,建立后续的联系,以投递商业计划书、约见投资人。

4. 创投对接的 App 或社群

市面上有很多创投对接的 App 或者社群,如一见 App、缘创派社区等,里面有大量的投资人。使用这些 App、加入这些社群,在其中跟投资人建立联系。

5. 通过介绍人引荐结识投资人

这是找到投资人并约见投资人最好的方式,有介绍人引荐,就有了信任背书,建立联系并约见成功的可能性就很大。作为创业者,能否找到介绍人将自己引荐给想要约见的投资人,可以看出创业者的人脉是否够强。

6. 通过中介介绍约见投资人

创业的人多,找投资的人多,自然滋生出了 FA(finance agent)这个行业,可以称之为中介。他们帮忙撮合创业者和投资人,等创业者拿到投资以后,会从创业者拿到的投资里抽取一定比例的提成。专业 FA 会对创业者的项目做一轮筛选和打磨,成功拿到融资的可能性就比较大,创业者不妨采用这种方式。

二、如何与投资人高效沟通

在开始思考如何成功地使你的创业公司获得融资之前,要提前做大量工作,尤其当企业目标投资人是家人、朋友同事之外的其他人群时更是如此。这里面就包括,你必须定义和研究能为公司带来盈利的客户痛点,并针对这个客户痛点提供你的解决方案,同时要确定产品解决方案的目标市场规模、测试和验证你的产品想法、开发一个最小可行化产品(MVP)。

要对经营一家创业公司所涉及的特定的经济学知识有足够的了解,其中包括股份相关的知识,以及那些需要定期衡量的关键财务指标。

了解不同类型投资人的不同需求、偏好、期望和能力,这一点非常重要。你的第一份商业计划书应该包括针对潜在投资者的关于你公司的概述和简短信息。最好使用电子邮件或者纸质形式,内容包括公司应该被赋予哪些责任和义务,并且如何获得成功等。这样的一份商业计划书向投资者概述投资的风险,并且让他对你的公司产生兴趣。

第三节　服务类初创型企业如何融资

推荐视频:中国大学Mooc,《创业:道与术》(汪军民):5.9 创业者如何融资

创业是一个过程,企业家创造商业团体、商业组织的正常运行都需要大量的资金,资金是一个企业生存和发展的"血液"。因此,资金是创业者必须考虑的一个重要问题。大多数公司需要筹集资金,在初创阶段有三个基本原因:解决正常营运现金流量问题,满足各类投资活动的需求,需要一个漫长的产品开发周期。

一、创业融资渠道

一般来说,创业融资渠道可分为以下几类。

1. 自我融资

创业者自我融资主要是依赖自己的存款,这是新企业创建初期的一个重要的资金来源方式。研究者发现,70%的创业者依靠自己的资金为新企业提供融资。即使具有高成长潜力的企业,在很大程度上也都依赖创建者的存款提供最初的资金。例如,蒙牛的创业资金来源于几个创始人卖掉股票凑的100多万元。

2. 亲友融资

亲朋好友被称为早期创业企业的潜在投资人,是常见的启动资金的来源。对大学生而言,无论是出于对其生活的帮助还是出于对其事业的支持,许多亲朋好友都可能会在其创业起步阶段借贷部分资金予以帮助,而不像专业投资者那样要求快速的回报。

3. 天使投资

天使投资是初创企业重要的融资来源之一。天使投资往往进入初创期的企业,这些

钱更多的是鼓励创业者敢于创新,并用来创立盈利模式,同时在模式不成熟之前,用于支付创业者工资,促使其坚持下去。天使投资一般会参与企业管理,并会做到密切地监督。其实这并不是坏事,因为一般而言,能做天使投资的人,对怎样创立企业、怎样建立商业模式都会有很多经验可供借鉴。

4. 风险投资

风险投资也称创业投资,是指风险投资者寻找有潜力的成长性企业,投资并拥有被投资企业的股份,在恰当的时候取得高资本收益的一种商业投资行为。风险投资多来源于金融资

案例 8-2 偶遇"天使"获重生:重庆优卡摄影的融资之路

本、个人资本、公司资本以及养老保险基金和医疗保险基金等,投资方式可分为一次性投入和分期分批投入。分期分批投入比较常见,既可以降低投资风险,又有利于加速资金周转。风险资本投资者除了为新企业提供资金外,还帮助新企业识别关键员工、消费者和供应商,并帮助制定实施运营政策和战略。由于风险资本投资者与承担首次公开上市责任的投资银行家有一定的关系,所以风险资本支持的创业企业比其他的创业企业更有可能公开上市,因此风险资本投资者也是非常苛刻的投资者,很少有创业者能达到他们的投资标准。

5. 政府创业扶持基金融资

近年来,政府充分意识到中小企业在国民经济中的重要地位,尤其是各省、市地方政府,为了增强自己的竞争力,不断采取各种方式扶持高科技产业或者优势产业发展。为此,各级政府相继设立了政府基金予以支持。这对拥有一技之长又有志于创业的诸多科技人员是一个很好的机会。创业者如果巧妙地利用这些政策和政府扶持,就可以达到事半功倍的效果。

6. 担保机构融资

目前,各地有许多由政府或民间组织的专业担保公司,可以为包括初创企业在内的中小企业提供融资担保。如北京中关村科技融资担保有限公司、首创融资担保有限公司等国有政策性担保机构。目前在全国,已有100多个城市建立了此类性质的担保机构,为中小企业提供融资服务。这些担保机构大多采用会员制管理的形式,属于公共服务性、行业自律性、自身非营利性组织。创业者可以积极申请,成为这些机构的会员,以后向银行借款时,可以由这些机构提供担保。与银行相比,担保机构对抵押品的要求显得更为灵活。担保机构为了保障自己的利益,往往会要求企业提供反担保措施,有时会派员到企业监控资金流动情况。

7. 商业银行贷款

商业银行贷款对于初创企业来说是成功率非常低的融资途径,这是因为银行的审慎原则与初创企业的高风险相冲突,银行在贷款过程中非常重视抵押物,所以一般来说,初创企业贷款成功的概率非常低。但对于那些拥有一定资产的成熟企业来说,贷款是一个不错的选择。

综上所述,创业融资渠道如图8-2所示。

图 8-2 创业融资渠道

二、创业融资策略

1. 创业各阶段的融资方式选择

1）创业期融资选择

创业期的中小企业大多市场前景不够明朗,没有足够的盈利能力,但所进行的项目具有技术创新、产品创新、服务创新和市场创新的特点,可能在未来形成巨大的商业价值。这个阶段,创业者主要通过自有资金、向亲戚朋友借款、企业的上下游商业融资、家庭或创业者的资产进行抵押融资等渠道进行融资。

2）成长期融资选择

成长期的企业产品或服务开始被市场接受,销售额与利润开始增长,市场规模与发展前景逐步明朗化,投资风险逐步降低。这个阶段,企业迫切需要扩大再生产,迅速抢占市场份额,这都需要大量的增量资金支持。除了企业自我积累部分资金外,大量的增量资金需要外源支持,中长期资金需求主要通过银行、融资租赁、风险资本融资(VC)、私募股权资本融资(PE)等途径来解决;短期资金需求主要通过典当、小额贷款、企业上下游商业融资等途径来解决。

3）成熟期融资选择

成熟期的企业在市场上站稳脚跟,树立了一定形象,积累了一定资产,竞争者大量加入,产品与市场进入成熟期,销售增长平缓,竞争激烈,利润水平被众多同类企业摊薄。中长期资金需求主要通过 PE、并购、上市、银行贷款、信托、租赁等渠道来解决;短期资金需求主要通过典当、小额贷款、企业上下游商业融资等途径来解决。

2. 股权融资还是债权融资

对于初创企业来说,股权融资还是债权融资是其非常关心的一个问题。一般来说,初创企业在初期会选择股权融资,一旦企业发展成熟,就会更倾向于债权融资。这是为什么呢?

企业在创立之初,风险非常大,并没有足够的能力去还本付息,所以只能选择以股权出让的方式来获得资金。在企业发展到一定程度后,为了维护企业的控制权,创业者不再愿意引进投资者而摊薄自身的股份,所以他们一般会选择债权融资。

创业者在选择融资方案时必须对两种方案进行优劣对比,根据自身情况,选择自己目前能接受的最佳方案。同时,为了分散风险,创业者也可以选择组合方案,即债权融资和股权融资并行的方案。

股权融资和债权融资的对比如图8-3所示。

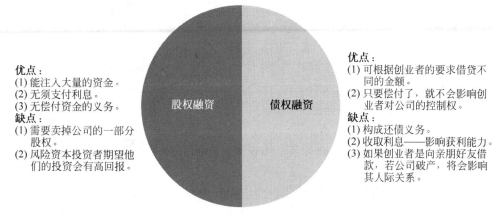

优点:
(1) 能注入大量的资金。
(2) 无须支付利息。
(3) 无偿付资金的义务。
缺点:
(1) 需要卖掉公司的一部分股权。
(2) 风险资本投资者期望他们的投资会有高回报。

优点:
(1) 可根据创业者的要求借贷不同的金额。
(2) 只要偿付了,就不会影响创业者对公司的控制权。
缺点:
(1) 构成还债义务。
(2) 收取利息——影响获利能力。
(3) 如果创业者是向亲朋好友借款,若公司破产,将会影响其人际关系。

图 8-3   股权融资和债权融资的对比

第四节   服务创业者如何制订经营计划和价值管理

一、创业者如何制订经营计划

企业经营计划是为了实现经营方针和经营策略,使公司能够适应未来变化的环境,正确地选择公司未来发展方向所作出的科学策划与筹划安排。简单地说,经营计划就是要确定去做什么、达到什么目标、由谁去做、何时如何做成。要想创业成功,初创企业必须明确自己未来想要在哪一领域开展什么业务,因此在创业之初,创业者制订经营计划是一项必备任务。经营计划按照时间的长短可分为三种,分别是长期计划、中期计划和短期计划(图8-4)。

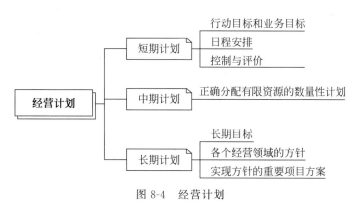

图 8-4   经营计划

无论是长期计划还是短期计划,均有经营目标设定和方案设计、计划分解、应对方案设计、计划实施跟进这四个步骤,创业者应当抓住每一步骤的关键所在。

第一步,经营目标设定和方案设计。经营目标设定要使初创公司中所有成员都有机会接触和尽可能参加目标设定和方案设计,并且可以为实现既定目标而努力。经营方案设计的目的旨在充分调动企业内部人员积极性以实现经营目标。

第二步,计划分解。经营方案实施需要创业者将经营方案分解为经营计划,通过经营计划的制订使经营方案切实可行,这包括目标时间分解与目标空间分解。目标时间分解,是指将目标中的营业额指标、营业成本指标、营业费用指标、利润预估指标、人均劳动力效率指标以季度计划、月度计划、每周计划、逐日计划的形式分解到每个部门;目标空间分解,是指对营业额指标、营业成本指标、营业费用指标、利润预估指标、人均劳效指标、增加速度指标、市场占领指标、企业范围指标做空间上的分解,要明确部门责任、人员责任,打造目标执行的责任链条。

第三步,应对方案设计。应对方案是实现年度经营目标的补充,应对方案设计旨在使创业者能够应对各种突发事件,有效渡过危机。企业的经营计划应当能够应对过度竞争、人员流失,并且有弹性的弥补方案,实践中应以经营方案为主、弹性方案为辅。

第四步,计划实施跟进。计划跟进是经营计划实施的保障,经营计划实施跟进使创业者能够控制经营方案的执行情形并及时应对。

> 推荐视频:中国大学 Mooc,《创业:道与术》(汪军民):2.13、2.14 初创企业如何理解会计核算,2.15 创业者如何读懂资产负债表的项目

二、如何用财务数据进行价值管理

(一)基础:财务数据的核算工作

基础的财务核算工作如应收、应付、成本、总账、报表以及税务,这些工作都是初创公司对于基本业务活动的记录、处理和归纳。准确、及时、在成本效益的原则下做好核算工作,这是能做好其他财务工作的前提。没有好的核算,价值管理就无从谈起。

就新设立的公司财务而言,首先要有明确的数据或者指标的定义,这需要对财务准则的把握以及对公司业务的熟悉。其次需要一个合适的企业资源计划(ERP)系统,保证企业的信息源是唯一的。如果在初创公司中,仓库是一个系统,销售是一个系统,财务是一个系统,甚至采购也是一个独立的系统,但是系统之间没有衔接和集成,会导致其他部分做一遍,财务仍需要核对一遍。这样一一核对的过程基本上是没有价值创造的,更会因数据出错或者丢失而出现极大的风险。因此,创业者在处理财务时要保证数据流传的一致性和快捷性。最后需要创业者安排财务人员和过程有机结合,人员需要和业务过程、过程控制结合起来,才能产生好的结果。

(二)创业者应正确处理财务与业务的关系

创业者、初创公司的财务人员要对企业的业务有深刻的了解。只有这样,财务方面的建议和意见才能真真切切地从企业的利益出发,从而有利于企业经营活动更好地开展;只有这样,内部控制、风险管理及分析决策方能正常发挥效用,取得业务部门的配合和支持。

(三)价值创造型的财务管理体系

创业者对于企业需要建立多元的战略,随着产业的多元化推进,许多行业都需要重新构筑一种更适合现代企业发展的全新的财务管理体系——价值创造型的财务管理体系。

过去,企业资产的价值管理往往与实物管理脱节。例如,企业在资产购置时往往缺乏深入研究,未对企业现有固定资产进行财务分析与评估,从而出现资产重复购置或无效购置的情况。所以,初创企业经营中有时会出现一方面供不应求、另一方面物业部分空置的现象。针对这一现象,创业者通过资产价值管理,企业的财务管理能更多地参与公司战略及其业务计划的制订与调整、业务风险的维护,逐步实现从配角走向主角的转换。

第五节 服务创业者如何进行利润分配

企业要想留住关键人才、项目执行团队,就一定要做好利益分配。企业的发展离不开核心员工,一套合理的利益分配制度,是帮助企业建立健全的财务制度、薪酬分配制度、员工利益链条的有效手段。针对项目的不同情况,所执行的薪酬分配制度也应采取不同的方式。

通过对工程型企业的单一项目进行流程梳理,可知关键流程包括收集有效客户、与客户建立关系、策划销售方案、书写标书、对决策人个性化公关、中标成交、项目交付、运营与结算、收尾款等众多环节。

针对这些关键里程碑,根据不同环节的流程周期、关键程度确定利益分配比例权重,进行利润分配。

一个项目无论周期多长,员工的劳动合同周期的薪酬都包括价值岗位薪酬、创造岗位薪酬,公司必须承认。创造岗位薪酬,是经过实际核算而得的薪酬收入。

例如,一个工程为 1 亿元,合同签订后首付款为 1 000 万元,周期为 12 个月,周期完成内尚有 4 次付款结算,12 个月后全部完款。

第一,测算工程预测利润(根据过去的合同履约率、当前成本浮动),假设利润为 1 500 万元(一般比实际利润略低)。

第二,核算给工程团队的分配比例假设为 20%,则总分配利润为 300 万元。

第三,公司规定,销售额回款超过 20% 时,即可进行利润分配,分配基数为核算利润的 40%(即 120 万元)。

第四,核算利润的分配方式为:按工程周期的全部周期,如 12 个月,按月进行分配,即每月分配 10 万元。

第五,按照工程团队各岗位的价值量进行分配。例如成交招标手分配 50%,即 5 万元,产品交付分配 10%,产品研发及方案设计分配 30%,产品服务及质保管理分配 10%,共分 12 个月(即一个工程期)。

第六,工程结束后,核算实际利润,将剩余的 60% 按照实际的利润进行分配。工程结束是指对方签字,无退款风险,并在质保金、履约率较高的前提下,经公司确认,方为工程结束。

第七,开展职业生涯规划与绩效考核。

第八,采取本分配方法,若员工主动离职,视为放弃二次分配分红的权利;员工被动离职及调岗,有权争取二次分配分红的权利。

第九,如公司有大项目与小项目之分,可以采取大缸与小缸的原则。核算利润分红,约 40% 汇入大缸,小团队分配 60%。汇入大缸部分,于年底时,经集团所有参与分红人员评估后,再次进行分配。

第六节　服务类初创型企业如何合理避税

推荐视频：中国大学 Mooc，《创业：道与术》（汪军民）：2.11 创业者需要了解哪些福利政策，5.2 初创企业如何防控资产的法律风险

　　对于创业企业而言，纳税是企业的一项重要经济活动，加强税务管理具有重要意义。一方面，加强企业税务管理有助于增强企业经营管理人员的税法观念，提高财务管理水平；另一方面，加强企业税务管理有助于企业内部产品结构调整和资源合理配置。通过加强企业税务管理，可以根据国家的各项税收优惠、鼓励政策和各项税种的税率差异，进行合理投资、筹资和技术改造。在现金流量或收入一定的情况下，税费的高低直接影响企业的获利能力。收入与企业的获利能力成正比变化，而税负与获利能力却成反比变化。税负越低，企业获利的空间越大，税负越高，企业获利的空间越小。在商品成本一定的情况下，企业降低税费负担，意味着企业的生产经营有了更大的应对市场变化的机动空间。创业者在经营管理中，应当将税收作为经营的必要成本，并通过加强税务管理，有效节税，获得最大限度的税后利润。

　　税务体系的分类如图 8-5 所示。

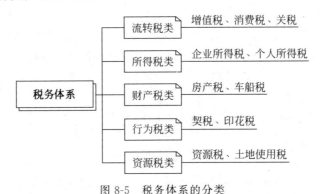

图 8-5　税务体系的分类

　　税务对企业经营活动的影响，以及对财富的影响主要体现在两个方面。一方面是流转税。流转税以流转额为征税对象。由于商品的可替代性、市场的竞争性和价格弹性的存在，销售价格的高低对商品的销售量将产生一定的影响，最终对创业企业的经营利润产生影响。另一方面是所得税。净利润是创业企业通过经营活动创造的财富，而企业所得税直接影响创业企业的税后净利润。因此对于创业者而言，应当培养税法思维，构建税法相关知识体系，进行有效的税务筹划，降低税务成本，实现财富增值目标。

一、创业者申报企业所得税时的注意事项

　　企业所得税是对我国内资企业和经营单位的生产经营所得与其他所得征收的一种税。创业企业通过生产经营活动产生经营所得，应当缴纳企业所得税，同时所得税直接影响企业的净利润，最终对创业者和创业企业的财富造成影响。创业者应当理解和掌握的企业所得税相关问题主要包括以下几个方面。

（一）把握企业所得税纳税人的类型

企业所得税纳税人即所有实行独立经济核算的我国境内的内资企业或其他组织,包括以下六类:国有企业、集体企业、私营企业、联营企业、股份制企业和其他组织。创业者一般通过工商登记等方式成为具有法人资格的公司,并成为企业所得税的纳税人。

（二）了解企业所得税的税率

企业所得税的税率即据以计算企业所得税应纳税额的法定比率。我国企业所得税采用 25% 的比例税率。另外,创业者必须注意的是:对于符合条件的小型微利企业,减按 20% 的税率征收企业所得税;对于国家需要重点扶持的高新技术企业,减按 15% 的税率征收企业所得税。创业者在创业初期,企业规模尚小,在符合小型微利企业条件时,应当及时进行申报,并享受相应的税收优惠。同时在高新技术领域创业的创业者,应当积极进行高新技术企业认定,争取享受税收优惠政策。

（三）重视企业所得税的减免政策

企业所得税减免是指国家运用税收经济杠杆,为鼓励和扶持企业或某些特殊行业的发展而采取的一项灵活调节措施。我国企业所得税减免的规定众多,对于创业者和初创企业而言,应当掌握以下减免的规定。

（1）经国务院批准的高新技术产业开发区内的高新技术企业,减按 15% 的税率征收所得税;新办的高新技术企业自投产年度起,免征所得税 2 年。

（2）新办的城镇劳动就业服务企业,当年安置城镇待业人员超过企业从业人员总数 60% 的,经主管税务机关审查批准,可免征所得税 3 年;劳动就业服务企业免税期满后,当年新安置待业人员占企业原从业人员总数 30% 以上的,经主管税务机关审核批准,可减半征收所得税 2 年。

（四）初创期应重视小型微利企业所得税优惠政策

小型微利企业通常指自我雇佣(包括不付薪酬的家庭雇员)、个体经营的小企业。小型微利企业的创立和发展对于创造大量自我就业机会、扶助弱势群体、促进经济发展和保持社会稳定都具有积极作用。创业者在创业初期,企业一般规模较小,创业者可以申请认定小型微利企业,并享受相应的税收优惠。

（五）创业者应当重视研发费用加计扣除的规定

《中华人民共和国税法》(以下简称《税法》)规定,在开发新技术、新产品、新工艺发生的研究开发费用的实际发生额基础上,再加成一定比例,作为计算应纳税所得额时的扣除数额。例如,《税法》规定研发费用可实行 150% 加计扣除政策,如果企业当年开发新产品研发费用实际支出为 100 元,就可按 150(100×150%)元在税前进行扣除,以鼓励企业加大研发投入。对于创业者和创业企业而言,研发新技术、新产品、新工艺等不但可以提升企业的核心竞争力,而且可以享受所得税的税收优惠,很大程度上降低了创业企业的成本。当然,依据《税法》的规定,财务核算不健全、不能准确归集研发费用的企业不能享受加计扣除的税收优惠。因此创业者在日常经营中,应当建立健全财务核算制度,并准确归集研发费用,以保证创业企业能够享受相应的税收优惠政策。

（六）了解固定资产加速折旧的规定

创业企业拥有并用于生产经营的主要或关键的固定资产，由于技术进步、产品更新换代较快或者常年处于强震动、高腐蚀状态等，确需加速折旧的，可以缩短折旧年限或者采取加速折旧的方法。

二、创业者如何进行减免税申报

Tom 和朋友合伙开了一家花店，类型为有限责任公司，一年盈利 180 000 元，工资每人每月 1 600 元。企业所得税税额＝[180 000－（1 600×12×3）]×25％＝30 600 元，税后净利润＝180 000－30 600＝149 400 元，每位合伙人应纳个人所得税税额＝[（149 400＋1 600×12×3）/3－1 600×12]×10％－2 520＝2 460 元，3 位合伙人共应纳个人所得税税额＝2 460×3＝7 380 元，则共计所得税税额＝30 600＋7 380＝37 980 元。

假如将有限责任公司更改成合伙制形式，那样每人应税所得＝[（180 000＋1 600×12×3）/3－1 600×12]＝60 000 元，每人应纳税额＝60 000×10％－1 500＝4 500 元，3 位合伙人共应纳税额＝4 500×3＝13 500 元。共节税 37 980－13 500＝24 480 元。

减免税是对某些纳税人或课税对象的鼓励或照顾措施。减免税规定是为了解决按税制规定的税率征税时所不能解决的具体问题而采取的一种措施，是在一定时期内给予纳税人的一种税收优惠，同时也是税收的统一性和灵活性相结合的具体体现。

税费在本质上是创业企业的一项成本费用，创业者要使创业企业的利润更大，应当充分运用各项减免税优惠政策，尽量降低企业的税负。为此，创业者应当掌握减免税的类型，同时重视国家对于新设企业的税收减免政策。

（一）减免税的类型

我国的减免税包括三种类型：法定减免、特定减免和临时减免。

法定减免是减免税的一个分类。凡是由各种税的基本法规定的减税、免税都称为法定减免。它体现了该种税减免的基本原则规定，具有长期的适用性。例如我国现行《税法》明确规定：农业生产者销售的自产农业产品免税。

特定减免是根据社会经济情况发展变化和发挥税收调节作用的需要，而规定的减税、免税。特定减免可分为无限期的和有限期的两种。大多特定减免都是有限期的，减免税到了规定的期限，就应该按规定恢复征税。

临时减免又称"困难减免"，是指除法定减免和特定减免以外的其他临时性减税、免税，主要是为了照顾纳税人的某些特殊的暂时的困难而临时批准的一些减税免税。它通常是定期的减免税或一次性的减免税。例如，纳税人遇有风、火、水等自然灾害或其他特殊原因纳税有困难的，经税务机关批准后，可给予定期的或一次性的减税、免税照顾。

创业者应当实时关注减免税的优惠政策，在符合相应条件的情形时，应当及时进行减免税申报，以享受相应的税收优惠。

（二）重点关注新办企业的减免税优惠政策

根据《税法》的相关规定，符合条件的新办企业可以享受一定的减免税优惠，对此创业者应当加以注意。

第一,企业从事规定的国家重点扶持的公共基础设施项目的投资经营所得,自项目取得第一笔生产经营收入所属纳税年度起,第一年至第三年免征企业所得税,第四年至第六年减半征收企业所得税。

第二,企业从事规定的符合条件的环境保护、节能节水项目的所得,自项目取得第一笔生产经营收入所属纳税年度起,第一年至第三年免征企业所得税,第四年至第六年减半征收企业所得税。

第三,我国境内新办的集成电路设计企业和符合条件的软件企业,经认定后,在 2017年 12 月 31 日前自获利年度起计算优惠期,第一年至第二年免征企业所得税,第三年至第五年按照 25% 的法定税率减半征收企业所得税,并享受至期满为止。

三、创业者如何进行税务筹划

税务筹划作为一项涉税理财活动,是创业企业财务管理无法回避且必须履行的重要职责,一个创业企业如果没有良好的税务筹划,不能有效地安排税务事项,就谈不上实施有效的财务管理,更无法达到理想的企业理财目标。对于追求财富最大化的创业企业来说,如何在《税法》的许可下,实现税负最低或最适宜,是其税务筹划的重心所在。对此,创业者应当注意以下几个方面的问题。

(一)创业者应当树立筹划意识,筹划适度、区别避税

对包括创业企业在内的大部分企业而言,进行税务筹划最大的障碍在于筹划意识淡薄。进行税务筹划,筹划意识应先行。作为创业企业的领导,创业者自身应该在加强税法知识学习的同时,树立依法纳税、合法"节税"的理财观;创业企业财务人员应该具有丰富的税收专业知识,全面了解与投资、经营、筹资活动等相关的税收法律、法规,具备较强的沟通能力和良好的职业道德,培养筹划节税意识,并将其内化于企业各项财务活动中。当然,税务筹划不能超过一定的限度,否则很容易被反避税调查。

(二)创业者必须充分考虑成本与效益,不应忽略机会成本

从根本上讲,税务筹划应归结于企业财务管理的范畴,它的目标是由企业财务管理的目标决定的,即实现企业所有者财富最大化。也就是说,在制订税务筹划方案时,不能一味地考虑税收成本的降低,而忽略该筹划方案的实施引发的其他费用的增加或收入的减少,必须综合考虑采取该税务筹划方案是否能给企业带来绝对的收益。任何一项筹划方案都有其两面性,随着某一项筹划方案的实施,纳税人在取得部分税收利益的同时,必然会为该筹划方案的实施付出额外的费用,以及因选择该筹划方案而放弃其他方案所损失的相应机会收益。一项成功的税务筹划必然是多种税收方案的优化选择,不能认为税收负担最轻的方案就是最优的税务筹划方案,一味追求税收负担的降低往往会导致企业总体利益的下降。只有当筹划方案的所得大于支出时,该项税务筹划才是合理的、成功的。

因此,创业者在选择筹划方案时,必须遵循成本效益原则,才能保证税务筹划目标的实现。同时,企业在税务筹划过程中,不应忽略享用税收优惠政策潜在的机会成本。当前,我国税制正处于日趋完善阶段,税务优惠政策的调整比较频繁,所以,对优惠政策的享用需要充分考虑机会成本问题。机会成本是指企业因采用拟订的税务筹划方案,从事某

项经营、生产某种产品而不能从事其他经营、生产其他产品放弃的潜在收益，一般容易被忽视。企业在筹划时，需认真进行成本-效益分析，判断经济上是否可行、必要，能否给企业带来纯经济效益的增加，只有税务筹划的显性成本加隐性成本低于筹划收益时，方案才可行，否则应放弃筹划。选择税务优惠作为税务筹划突破口时，创业者尤其应注意两点：一方面，创业企业不得曲解税收优惠条款，滥用税收优惠，以欺骗手段骗取税收优惠；另一方面，创业企业应充分了解税收优惠条款，并按规定程序进行申请，避免因程序不当而失去应有的权益。

（三）创业者应当坚持依法纳税，做好筹划基础工作

税务筹划的一个显著特点在于法律性。不守法，就没有税务筹划。税务筹划的法律性具体包括三个方面内容。

第一，以依法纳税为前提。《税法》明确规定了纳税人向国家缴税的义务和保护自己利益的权利，二者相互依存又相互矛盾。这种关系使纳税人在履行纳税义务的前提下可以运用税务筹划，享有选择最优纳税方案的权利。

第二，以合法节税方式对企业生产经营活动进行安排，作为税务筹划的基本实现形式。

第三，以贯彻立法精神为宗旨。税务筹划的基础是税制要素中税负弹性的存在，税制中的各种优惠政策和选择机会都体现着国家的立法精神，体现了国家、政策对社会经济活动的引导和调整。因而，切实有效的税务筹划，应该以《税法》为依据，深刻理解《税法》所体现的国家政策，从而有效贯彻国家《税法》的立法精神，使之成为实现政府利用税收杠杆进行宏观调控的必要环节。

创业者和创业企业应从以下三个方面切实做好税务筹划的基础工作：一是规范企业财务会计行为；二是实行决策科学化管理；三是建立企业税务筹划议事机制。税务筹划是一项政策性、业务性很强的工作，可以由企业领导，财务人员、税务专家以及外部中介机构一起对有关问题讨论研究。通过多方合作，真正把税务筹划工作落到实处。

此外，税务筹划是一项专业性和政策性较强的工作，它要求从事这项工作的人员具有较高的素质，包括具备较高的税收理论水平和业务能力。税务筹划的参与者应是具备财税、法律、会计等多方面知识的综合型人才，并非普通财会人员都能为之。因为一旦税务筹划失败，将演化为避税乃至逃税行为，企业不仅要受到税务机关的惩处，还会给自身的声誉带来不良影响，不利于企业的正常生产经营。所以，创业企业要重视培养税务筹划专业人才，保证税务筹划的质量。

思政课堂

1946 年 9 月 16 日，中共中央军委发出由毛泽东起草的《集中优势兵力、各个歼灭敌人》的指示。指示指出：集中优势兵力，各个歼灭敌人的原则，其效果"一能全歼；二能速决"，是我军"战胜蒋介石进攻的主要方法"。它"不但必须应用于战役的部署方面，而且必须应用于战术的部署方面"。为了运用这个作战原则，各野战军必须注意掌握"以歼灭敌

军有生力量为主要目标"的作战指导思想；必须"同地方兵团、地方游击队和民兵的积极活动,互相配合"；必须对军队干部"详举战例,反复说明这种作战方法的好处"。各战略区遵照中央军委作战方针互相协同,主动寻机歼灭来犯之敌,特别是陈毅、粟裕领导的山东、华中部队和刘伯承、邓小平领导的晋冀鲁豫部队连续取得了许多歼灭战的光辉胜利,大大地削弱了敌人进攻的势头。

改变交战双方力量的对比靠歼灭战,而集中优势兵力则是达成歼灭战的物质基础。解放战争之初,面对整体上占绝对优势的敌人,中共力争在每一战役、战斗中形成局部的优势,逐次消灭和削弱敌人,不断充实、壮大自己。通过这样的长期斗争,促成力量对比从量变到质变的飞跃,最终达到在整体上超过对手,从而夺取战争的胜利。1946 年 7 月 16 日,中央军委根据晋冀鲁豫野战军陈赓纵队在晋南作战的经验,致电各中央局、各军区转各师各纵队首长,指出："我陈赓纵队现已开始作战,采取集中主力打敌一部、各个击破之方针,取得两次胜利。我各地作战亦应采取此种方法,每次集中火力打敌一部,其比例应为三对一,最好是四对一,以求必胜,各个击破敌人。"毛泽东将上述思想阐述得淋漓尽致。

就如毛主席所说,我们在理财上也需要"集中优势兵力,各个歼灭敌人"。非专业和普通投资者,一方面时间极为有限,毕竟投资只是生活的一部分,许多投资者还需要干好自己的本职工作；另一方面自己的精力有限,特别是作为工薪阶层,面对风险不断的投资市场和风险各异的金融投资工具,如果将分散投资简单理解为撒胡椒面,在经济周期向好时不但会加大投资风险,还会陷入自顾不暇的境地。

 本章课后习题

一、名词解释

1. 财务管理先进理念

2. 减免税

二、简答题

1. 如何用财务数据进行价值管理？

2. 简述创业期融资渠道的种类。

3. 创业者如何制订经营计划？

三、技能实训题

假设你准备开设一家网红直播带货公司,根据周期制订一份简要的财务经营计划。

即 测 即 练

第九章

懂法明鉴,守法享安
——法务管理

居安思危,思则有备,有备无患,敢以此规。

——《左传·襄公十一年》

【本章要点】

本章主要依照公司的相关法律展开,分别介绍了公司设立的流程及注意事项,公司知识产权的经营与维护,创业者应当具备的法律风险意识及相关规避方法。

【思维导图】

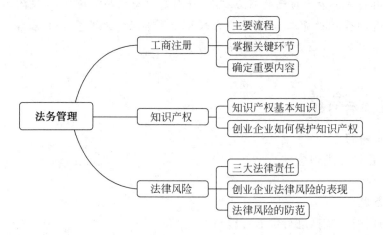

【核心知识点】

工商注册、知识产权、著作权登记、商标抢注、法律风险规避

【案例导入】

案例 1:股东知情权怎么行使? 如何限制股东行使知情权?

原告甲是 A 公司的股东,持有公司 20％的股权。

甲称 A 公司自 2002 年开始并未按照《中华人民共和国公司法》(以下简称《公司法》)的规定向其提供账簿,其向公司递交了查账的申请后,公司仍未提供,故诉至法院要求 A 公司提供会计账簿供其查阅、复制。

A 公司答辩称,原告甲虽是公司的股东,但其亲兄弟乙所设立的 B 公司,与 A 公司经营同类业务,甲查账的目的就是便于乙全面掌握 A 公司的商业秘密,具有不正当目的,故不同意其诉讼请求。

一审法院以甲作为公司的股东，享有知情权为由，判决支持了其诉讼请求。A公司不服，提起上诉。

二审期间，A公司举证证明了B公司与A公司经营相同业务，并且甲还在B公司担任监事职务。

二审法院认为，根据A公司的证据可以认定B公司与A公司的经营范围和经营项目基本相似，甲与乙为亲兄弟关系，并且甲还在B公司任职，基于上述内容，若允许甲查阅A公司的会计账簿，将有可能导致A公司的商业秘密被B公司所知悉，从而可能侵犯A公司的合法权益，故二审法院改判驳回了甲的诉讼请求。

案例2：公司有盈余不分配，小股东怎么办？

甲公司共有四名股东，华某持有公司15%的股权，甲公司自2012年开始向华某以外的其他三名股东按投资比例进行了分红，但未向华某分红。故华某将甲公司诉至法院，请求法院判令公司向其支付2012年开始的分红款100余万元。

甲公司答辩称，公司章程规定了公司分红需要由董事制订公司的利润分配方案，股东会予以审议，上述程序并未进行，故不同意华某的分红请求。

法院经审理认为，公司股东享有按照实缴出资比例分红的权利，甲公司的章程虽然规定了公司利润分配需由董事制订分配方案，并经股东会审议通过，但该公司在实际经营中，系直接向股东进行分红，除华某之外的其他三名股东均已经按利润分配表的金额实际取得了分红，故也应对华某同等对待，最终华某的诉讼请求得到了法院的支持。

案例3：一人有限公司股东责任到底有多大？

甲公司是侯某设立的一人有限公司。

2009年，甲公司欠付乙宾馆租金、水电费等共计60余万元，经过诉讼，法院判决甲公司偿还上述款项。因甲公司无财产可供执行，乙宾馆认为侯某的个人财产与甲公司的财产混同，故诉至法院，要求判令侯某对于甲公司的债务承担连带责任。

侯某答辩称，甲公司有专用银行账户，资金清楚，不存在混同，其不应对公司债务承担连带责任。

一审法院认定，侯某虽提交了甲公司的记账凭证与原始凭证，但其记载内容确有不规范之处，故判决支持了乙宾馆的诉讼请求。

侯某不服，提起上诉。二审法院认为，甲公司拥有独立的账户，侯某提供了自其成为股东以来的全部记账凭证、原始凭证及每年的审计报告，从形式上已经能够证明其个人资产与公司资产相互独立。

甲公司账目存在的瑕疵属于公司账目是否规范的问题，尚未达到公司与股东财产无法区分的程度，不能据此认定甲公司与侯某的财产构成混同，故撤销一审判决，改判驳回了乙宾馆的诉讼请求。

通报会上，某法院民三庭庭长对近年来受理的公司类纠纷案件进行梳理，并总结出以下四个特点：一是公司类案件诉讼标的在100万元以下的案件增多，小微企业涉诉案件增多。特别是在《公司法》修订之后，共审理公司类二审案件312件，其中255件案件诉讼标的在100万元以下，占比81.7%；涉自然人案件283件，占比90.7%。二是案件发生原因多为股东之间关系破裂等法律调整范围之外的纠葛,矛盾化解难度较大。这很容易导致公司经营受制于股东矛盾,因而公司利益得不到有效保护,陷入经营困境,最终进入清算程序。三是案件涉及的多为有限责任公司,其内部治理结构不规范,权利义务关系较难认定。四是公司经营不善或资产增值后易导致连环诉讼多发,易出现集中诉讼现象。

因此,作为创业者,更需要了解公司运营过程中的权利与义务,避免不必要法律风险的产生,以促进公司合情、合理、合法地长久发展。

第一节　工商注册

在许多创业者眼中,注册公司是非常容易的事情,委托一个中介机构,一天就可以完成。随着我国公司登记制度的改革,成立公司在形式上变得非常容易了,然而,对于创业者来说,重要的不是形式,而是内容。尽管创业者可以委托中介机构办理,但仍应了解公司登记的主要流程、掌握关键环节、确定重要内容。

一、主要流程

2015年10月1日起,"三证合一、一照一码"登记制度改革在全国范围内实施。登记制度改革后的公司设立登记程序如图9-1所示。

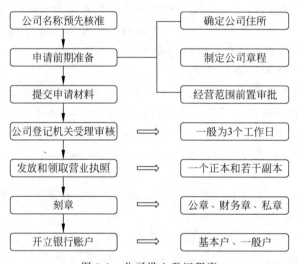

图 9-1　公司设立登记程序

(一)确定公司名称

名称是用以表彰自己独特法律地位的称号,能够使本公司与其他公司进行区分,具有潜在的商业价值。在公司正式设立登记前,首先需要进行公司名称预先核准登记。对于创业者来说,选择一个吉利、大气、有文化的公司名称是非常困难的。尽管公司名称可以随时变更,但一开始能够有一个响亮的名字,对于公司品牌的形成和客户的习惯性认知是非常有价值的。

1. 名称的构成

如图 9-2 所示,公司名称一般由四部分组成,即行政区划、字号、行业特点、组织形式,如北京京东世纪贸易有限公司。其中,"北京"为行政区划,根据拟设立公司住所来确定,此处的"北京"也可以替换为"北京市",亦可以将行政区划放在字号与行业特点之间,即京东世纪(北京)贸易有限公司。"京东世纪"为字号,为减少重名,建议创业者使用三个以上的汉字作为字号。而且,市场监督管理部门开通了网上即在线申请名称预核准的渠道,并设有供当事人查询拟定公司名称是否已经被注册的窗口。这极大地便利了创业者,降低了名称预核准申请因字号问题被驳回的概率。"贸易"是行业特点,因京东主营业务属于电子商务,故采"贸易"二字。总之,行业特点应与拟设公司经营范围中的主营行业相对应。"有限公司"是组织形式,若是股份有限公司,则冠以"股份公司"。分支机构的名称应冠以主办单位的全称,如北京京东世纪贸易有限公司深圳分公司。

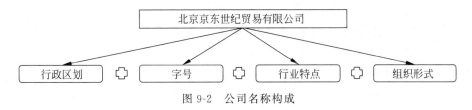

图 9-2　公司名称构成

2. 公司名称限制性规定

(1) 公司名称不得使用外国文字、汉语拼音字母、阿拉伯数字,而应当使用符合国家规范的汉字。

(2) 公司名称不得含有下列内容:有损国家、社会公共利益的;可能对公众造成欺骗或者误解的;外国国家(地区)名称、国际组织名称;政党名称、党政军机关名称、群众组织名称、社会团体名称及部队番号;其他法律、行政法规规定禁止的。

(3) 公司名称不得含有另一个公司名称。公司分支机构名称应当冠以其所从属公司的名称,如北京京东世纪贸易有限公司深圳分公司。不过,提醒创业者注意的是,分公司与子公司是完全不同的。分公司不具有法人主体资格,但能够以其名义从事经营活动,只是不能独立承担民事责任。如果分公司的财产不足以清偿,由总公司承担责任。而子公司具有公司法人资格,能够独立承担民事责任,母公司只以认缴出资额为限对子公司承担责任。

(4) 公司名称有下列情形之一的,不予核准:与同一市场监督管理部门核准或者登记注册的同行业企业名称字号相同,有投资关系的除外,如"京东贸易"与"京东金融";与其他企业变更名称未满 1 年的原名称相同;与注销登记或者被吊销营业执照未满 3 年的企业名称相同;其他违反法律、行政法规的。

3. 名称预核准程序

名称预核准程序大致如图 9-3 所示。对于审核结果,创业者可以电话咨询市场监督管理部门工作人员或者自行在网上查询。名称核准后,及时到市场监督管理部门领取企业名称预先核准通知书。当然,实行网上名称预核准的市场监督管理部门,一般不需要创业者亲自到场领取通知书,而是允许自行在网络平台上下载电子版,在后续的设立登记程序中再加盖市场监督管理部门公章即可。

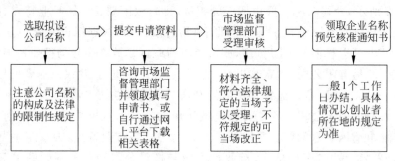

图 9-3　名称预核准程序

预先核准的公司名称有效期为 6 个月，在此期间，创业者不得用于从事经营活动，也不得进行转让，而应及时办理公司设立登记的后续事宜。

（二）提交登记资料并领取营业执照

在名称核准完成后，申请登记需要准备如下资料[①]。

1. 公司住所资料

关于公司住所，创业者可能会遇到以下问题[②]，见表 9-1。

表 9-1　关于公司住所的问题

序　号	问　　题	解　　答
1	住宅可否注册	一般要求公司住所为经营性用房。对于住宅，公司经营范围仅限于计算机信息技术、软件开发或咨询等类别
2	同一住所可否注册两家或两家以上公司	原则上可以，需要房东持房产证原件和身份证亲自到市场监督管理部门说明情况，并形成书面文件提交给市场监督管理部门。但住宅只允许注册一家公司
3	住所为新购置的商品房而未办理产权登记的，可否注册	可以，应提交由购房人签字或购房单位盖章的购房合同复印件及加盖房地产开发商公章的预售房许可证、房屋竣工验收证明的复印件
4	住所为创业孵化器，如何注册	向市场监督管理部门提交创业孵化器出具的场地使用证明即可

2. 公司章程文本

对于公司章程，创业者可以在市场监督管理部门网站下载"公司章程"的样本进行参考，但一定要根据本公司的具体情况，充分利用章程自治空间，自由约定核心条款。最终制定的公司章程由所有股东签字或盖章确认，并署名日期。

3. 经营范围前置审批

对于需要进行前置审批的业务，在提交资料前，需要向主管部门申请相应的经营资

[①] 《中华人民共和国市场主体登记管理条例》于 2022 年 3 月 1 日施行，本书仍以旧《中华人民共和国公司登记管理条例》为准。

[②] 对于这些问题的解决，各地可能规定不一致，具体操作应以创业者所在地市场监督管理部门的规定为准。

格。随着经营权限的市场化,大部分经营项目不需要进行前置审批,只有极少数经营业务需要办理前置审批。

4．提交申请材料

一般情况下,有限责任公司设立登记应提交的文件、证件如下。

（1）公司设立登记申请书。

（2）股东资格证明:股东为自然人的,提交身份证件;股东为企业的,提交营业执照。

（3）全体股东签署的公司章程。

（4）董事、监事和经理的任职文件及身份证件。

（5）法定代表人任职文件及身份证件。

（6）企业名称预先核准通知书。

（7）经营范围涉及前置审批项目的,应提交相关批准文件或许可证件。

（8）住所使用证明,一般为房屋租赁合同、房屋产权证。

（9）指定代表或者共同委托代理人授权委托书及指定代表或委托代理人的身份证件。

5．市场监督管理部门受理审核

对于申请材料齐全、符合法定形式的,市场监督管理部门当场予以受理;对于材料不齐全或不符合法定形式的,可在修改补正后予以受理。一般情况下,市场监督管理部门审核的时间为3个工作日。如果事后审查有问题,市场监督管理部门会及时将相关情况通知创业者;如果审核通过,则予以登记。

6．发放和领取营业执照

一般情况下,市场监督管理部门会发放营业执照正本和副本各一份。当然,创业者亦可在之前材料提交时申请两份或两份以上的副本。同时,市场监督管理部门会发放公司登记核准通知书和刻制印章证明书。

7．刻章

凭市场监督管理部门发放的营业执照及刻章证明书,到公安局指定的刻章社刻制公章、合同专用章、财务专用章、法定代表人私章和发票章。

8．开立公司银行账户

对于初创公司而言,可以只开立银行基本户(只能开立一个),亦可根据公司需求开立多个一般户。一般情况下,银行开户需要携带营业执照正本、公章、财务专用章、法定代表人私章、经办人身份证等相关材料。

公司登记完成后,当出现如下情形时,还需要办理变更登记:注册资本变动、股东及股权结构变动、章程修改、法定代表人变动、经营范围变动等。

（三）办理税务登记,建立公司账务

在取得营业执照后的一个月内,创业者一定要按照当地税务部门的要求,向税务登记机关办理税务登记、核定公司涉税种类及其他事项。

在取得营业执照后,创业者还需要及时建立完善、规范的账务系统,及时、完整地反映公司的经营情况。

二、掌握关键环节

无论是创业者亲自到市场监督管理部门办理公司注册，还是委托中介办理，都要掌握其中的一些关键环节，如章程草拟环节、出资环节和股权变动环节。

（一）章程草拟环节

章程是公司的宪章，其重要性不言而喻。然而，许多创业者在设立公司时，为了追求公司注册的效率，往往采取网上下载章程模板或者照抄其他公司章程的方式来制定本公司章程，这是极其危险的行为，是不可取的。

> 推荐视频：中国大学 Mooc，《创业：道与术》（汪军民），2.1 创业者应该如何认知公司章程、2.2 创业者应该如何设计公司章程

创业者应精通公司章程中的核心条款，充分考虑公司的具体情况，对公司经营管理、利润分配及股权转让等方面作出个性化设计，并对《公司法》没有规定或规定不够具体的内容进行细化和补充，只要股东间的约定不违反《公司法》的强制性规定即可。

总之，在制定公司章程时，创业者须考虑周全，尽可能对易产生纠纷的事项规定得清楚明确且操作性强，从而起到未雨绸缪的作用。

（二）出资环节

尽管现行《公司法》实行注册资本认缴制，但是出资情况一般与公司的决策权、分红权等重要的股东权利挂钩。因此，创业者在注册公司时还是要关注出资方面的问题，约定好谁出多少资、以什么出资、什么时候出资等。

首先，要筹划好公司的注册资本，不宜过低，也不宜太高，应与经营规模相适应，最好是在符合实际情况的基础上稍微高一些。其次，在出资形式方面，创业者可全部以货币出资，但当某个创业者以实物或无形资产出资时，该出资比例不宜过高，而且该非货币资产对于公司经营应该是有用的。最后，对于出资期限，创业者可以根据各股东的实际能力协商确定。

另外，已经取消验资程序，创业者在实际出资（部分或全部缴纳）后，及时到市场监督管理部门办理备案即可。

（三）股权变动环节

在创业初期，某些创业合伙人可能会因投资成本大、回报期长而退出公司；或者是随着公司业务规模不断扩大，相应的资金需求较大，创业者会寻求新的投资人加入，即进行股权融资。新投资人加入一般有两种方式，一是创业者转让部分股权给新投资人；二是增资即增加注册资本，新增加的全部或部分由新投资人认缴出资。这些事项都会涉及公司股权变动。

在股权发生变动，尤其是新投资人加入时，创业者的股权可能会被稀释。此时，要学会用公司章程条款来维护自己对公司的决策权、管理权和分红权等重要权益。

三、确定重要内容

（一）确定经营范围

在筹划创业阶段，创业者已经思考过在哪个行业创业、业务是什么、拟提供什么产品

或服务等问题。在创建公司阶段,需要将上述问题具体化为公司定位与经营范围的确定。创业者需要用简单的语言去描述公司定位。例如,IBM 转型前的公司定位是硬件生产商,转型后公司定位是软件与服务提供者。公司定位是公司经营范围的高度浓缩,经营范围是公司定位的具体化。对于公司经营范围,创业者需注意以下几点。

1. 经营范围如何确定

创业者可以根据公司定位、行业和经营特点,参照《2017 国民经济行业分类注释》的内容,具体确定公司的经营范围;可以通过国家企业信用信息公示系统查询类似公司的公示信息,参考它们登记的经营范围。

2. 经营范围是否涉及审批项目

一般经营项目无须审批,公司可直接申请登记,而许可经营项目须经主管部门审批才可进行登记。为改善我国营商环境,鼓励工商业发挥创新创业的主观能动性,到 2020 年底,国务院围绕协同推进简政放权、放管结合、优化服务(简称"放管服")改革,先后取消和下放国务院部门行政审批事项的比例达 47%,彻底终结非行政许可审批,压减国务院部门行政审批中介服务事项达 71%。工商登记前置审批事项压减 87%。[①] 因此,创业者可根据相关文件来确定拟设立公司的经营范围中是否存在前置审批项目抑或后置审批项目。当然,对此问题不确定时,可具体咨询当地市场监督管理部门。

3. 公司能否超越经营范围开展业务活动

经营范围是公司登记的重要事项之一,它反映了公司业务活动的内容和生产经营方向,是公司业务活动范围的法律界限。因此,创业公司须在市场监督管理部门核准登记的经营范围内开展经营活动。但是,公司超越经营范围的业务活动并非都是无效的,除非该业务属于许可经营项目。

4. 经营范围可否任意变更

公司的经营范围并不是固定不变的,创业者可以根据自身的需要更改经营范围,或扩大经营范围,抑或缩小经营范围,这都是法律所允许的。但是,根据《公司法》的规定,经营范围变更后须及时办理变更登记。而且,如果变更后的经营范围涉及许可经营项目,需先由主管部门予以审批。总之,建议创业者在申请设立登记前,做好公司未来的业务发展规划,尽量使登记的经营范围较为宽泛,从而减小经营范围变更对公司业务开展的影响。

(二)确定法定代表人

法定代表人就是公司的"代言人",代表公司行使权利。因此,法定代表人对外的职务行为就是公司的行为,法律后果完全由公司承担。并且,公司不得以对法定代表人的内部职权限制对抗不知情的第三人。实践中,法定代表人侵害公司利益的情况也十分常见。因此,创业者在确定法定代表人的人选时应当格外慎重。《公司法》关于法定代表人的任职资格大致如图 9-4 所示。

创业者还需注意以下几个问题。

(1)法定代表人可以是公司股东,也可以不是,但必须是董事长(或不设董事会的执

---

① 资料来源:全面建成小康社会大事记[EB/OL]. (2021-07-30). http://politics. people. cn/n1/2021/0730/c1001-32175130.html.

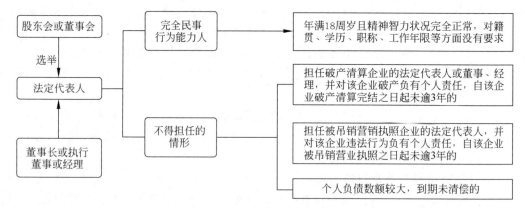

图 9-4　法定代表人的任职资格

行董事)或经理。

（2）当公司法定代表人确定后,公司章程必须明确记载是董事长(或不设董事会的执行董事)还是经理为法定代表人。至于法定代表人具体是谁,《公司法》并没有强制性要求,而由公司自由选择是否记载。

（3）《公司法》允许一人担任多家公司的法定代表人,除非公司明确禁止。

（4）法定代表人与公司之间不是劳动关系,不受劳动法调整,可以不签劳动合同。当然,如果法定代表人从公司领取工资,同时也存在劳动关系,签订劳动合同也是可以的。

总之,创业者需要根据公司的具体情况,确定合适的法定代表人。并且,在公司章程中明确法定代表人的职责,也可列明其滥用职权和怠于行使权力的情形,并且制订切实可行的责任追究措施,做到有职有权、权责明确。

（三）确定公司董事、监事与高级管理人员

创业者肯定听说过“董监高”一词,指的就是公司董事、监事、高级管理人员。公司高级管理人员包括经理、副经理、财务负责人以及公司章程规定的其他人员。由于“董监高”的任职资格基本同法定代表人,这里不再赘述。一般情况下,作为公司创始人,创业者会成为“董监高”中的一员,因此有必要了解“董监高”对公司所负的义务以及因义务违反而可能承担的责任。

如图 9-5 所示,“董监高”应对公司尽忠实和勤勉义务,也就是说,不得做与公司利益相悖的事,否则应向公司承担一定的损害赔偿责任。

另外,公司监事会或不设监事会的监事应发挥对董事、高级管理人员的监督作用,防止董事、高级管理人员损害公司利益的情况发生。相应地,董事、高级管理人员对于监事会的质询,应当如实说明有关情况或提供相关资料,而不得妨碍监事会行使职权。而且,如果董事、高级管理人员违反法律或公司章程规定损害了股东利益,股东可以向法院提起诉讼,要求其承担损害赔偿责任。

总之,创业者对于董事、监事和高级管理人员的确定,应当予以重视。因为“董监高”是公司治理结构的基本组成人员,对公司的经营管理有着重大影响。

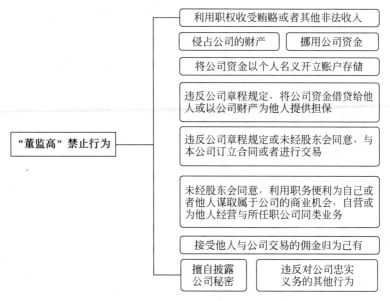

图 9-5 "董监高"禁止行为

第二节 知识产权

知识产权,指"权利人对其所创作的智力劳动成果所享有的专有权利",一般只在有限时间内有效。各种智力创造如发明、文学和艺术作品,以及在商业中使用的标志、名称、图像和外观设计,都可被认为是个人或组织所拥有的知识产权。知识产权的体系如图9-6所示。

推荐视频:中国大学Mooc,《创业:道与术》(汪军民):1.7创业者应当建立什么样的法律思维

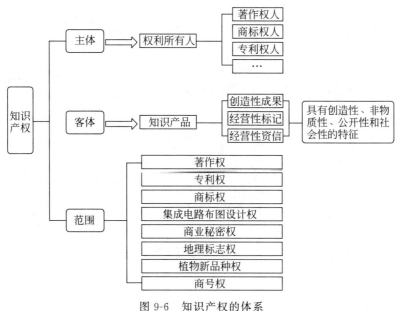

图 9-6 知识产权的体系

伴随着信息技术的发展,知识产权的保护成为衡量一个国家科技竞争力的重要指标。对于创业者和创业企业而言,技术或者发明等创新成果将成为创业企业的核心竞争力,并为创业成功提供很好的支撑。因此,创业者应当掌握知识产权基本知识,重视知识产权保护,并将知识产权转化为生产力,为企业创造财富。

案例 9-1 "网红"鲍师傅——草根消费品的创业逆袭之路

一、知识产权基本知识

知识产权不同于物权、债权,具有专有性、地域性和时效性的特征。第一,知识产权具有专有性,即除非权利人同意或许可或法律规定,任何其他人都无权享有。第二,知识产权具有地域性。知识产权作为法律确认和保护的一种专有权利,在空间上的效力是有限的,受国家领土限制,具有严格的地域性。第三,知识产权具有时效性。知识产权只在有效期内才受法律的保护,期限届满即进入公有领域,将成为整个社会的财富。

推荐视频:中国大学 Mooc,《创业:道与术》(汪军民):3.7 如何获得专利权

知识产权的保护范围包括著作权、商标权等,对于创业者和创业企业而言,专利权、商标权以及软件著作权在诸多知识产权中具有突出的重要地位,创业者应当采取必要措施对此进行有效保护。

（一）专利权

专利是指由国家授予一定期限垄断权的发明创造。基于国家授予的专利证书,专利权人在专利保护期内享有对该发明的专有权利,并排除他人对该发明进行制造、使用或销售等。根据专利权的客体,我国的专利可以分为发明专利、实用新型专利和外观设计专利(图 9-7)。

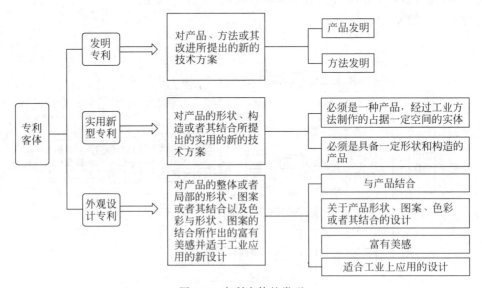

图 9-7 专利客体的类型

创业者或者创业企业拥有的发明创造等,是创业企业的核心竞争力之一,可以选择采用专利权的方式对其进行保护。采取专利权方式保护,创业者应当注意以下几点。

1. 关于专利权保护与商业秘密保护的选择

许多企业在取得科研成果之后,毫不犹豫地申请专利权,但是由于专利权存在期限性、公开性、费用性等缺陷,尤其是申请专利要求企业将发明创造公之于众,使得任何人可以轻易取得该技术,如此一来就为不法企业侵犯专利权提供了现实条件。因此,对于创业者和创业企业的技术成果,是采用专利权还是采用商业秘密对其进行保护,是创业者首先应当加以思考的问题。

事实上,创业者在选择专利权保护和商业秘密保护方式时,应当考量以下几点并根据不同情况作出适合创业企业发展的最佳选择。第一,如果创业者的发明创造不可能被其他企业通过反向工程的方式获得,那么创业者应当选择商业秘密的保护方式;反之,创业者宜采用专利权方式对技术成果加以保护。第二,创业者在选择保护方式时,应当客观估计技术成果的价值时效,如果技术成果的价值时效不超过专利权的保护期限,那么创业者可以选择专利权保护方式。第三,创业者应当客观评估其能够获得专利的可能性高低,对于被授权可能性高的技术成果,创业者可以选择专利权保护。第四,创业者在选择保护方式时,也要分析技术成果的经济价值大小,由于专利权保护需要向相关部门支付一定费用,因此对于经济价值低的技术成果,创业者不必采用专利权保护方式。

2. 关于专利权的申请

创业者对其发明创造和技术成果,经过前述因素考量之后,选择采用专利权方式进行保护,则应当按照法定程序和要求申请专利权(图9-8)。

图9-8 专利权的申请程序

首先,创业者应当按照要求向专利局提出专利申请,专利局收到申请后对符合申请条件的予以受理。随后,经过初步审查、公布、实质审查以及授权等阶段,创业者可以依程序取得专利证书并取得专利权。创业者的专利申请被驳回时,还可以向专利复审委员会申请复审。

3. 关于专利权的授予条件

创业者向专利局申请专利权后,符合法定的条件,可以获得专利权。对于授予专利权的发明和实用新型,应当具备新颖性、创造性、实用性,且申请文件的撰写及手续的办理必须符合法律要求的形式,才能够获得专利权(图9-9)。

创业者应当研究分析其技术成果的特点,与专利权授予条件逐一比对,对于符合专利权授予条件的技术成果,才可以选择采用专利权保护的方式,否则创业者应该考虑采用商业秘密的方式对此进行保护。

(二)商标权

商标权是商标专用权的简称,是指商标使用人依法对所使用的商标享有的专用权利。商标注册申请条件如图9-10所示:对于创业企业而言,商标是企业的无形资产。

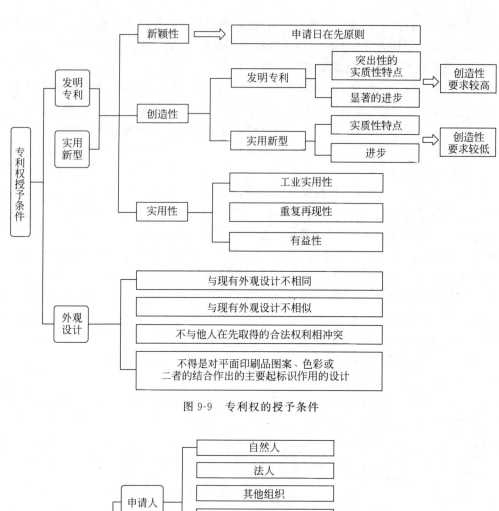

图 9-9　专利权的授予条件

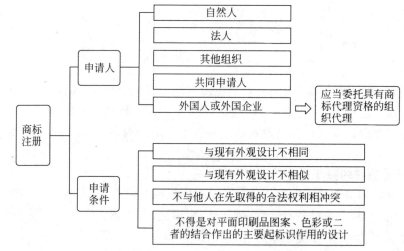

图 9-10　商标注册申请条件

资料来源：汪军民,王茂琪,邓亚娇.创新思维与创业逻辑[M].北京：高等教育出版社,2016.

　　商标权对企业而言有着难以估量的重要价值,企业注重商标权保护具有重要意义。例如,在 1995 年,"狗不理"商标被天津狗不理的日本合作伙伴抢注。根据日本法律,商标在日本有 10 年的有效期。经过多年的谈判与交涉,日方终于放弃了"狗不理"商标,然而在被抢注的 10 年里，可以说"狗不理"彻底失去了日本市场。对于创业者和初创企业，应当在创业初期就重视商标权的保护，使之为企业创造价值。

随着"互联网＋"浪潮的袭来，传统的商业模式受到全方位的冲击，商标权的保护作为创业企业保护自身权利的重点工作之一，其具体方法和思路也应当顺应互联网时代的特点有所调整。对此，创业者应当注意以下几点。

首先，在商标注册的要素上，除了保护传统的中英文名称及图形商标外，创业者和创业企业还应当对广告语、商品或商品包装的立体形象、视觉系统中的颜色组合、经过大量使用的声音等进行及时的注册保护，避免这些要素被他人抢先注册，从而对企业造成损失。

其次，在商标注册的类别上，除了企业自身经营涉及的常规类别之外，还应考虑到企业公众号、App、网站等产品和宣传形式，对其使用的名称和图形等要素进行及时的注册保护。

再次，在商标注册的地域选择上，要及时针对相应的海外市场进行有计划的注册保护。相比国内的商标注册，海外商标注册虽然稍复杂一些，但在专业的商标代理机构的帮助下还是可以顺利完成的。创业企业虽然处于发展的初期，但是创业者同样应该未雨绸缪，提前做好相应的战略规划，一旦商标被他人抢先注册，要么通过更加烦冗的案件或诉讼程序才能拿回自己的商标权，要么只能白白让出巨大的海外市场。

最后，如果创业者未来有调整涉及行业和经营方向的计划，应当提早在相应的类别上做好商标的注册保护工作，避免被他人捷足先登。

另外，在反应速度上，创业者也应当针对时下的焦点、热点作出及时的应对策略。对此，最经典的案例莫过于阿里巴巴与京东的"双十一"商标之争。阿里巴巴将"双十一"注册成了自己专用的商标，迫使其他电商在"双十一"购物节中无法使用"双十一"字样，对竞争对手的商业策略造成了重大的打击，将注册商标的优势发挥得淋漓尽致。创业者在面对一些热门的话题和词语时，是坐视其巨大的影响力而无所行动，还是及时作出反应、抢占先机，这其中的差别将直接影响企业未来的商业经营和竞争。

2019 年修正的《中华人民共和国商标法》（以下简称《商标法》）增加了"不以使用为目的的恶意商标注册申请，应当予以驳回"的规定，此举是为了回应市场需求，对恶意抢注行为加以遏制。此外，新《商标法》将商标侵权的法定赔偿最高额从 300 万元增加到 500 万元，并规定：对恶意申请商标注册的，根据情节给予警告、罚款等行政处罚，对恶意提起商标诉讼的，由人民法院依法给予处罚。由此可见新《商标法》旨在维护市场公正，维护市场秩序，优化营商环境。

在创业企业的具体经营活动中，创业者应当根据自己的实际情况，结合商标代理机构的专业意见，制订出完善的商标保护计划。在风云变幻的"互联网＋"时代，商标就像一枚护身符，体现着企业的精神核心与文化内涵，更守卫着企业正常的经营发展。创业者只有顺应时代变化，制定出最适合自己的商标保护战略，才能在竞争的大潮中扬帆远行，到达成功的彼岸。

（三）软件著作权

计算机软件著作权是指软件的开发者或者其他权利人依据有关著作权法律的规定，

对于软件作品所享有的各项专有权利。计算机软件经过登记后，软件著作权人享有发表权、开发者身份权、使用权、使用许可权和获得报酬权。在信息技术高速发展的今天，软件著作权对于创业者尤其是软件技术类创业者而言，是企业核心竞争力的体现，关系创业企业的生存和长远发展。对于软件著作权，每一位创业者都应当关注如下问题。

1. 为什么要进行软件著作权登记

首先，对于创业者和创业企业而言，进行软件著作权登记，可以帮助企业保护核心技术。《中华人民共和国著作权法》第十二条第二款、第三款增加了对作品登记制度的规定，明确规定作者等著作权人可以向国家著作权主管部门认定的登记机构办理作品登记。包括创业企业在内的任何企业都不希望自己投入巨资研发形成的产品，在一夜之间便被他人侵权仿制，并与自己的正品共同竞争市场，而软件著作权的登记则可以有效阻止他人的制造、销售、使用等侵权行为，保护创业企业的利益；对于已经侵权的行为，可以提出相应的赔偿请求，减少自身的损失。

其次，进行软件著作权登记可以帮助创业企业提升市场形象。有了知识产权，在向外宣传和推广产品时就有了更多的"噱头"，可显著提升产品的市场附加值，使创业企业的产品更易被市场所接受。

再次，软件著作权是创业企业重要的无形资产，在创业企业规模的扩大、上市等过程中能够帮助企业获得更高的估价，增加创业企业无形资产价值，可作为增资、融资、质押登记、技术入股等的证明。

最后，对于创业者，如果获得更多的政府支持，创业事业发展将会更加顺利。已经形成软件著作权的创新成果能够获得政府更多的支持。获得政府认定的创业企业，其产品更易被市场所接受认可。因此，创业者和创业企业必须重视软件著作权的保护。

2. 创业者如何确定软件著作权人及其权利归属

一项软件著作权，可能是创业者自己研发的，可能是创业者与他人合作研发的，在合作研发、委托研发以及其他情形下，软件著作权应当归谁所有是创业者必须掌握的问题。

第一，依据法律规定，软件著作权属于软件开发者，即实际组织开发、直接进行开发，并对开发完成的软件承担责任的法人或者其他组织；或者依靠自己具有的条件独立完成软件开发，并对软件承担责任的自然人。如无相反证据，在软件上署名的自然人、法人或者其他组织为开发者。也就是说，对于创业者独立研发的软件，软件著作权属创业者所有。

第二，委托开发、合作开发软件著作权的归属及行使原则与一般作品著作权归属及行使原则一样。但是职务计算机软件的著作权归属有一定的特殊性。创业企业员工在创业企业任职期间所开发的软件有下列情形之一的，该软件著作权由创业企业享有，创业企业可以对开发软件的企业员工进行奖励：①针对本职工作中明确指定的开发目标所开发的软件；②开发的软件是从事本职工作活动所预见的结果或者自然的结果；③主要使用了创业企业的资金、专用设备、未公开的专门信息等物质技术条件所开发并由法人或者其他组织承担责任的软件。

3. 软件著作权的内容

软件著作权包括软件著作人身权和软件著作财产权（图9-11）。软件著作权的财产权能够为创业者和创业企业创造实际经济价值。创业者应当注意的是,在许可他人行使软件著作权或者转让软件著作权时,应当订立书面合同,并对双方的权利、义务进行明确约定,以避免不必要的纠纷。

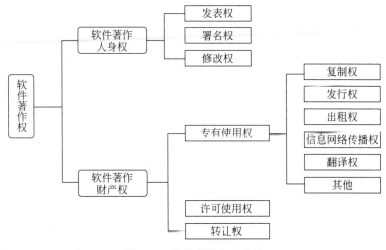

图 9-11 软件著作权的内容

二、创业企业如何保护知识产权

在信息技术高速发展的时代,对于一个创业企业而言,只有充分发挥知识产权在企业中的重要作用,并对知识产权形成有效保护,才能在激烈的市场竞争中处于优势地位。因此,创业者和创业企业应当从以下两个方面对知识产权进行保护。

(一)创业企业应当对知识产权进行整体规划和有效管理

创业企业商业活动可能涉及不同形式的知识产权,如专利权、商标权、著作权(特别是计算机软件著作权)、商业秘密、域名等,因此建议创业企业对所涉及的知识产权进行规划和管理。

第一,创业企业可指派专人负责知识产权的管理,列出明细,建立档案。

第二,对知识产权按其实际可创造价值、对企业发展的重要程度、维护成本等进行分级。

第三,建立知识产权数据平台,及时掌握国内外最新数据信息,避免重复研究造成对公司资本的浪费,也可避免造成对其他知识产权人的侵权。

第四,综合运用知识产权保护创业企业的利益。知识产权覆盖面很广,在签订合同或遇到纠纷时,有的情况下主张一项权利往往难以有效保护企业的权益,这时需将几种权利综合起来行使,往往可以达到令人满意的效果。

(二)对于不同类型的知识产权采取不同的保护措施

创业企业在分析成本与预期收益的基础上,对于可能对企业产生重大影响的知识产权,如商标权、专利权、著作权、域名等,应当第一时间聘请专业的代理机构进行申请,从而最大限度地保护创业企业利益。在与其他单位或个人合作的过程中,一定要对所涉及的知识产权的权属、使用范围、期限、后续研发成果的分配等做详细规定,签署相关法律文件。

同时,创业者和创业企业在保护知识产权的过程中应当采取必要的措施(图9-12)。

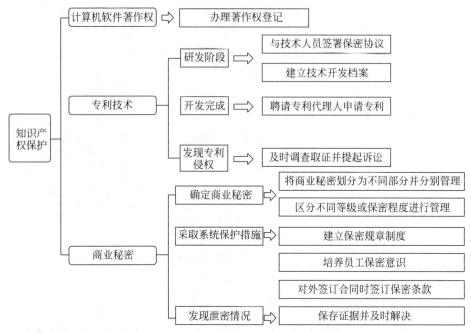

图 9-12　知识产权保护的措施

第一,对于计算机软件著作权的保护。创业者必须明确的是,尽管登记不是软件著作权取得的必要条件,但是软件登记管理机构发放的登记证明文件,是软件著作权有效或者登记申请文件中所述事实确实的初步证明。所以,为了更好地保护创业者和创业企业的计算机软件的版权,创业者应该将自主开发的计算机软件向软件登记管理机构办理软件著作权的登记,从而避免在产生纠纷时因无法提供有力证据而处于被动地位。

第二,对于专利技术的保护。创业者和创业企业必须具备创新精神与研发能力,新的技术可以为创业企业带来巨大的经济效益,因此应当鼓励创业者和创业企业进行技术研发。首先,在研发新技术前,创业者必须对相关技术进行查询,看别人是否已有这类技术,或它是否侵犯别人的专利权,避免盲目上项目。其次,在决定研发后,创业企业应与技术人员签订保密协议,规定在研究中获得的技术成果归公司所有,技术人员离职时不得带走有关技术资料,离职后一段时间内亦不得从事与原单位工作相同、近似或有竞争的工作。再次,创业者应当对技术开发工作建立档案,保证对技术上的进展有完整记录。最后,在开发阶段完成后,创业者应聘请专利代理人开始申请专利,尽快取得专利权,对技术成果加以保护。

第三,对于商业秘密的保护。创业者对于其技术或者秘方等进行商业秘密保护的第一步,是确定商业秘密。创业企业应当通过分析企业成本与预期收益来确定商业秘密的类型,然后确定哪些商业秘密纳入保护范围,并以何种力度进行保护。在确定商业秘密之后,创业企业应当采取系统有效的措施对其加以保护。对于已经确定进行保护的商业秘密,一方面,将需要保护的商业秘密分成几个部分,分别由不同的工作人员进行管理,使企业中全面掌握商业秘密的人员数降至最低。另一方面,根据商业秘密的重要性,将商业秘密分成不同等级,不同级别的员工所掌握的商业秘密等级不同,员工身上所担负的保密义务也不相同。如果出现泄密情况,创业企业一定要及时保存相关证据,必要时应聘请公证人员对证据进行公证,注重收集相关材料及证人证言等,尽快聘请律师制订行之有效的解决方案,争取使企业损失降至最低。

第三节 法 律 风 险

一、三大法律责任

(一)民事责任

推荐视频:中国大学 Mooc,《创业:道与术》(汪军民):3.8 初创企业应当注意哪些法律问题

创业者和创业企业作为交易主体参与市场交易活动时,因为自身不当行为可能会承担相应的民事责任。一般情况下,创业者可能承担的民事责任包括合同违约责任和侵权责任两种。

1.合同违约责任

创业者和创业企业在日常交易活动中,为了研发产品、购买原料、销售商品等,会与供应商、客户等签订一系列合同。如果创业者和创业企业不能按照合同约定履行合同义务,则可能需要承担违约责任。合同违约责任的形态包括继续履行、采取补救措施或者赔偿损失等。创业者承担违约责任不仅会给创业企业造成经济损失,更重要的是,每一位创业者在经营活动中都必须有契约精神。创业企业的合同违约行为,会使创业企业的信誉遭受不良影响,从而阻碍企业商业活动的顺利开展。因此,创业者和创业企业在签订合同时,应当格外注意与自身合同义务相关的条款,在履行合同过程中,应当严格按照合同约定履行,因为客观原因无法履行时,应当及时与合同对方当事人协商并妥善解决,避免产生纠纷,从而规避违约责任。同时,创业者还要注重违约条款的商定和履行,使得合同履行出现纠纷能够得到妥善解决。当然,创业者在作为合同当事人时,也可能遭受对方当事人的违约。此时,创业者应当及时与对方当事人协商,无法协商解决的,应当及时要求违约方承担违约责任,必要时可以采用诉讼的手段来保护自身权利。

2.侵权责任

如果创业者或者创业企业因为过错而侵害他人的财产权或者人身权,可能会承担侵权责任。例如,创业者因为使用不当而损坏租用的机器设备,其行为对设备所有人构成侵权,可能需要承担返还财产、恢复原状或者赔偿损害等侵权责任。创业者或者创业企业对他人构成侵权,不仅会使企业遭受财产损失,同时还会影响企业的良好形象,尤其对于创业企业而言,良好的企业形象能够帮助创业企业更好地被市场和用户接受。因此,创业者和创业企业在日常商业活动中,应当遵守法律法规的规定,同时严格按照安全规程进行生产经营,避免对他人合法权益造成侵害。另外,创业者和创业企业在遭受他人侵权时,应当及时采取法律手段保护自身合法权益。

（二）行政责任

创业者和创业企业在生产经营过程中可能承担的行政责任有以下几种。

（1）创业企业违反《中华人民共和国反垄断法》的规定，实施了经营者垄断行为的，将主要承担行政责任，包括责令停止违法行为、没收违法所得、罚款等。

（2）在税法领域，创业者或者创业企业在作为纳税人或者扣缴义务人时，存在不办理税务登记、偷税、漏税等违法行为的，依据《中华人民共和国税收征收管理法》及其实施细则的规定承担相应的行政责任。

（3）在公司法律领域，创业者作为创业企业的创始人，一般也是企业的高级管理人员。因而创业者存在虚假出资、抽逃出资等违反《公司法》《中华人民共和国证券法》的有关规定的行为，将承担相应的行政责任。

（4）在劳动法律领域，创业企业雇用劳动者以保证企业的正常运营。如果创业者或者创业企业未按照《中华人民共和国劳动合同法》的相关规定，侵害劳动者的利益，可能承担警告、责令改正、停止违法行为，甚至吊销营业执照等行政责任。

（5）在环境法律领域，如果创业企业违法造成环境污染事故、逾期未完成治理任务等，将承担相应的行政责任。行政责任是创业者或者创业企业违反行政管理相关法律规定承担的法律责任，会对创业企业的正常运营、企业形象、企业信誉造成非常大的不利影响。因此，创业者在创业过程中，一方面应当遵守相关行政法律法规的规定，依法办事，避免因为违法行为而承担行政责任。另一方面对于政府部门对创业者和创业企业做出的违法行政行为，创业者可以通过提起行政复议或者行政诉讼的方式维护自身权益。

（三）刑事责任

刑事责任，是依据国家刑事法律规定，对犯罪分子追究的法律责任。创业者为实现创业梦想，成立公司，成为公司的法定代表人，但作为创业企业的负责人，创业者可能需要承担很大的法律风险。一般来说，法定代表人在经营中的行为由其代表的公司、企业来承担责任，但在很多情形下，法定代表人本人亦须承担相应的法律责任。法定代表人需要承担的责任主要源于"单位犯罪"，常见的单位犯罪包括以下几类（图9-13），作为创业企业负责人的创业者应当加以特别注意。

1. 生产、销售伪劣商品类犯罪

这类犯罪涉及生产、销售假药劣药、有毒食品、假农药、有毒化妆品等。在这类单位犯罪中，将追究直接负责的主管人员和其他直接责任人员的刑事责任，刑罚最重至死刑。由于近年来有毒、有害食品常见，因此食品犯罪是目前打击的重点。例如在三鹿奶粉事件中，董事长兼总经理田文华作为单位负责人被判处无期徒刑。

2. 走私类犯罪

这类犯罪包括：走私普通货物、物品罪，走私文物罪，走私珍贵动物、珍贵动物制品罪，走私淫秽物品罪，走私废物罪等。最长刑期可为10年以上。实践中，法定代表人涉及走私普通货物、物品罪的案例比较常见。

3. 商业贿赂类犯罪

这类犯罪包括非国家工作人员受贿罪、对非国家工作人员行贿罪等。一般来说，收受

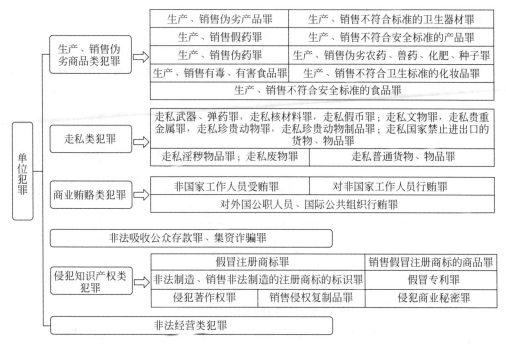

图 9-13　单位犯罪的类型

财物的金额只要达到 5 000 元,即可达到非国家工作人员受贿罪的数额标准。

4. 非法吸收公众存款罪、集资诈骗罪

实践中,非法吸收公众存款罪的发生概率较高,特别是在沿海经济较发达地区。曾经轰动全国的浙江本色集团吴英集资诈骗案就是一例。

5. 侵犯知识产权类犯罪

这类犯罪包括假冒注册商标罪、假冒专利罪、侵犯著作权罪、侵犯商业秘密罪等。中国是世界工厂,全球知名品牌很多在中国设有工厂;国内市场充斥着各种侵权产品,为国际社会所关注。近年来,针对侵权行为,执法部门一直采取高压态势。2020 年通过的《中华人民共和国刑法修正案(十一)》针对商标类、著作权类、商业秘密类知识产权类犯罪作出多处修改完善。其中在量刑方面,此次修正案在侵犯知识产权类犯罪的所有罪名中,除假冒专利罪之外,均删除了管制和拘役,有期徒刑成为相关犯罪的唯一主刑刑种。

6. 非法经营类犯罪

需要注意的是,非法经营类犯罪涉及的面相当宽,被认为是新的"口袋罪",很多行为都容易落入法网。按照法律的规定,非法经营类犯罪一般是指违反国家规定,未取得经营方面的行政许可而从事的扰乱市场经营秩序的行为。

创业者因犯罪而承担刑事责任对于创业企业的打击是致命的,因此创业企业在从事不熟悉的业务时,可以请教律师或者向政府部门咨询,避免犯罪风险。如果已经因涉嫌这些罪名而被追诉,创业者一定要积极配合司法机关调查,同时联系律师咨询相关情况,记住须向律师诚实描述事发全部过程。配合调查将可能获得从轻处罚,而律师介入刑事程序对维护被告人权利至关重要。

二、创业企业法律风险的表现

企业法律风险是指企业经营活动不符合法律规定或者外部法律事件导致风险损失的可能性。创业者及创业企业在从事交易活动过程中,面临的主要风险包括违约风险、侵权风险、违法风险和犯罪风险(图 9-14)。

图 9-14　创业者的交易风险

(一)创业企业设立、运营中的法律风险

在设立企业的过程中,创业者是否对拟设立的创业企业进行充分的法律设计,是否对创业企业设立过程有充分的认识和计划,是否完全履行了设立企业的义务,以及创业者作为发起人是否具有相应的法律资格,这些都直接关系拟设立的创业企业能否具有一个合法、规范、良好的设立过程。创业企业的股权结构是否合理、法人治理结构是否完备、监督控制机制是否健全、高管人员之间的权力如何制衡等,如果这些问题在创业企业运营过程中解决不好,很可能会"祸起萧墙",导致内部出现争端和掣制,将直接影响创业企业的健康发展。

(二)合同订立、履行过程中的法律风险

合同是市场经济中各类企业从事商业活动时所采取的最为常见的基本法律形式。可以说,合同贯穿企业经营的全过程,只要有商务活动,就必然要产生合同。创业企业在与各类不同的主体不断交易中获取利益,合同在企业经营中的广泛应用,决定了合同订立、履行中的法律风险广泛存在。

(三)知识产权法律风险

很多创业企业的知识产权保护意识不强,没有站在企业生存之根、发展之源的高度来认识知识产权的市场价值和经济价值。在知识产权领域,保护和侵权是一对孪生兄弟,创业者稍有疏忽,自己的知识产权就很可能被别人侵犯,同时,稍有不慎,自己也会侵犯别人的知识产权。无论是侵权还是被侵权,都将面临巨大的法律风险。

(四)企业财务税收法律风险

近年来,企业涉财涉税案件较多,从一定侧面可以看出,企业在财务税收方面的法律风险日益增高,如果处理不当,创业企业很可能要蒙受不必要的经济损失,甚至要负相应的刑事责任,作为法定代表人的创业者也可能蒙受牢狱之灾。

（五）企业刑事法律风险

2020年12月通过的《中华人民共和国刑法修正案（十一）》侧重加强对市场的监管，对金融证券犯罪、安全生产犯罪、商业腐败犯罪、污染环境犯罪、侵犯知识产权犯罪等方面进行了修改，进一步加重了相关犯罪的刑事责任。

合规（comply with）主要指企业构建一套规章制度，敦促其员工及关联方遵守相关法律法规及行业职业伦理或者道德标准。从管理角度看，合规是一个企业构建企业文化、进行内部运营的基础。从风险规避角度来看，合规架构是企业在面临犯罪指控时用以免除其责任的依据。2021年最高人民检察院发布4起合规指导案例，并启动第二期企业合规改革试点工作，将试点范围扩大至北京、辽宁、上海等10个省（直辖市）。创业者在高监管环境下，应当学会构建合规体系来规避相关的刑事风险。唯有居安思危，才能保障企业基业长青。

三、法律风险的防范

法律风险虽然并非实际发生的损害，但是由于其实际发生后会给创业者以及创业企业带来严重后果，因此创业者在从事商业活动过程中，应当建立健全法律风险防范措施（图9-15）。

推荐视频，中国大学Mooc，《创业：道与术》（汪军民）：5.3 创业者如何控制法律风险

首先，必须强化风险意识。创业者必须认识到，法律风险一旦发生，会给企业带来严重的后果，但事前是可防可控的。

其次，创业企业必须完善工作体系。建立健全法律风险防范机制，要与加快建立现代企业制度、完善法人治理结构有机结合起来，使法律风险防范成为创业企业内部控制体系的重要组成部分。

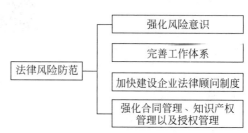

图9-15　法律风险的防范措施

最后，必须突出合同管理、知识产权管理和授权管理。加强合同管理是防范创业企业法律风险的基础性工作，要建立以事前防范、事中控制为主，事后补救为辅的合同管理制度。

思政课堂

习近平主席曾引用典故"令行禁止，王者之师"（出自西汉刘向的《说苑·指武》），指导我们应当立规矩、讲规矩、守规矩，在遵守国家法律法规的前提下，去发挥企业的主观能动性，带动市场健康良性发展。我们需要明确"法无授权不可为，法定职责必须为，法无禁止皆可为"的观念，而不是目无法纪，胡作非为，肆意造假，凭意识行事。

本章课后习题

一、名词解释

1. 法定代表人

2. 合规

二、简答题

1. 简述知识产权的主要特点。

2. 简述交易风险的种类。

3. 简述公司注册的流程。

三、技能实训题

专利技术、商标以及软件著作权等知识产权是创业企业的核心竞争力，创业者应当如何对知识产权进行有效保护并将其价值最大化？

即 测 即 练

第十章

事预则立，不预则废
——商业计划书

夫未战而庙算胜者，得算多也；未战而庙算不胜者，得算少也。

多算胜，少算不胜，而况于无算乎！吾以此观之，胜负见矣。

——《孙子兵法·计篇》

【本章要点】

本章主要从商业计划书的内容出发，详细阐述了商业计划书的定义与分类，商业计划书的目的与用途。对商业计划书有一定的了解后，进而主要介绍如何撰写商业计划书，主要包括商业计划书的要素以及商业计划书的构成内容。

【思维导图】

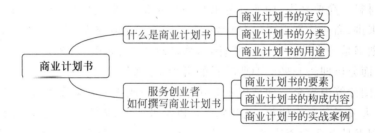

【核心知识点】

商业计划书、商业计划书的分类、商业计划书的用途、商业计划书的要素、商业计划书的构成内容

【案例导入】

Airbnb：一个最烂创业想法的逆袭之路

第一节 什么是商业计划书

俗话说："不打无准备之仗，方能立于不败之地"。打仗前需要行兵布阵，计划周密完整，分析环境，确定战术，才能有较大的胜算。正所谓商场如战场，在进行一切商业活动前，计划是最重要的一部分。无论是创业，还是企业进行商业活动，抑或是投入项目，需要项目融资，都离不开一个详细的计划。最终能够完整地分析企业或项目，成为企业的行动纲领及执行方案，就是商业计划书。一份专业的商业计划书既是投资融资活动的必备材料，也是企业对自身的现状及未来发展战略全面思索和重新定位的过程。先进的商业和市场环境是动态的，很多创业者或管理者会忽视内外部环境对公司的影响。商业计划对于任何行业的公司都至关重要，它可以帮助企业家使用各种商业工具从不同角度评估他们的公司，从而找到在竞争中生存的最佳方式。商业计划书的重要性不言而喻，那么，什么才是商业计划书？

一、商业计划书的定义

商业计划书，也称为商业策划书，是公司、企业或项目单位为了达到招商融资和其他目的，在经过前期对项目科学地调研，分析、收集与整理有关资料的基础上，根据一定的格式和内容的具体要求而编辑整理的一个全面展示公司和项目状况、未来发展潜力与执行策略的书面材料。简单来说，商业计划书是一个商业计划用文字呈现出来的书面材料。

从本质来讲，商业计划只是一个计划，来确定企业的业务如何运作以及如何能使它成功。商业计划书是一个综合性的项目计划，从内部人员、制度、管理，以及公司的产品、营销、市场等方面分析即将开展的商业项目的可行性。商业计划书由企业、公司或者项目单位通过文字、图片等内容全方面地展示公司或项目的现状及未来潜力等，提供给潜在投资人、企业债权人或者是合作伙伴，也有公司提供给求职者，但很少企业这样做。

商业计划书是企业融资成功的重要因素之一，但大部分人认为商业计划书只是用来进行融资的工具。实际上，一份完备的商业计划书对于企业的运营战略规划也非常重要，并且可以让企业有计划地开展商业活动，增加成功的机会。

一份成功的商业计划书应具备好的启动计划，计划是前提。好的计划首先是吸引人的，并且容易明白和操作。其次，这个计划是具体的并且是适度的，应该包括特定的日期及特定的负责人以及预算范围。同时这个计划要客观准确，并且具有完整性，要尽可能地包括全部要素，前后连接要顺畅。这是对于商业计划的要求。

二、商业计划书的分类

一般将商业计划书分为四类，分别是微型计划书、工作计划书、提交计划书、电子计划书。

（一）微型计划书

微型计划书相当于商业计划书的微型版，是商业计划书的浓缩和提炼。微型计划书是快速测试商业创意或衡量潜在合作伙伴价值的最佳方式，也可为日后制订长期规划提供有价值的参考。微型计划书的形成路径是,首先出现一个微型的商业念头,快速形成一个商业计划后由策划者将其整理出来成为一个微型的计划书,为之后形成长期的计划书做准备。与其他商业计划书不同的是,微型计划书在细节上侧重于财务计划方面,详细的财务计划能衡量商业计划的价值。

微型计划书的主要特点如下。

(1) 快速阅读。微型计划书只有几页篇幅,只需要很短的时间就可以阅读完。

(2) 检验价值。让投资人迅速检验项目的商业理念或权衡项目的潜在价值。

(3) 后期参考。为作者之后完成的长篇商业计划书提供有价值的内容参考。

(4) 重点突出。展示重点信息,吸引投资人的注意力,提高融资效率。

(二)工作计划书

工作计划书是经营企业的工具,作为一种指导性文件将使用更长的篇幅来处理细节,并且描述要简洁。其目标群体主要是企业内部人员,不必纠结于排版、装订等方面,但事实和数据方面的内在统一对于工作计划书和其他外向计划书同样重要。策划者完成工作计划书提供给内部人员使用,服务于企业的发展。不同于其他计划书的要求与内容,工作计划书的重点并不是获得投资,而是对企业内部人员提供指导。

工作计划书的主要特点如下。

(1) 较长篇幅。为了便于工作的发展,着重于细节的处理。

(2) 叙述简洁。篇幅长不代表叙述冗长,文字描述应简洁明了。

(3) 简易排版。作为内部文件,排版不必特别关注美观度,内容有逻辑即可。

(4) 数据突出。数据要真实准确,内容上要注意数据的使用。

(三)提交计划书

提交计划书是大众意义上的商业计划书,即以招商投资为目的所撰写的商业计划书。提交计划书与其他计划书在风格上存在一些差异,因为所面对的阅读人不同,所以要有不同的用语要求。提交计划书还包括投资者需要了解的有关竞争压力和风险的一些附加内容。

提交计划书的特点如下。

(1) 正式风格。形式更加正规,风格及用语更加正式,受众是投资者。

(2) 内容侧重投资回报。招商引资需要体现项目的可行性、可投性及回报率。

(3) 附加内容。附加内容要有投资人所要了解的竞争压力及风险。

(四)电子计划书

电子计划书是计划书的电子版,由于计算机的普及应用以及互联网的发展,电子计划书因方便快捷而得到广泛应用。但需要注意的是,电子计划书有着更易复制和传播,不利于有关信息的保密的弊端,因此其不能完全替代纸张式计划书。

电子计划书的特点如下。

(1) 传播速度快。网络的传播速度高于纸张。

(2) 传递便捷。传递的方式更加便捷,通过电脑进行传递,省时省力。

(3) 形式直观。软件工具的使用让内容信息表现更直观,便于读者快速阅读。

（4）成本低廉。不需要使用纸张等,只需要一台电脑就能制成。

三、商业计划书的用途

商业计划书作为创业者开创新业务的蓝图,本质上是理想与现实之间的桥梁。最初,如果没有在脑海中获得预期的最终结果,企业家不可能将企业视为一个实体。商业计划书首先将计划好的创业或商业活动销售给创业者自己。创业者在制订商业计划的同时,会对自己要做什么有越来越深入的了解。因此,商业计划书的撰写目的和用途有以下四个方面(图 10-1)。

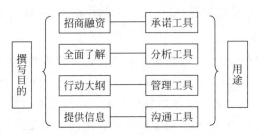

图 10-1　商业计划书的撰写目的和用途

（一）承诺工具

当主要撰写目的是进行招商融资时,商业计划书可以作为一个承诺工具,吸引投资者对项目进行资本投入。商业计划书是争取投资融资的敲门砖,为了吸引投资者参与投资项目,对商业计划书有较高的质量及内容要求。商业计划书作为承诺工具主要体现为企业和投资者签订融资合同时,商业计划书往往作为一份合同附件存在。与附件对应的是主合同中的对赌条款,对赌条款和商业计划书将共同构成一项业绩承诺,当管理者完成或未能完成商业计划书约定的目标时,将需要考虑投资者和创业者的利益。

（二）分析工具

当主要撰写目的是要全面了解自我分析时,商业计划书可以作为一个分析工具,客观地帮助提供方分析项目的影响因素。制订商业计划,能引导公司的发展方向,能够更好地分析目标客户,规划市场范畴,制定市场策略、定价策略,界定竞争对手,分析竞争环境。商业计划书不仅能够全面地了解企业情况,还能够从中寻找竞争优势,发现市场机会及企业的不足。

（三）管理工具

当主要撰写目的是将商业计划书作为一个行动大纲和行动计划时,商业计划书可以作为一个管理工具,让上级和下级的意识相统一,让行动的目的一致。商业计划书还可以帮助企业跟踪、监控、反馈和衡量业务流程。一份好的商业计划书将是一份有生命力的文件,随着团队知识和经验的不断增加,它的生命力也会不断增加。当建立了公司的时间表和里程碑时,经过一段时间,商业计划书可以衡量公司的实际路径与初始计划之间的差异。越来越多的企业开始利用年度循环规划工作,总结上一周期的成败,以调整集体方向和步骤,进而奖罚分明,激励团队成长。

（四）沟通工具

当主要撰写目的是向目标企业或合作伙伴提供信息时，商业计划书可以作为一个沟通工具。商业计划书可以用来介绍企业的价值，从而吸引投资、信贷、员工、战略合作伙伴或包括政府在内的其他利益相关者，以期待企业充满活力，实现共赢，共同发展。这样商业计划书就有一个信息传递的功能，不仅可以描述公司的成长历程，展示未来的成长方向和愿景，还可以量化潜在的盈利能力。但这一切都需要对公司有一个全面的了解，思考所有存在的问题，对可能存在的隐患进行预案，并能够提出有效的工作计划。

第二节　服务创业者如何撰写商业计划书

在熟悉了什么是商业计划书，明确了其分类及撰写目的和用途后，就要思考如何撰写一份内容全面、符合撰写目的的商业计划书。接下来将介绍商业计划书的要素、构成内容以及实战案例。

一、商业计划书的要素

撰写商业计划书必须阐明其要素，要素能够帮助商业计划书更为全面、有条理。商业计划书的要素总结为"6W2H"，即"what""why""where""which""when""who""how to do""how much"。

（一）做什么

"什么项目是你要做的，什么产品是你要做的"是商业计划书首先要考虑的内容，也是需要先表现出来的内容。在这部分，需要详细地介绍企业、项目及产品。首先让投资者及其他受众了解企业的概况、项目的情况以及产品的内容，在这方面需要详细介绍相关细节，尤其是产品及服务的细节。要说明项目内容具体是什么，产品正处于什么样的发展阶段，具有何种特殊优势。

（二）为什么这么做

这个要素包括两个层面。一是为什么要撰写商业计划书，其用途是什么，根据目的及用途确定商业计划书的种类、风格及表现形式。二是为什么要做这个项目，为什么要做这样的产品及服务。此方面可以从市场预测、市场痛点、消费者需求分析及企业战略出发，详细说明项目产品的存在意义。

（三）目标市场在哪

确定好产品的内容，就要明确目标市场，谁是目标客户，可以从市场细分、供给端分析及客户分析进行阐述。产品所针对的使用群体是目标客户，而目标客户所在的目标市场需要进行细分才能够继续找到精准顾客。然后从供给端对现有市场进行分析，如市场竞争情况、用户满意度情况。最后从客户层面进行分析，核心客户是哪些，边缘客户是哪些，都需要非常明确。

（四）哪些是竞争对手

在进行目标市场的确定、目标市场的分析后就可以初步判定哪些是主要竞争对手，最具威胁性；哪些是间接竞争对手,竞争力较低。确定好竞争对手后,需要对竞争对手的现状进行分析,首先分析竞争对手的产品与自己的产品有哪些相同和不同之处,产品的竞争力是什么。其次分析市场份额情况、市场渠道、推广情况、广告情况等,尽量全面具体地掌握竞争对手的情况。最后总结可以将哪些方面作为突破点寻找竞争机会,避免竞争程度较强的相同策略。

（五）项目的时间安排

项目的时间安排即什么时候开始做,所要做的内容是什么,即项目实施过程中的各个时间节点。需要有明确的时间安排,可以通过时间轴表示,比较清晰明了。

（六）谁来做

谁来做所表示的不仅是项目由谁负责,还包括团队成员的简介、已有股东简介和周边关键人物的简介。团队成员的简介包括实际参与项目的成员,如何分工,职能架构是否全面、清晰明了。已有股东的简介包括股份情况和投资情况。周边关键人物是指是否有相关领域的权威人士进行指导、背书或是提供后续支持力量。

（七）怎么做

在商业计划书中要重点突出"怎么做"这一部分,其中包括项目的执行安排、战略计划、市场营销计划方案、制订市场执行方案。应该明确下列问题：如何把产品推向市场？如何设计生产线？如何组装产品？生产需要哪些原料？拥有哪些生产资源？还需要什么生产资源？生产和设备的成本是多少？企业是买设备还是租设备？解释清楚与产品组装、储存以及发送有关的固定成本和变动成本的情况。计划中应列出打算开展广告、促销以及公共关系活动的地区,广告的方式,分销渠道,促销活动方案。

（八）资金问题

在商业计划书中要明确资金的具体范围,其中包括两方面,一方面是需要多少钱,另一方面是能赚多少钱。需要多少钱是从成本的角度进行分析的,生产产品的成本包括原材料、机器、人工等,运营成本包括广告的投入、市场人员成本、促销活动的物料成本等。能赚多少钱从盈利角度来表现,包括盈利空间等。

二、商业计划书的构成内容

商业计划书要满足招商融资需求,全面了解、分析自己的企业,作为行动指导大纲,并且能够向合作者提供信息,其所含内容是非常广泛的。一份成功的商业计划书要做到内容完整、亮点突出、逻辑清晰、依据充分,具有较强的可行性。满足这些要求就需要对其内容进行打磨,首先要做到的是内容的完整性。较为完整的商业计划书应包括：企业概述,产品或服务信息,盈利模式,管理团队,市场与竞争分析,营销策略,财务情况与融资需求,风险分析,退出方式等。

（一）企业概述

企业情况更像一个"门面",无论是投资人还是合伙人首先看的都是企业的情况,因此,企业概述应是首要部分。这部分主要分为三方面,一是基本信息情况,包括公司名称、公司地址及联系方式。二是企业愿景,即宗旨与目标。在商业计划书的愿景中,总体目标的声明是公司考虑的重要步骤。此步骤将定义公司的目标并描述其预期的未来目标。商业计划书的作者应该明确公司的目标及定位,具体而言是勾勒出企业愿景,形成公司自己的"DNA",它定义了行业的核心意图及其一项或多项预期服务和产品。愿景是公司在相对较短的时间中的愿望或图景。因此,在提出商业计划的愿景时,必须在具体和广泛的愿景之间找到平衡。愿景计划不能太具体,也不能太宽泛,否则事情不太可能像预测的那样进行。三是过去的历史发展与未来发展的预测。公司过去的历史发展主要包括公司创意的来源、公司团队的负责人、公司发展的背景介绍以及公司整个历史发展轨迹及发展情况。其次是未来发展的预测,对未来发展的预测要考虑整个国家政策、行业发展的背景,不是单一的公司发展趋势。但在这里可以主要表现公司的竞争能力及优势情况,主要目的是让投资人及合伙人对企业产生信任,认可企业。

(二)产品或服务信息

全面了解企业的大体情况后,就要进一步确定企业的产品及服务,这是商业计划书比较重要的部分,一个好的产品能够快速吸引投资人的关注,让其产生兴趣。

产品基本信息的阐述主要包括产品的卖点、产品的需求、产品的服务以及产品的使用四个部分。一是产品的卖点,它是实现产品销售经营的重要元素,是优势及竞争力的具体体现。产品卖点的主要来源有两方面:产品本身的特色和营销打造。所以当产品本身主要的卖点不具竞争优势时,就要寻找方向进行营销打造。二是产品的需求,即产品的受众群体,也是产品能够在市场立足的基础,产品的卖点及特色要能够满足受众群体的需求。三是产品的服务,其中包括服务的性质、服务的直接对象、收费情况、使用服务的要求以及使用服务的方法。好的产品需要好的服务"增砖添瓦",才能够抓住消费者,获得认可。四是产品的使用,主要是特点的阐述、功能介绍、使用步骤以及相关的注意事项。

除产品的基本信息外,还要有产品的开发过程,产品的生命周期以及处于什阶段,产品的技术改进及更换计划等。这些都是需要进行介绍的内容。

对产品的分析可采用 VRIO 分析,它代表有价值(value)、稀有(rare)、难以模仿性(inimitability)、对组织有用(organization)。这种分析是分析公司服务或产品的具体的方法。在这里,珍贵与稀有并存。如果一个产品有其他替代品,那么与那些没有替代品的产品相比,它就不会那么有价值和稀有。以胰岛素为例,胰岛素是糖尿病患者的必需品,没有替代品,因此该产品珍贵而稀有。如果一家公司拥有其他公司无法模仿或创造的技术,那么它的产品将非常强大。最后,对组织有用是指在公司本身与其产品和服务之间建立联系。如果一家公司拥有出色的产品,但它对自己的公司没有贡献,那么它就毫无用处。

(三)盈利模式

投资者之所以愿意投资一个企业或一个项目,是因为投资后能够带给其收益,因此,企业的盈利模式是吸引投资者进行投资的关键内容。在此简单介绍一下企业常见的盈利模式:产品盈利、品牌盈利、系统盈利、收租盈利、资源盈利以及金融盈利等。

(1)产品盈利。产品盈利是大部分企业所采取的模式,依靠产品盈利的企业一般致力于产品的质量、创新及性价比创造优势,同时降低自己的成本,压低价格获得市场份额。例如小米手机,性价比较高,产品性能也不错,是众多消费者愿意选择的产品。

(2)品牌盈利。品牌盈利是借助品牌的影响力,带动产品的销售。品牌盈利卖的不是产品,而是品牌的影响力、品牌的文化。例如比较知名的奢侈品品牌古驰、爱马仕等,选择这些品牌的产品是因为背后的附加值、值得收藏、比较有面子等。

(3)系统盈利。系统盈利又称为整合盈利,是一个系统的盈利方式。例如连锁酒店如家、汉庭等,各大中小城市都遍布,标准化的管理系统带来了众多的用户,成为一种盈利方式。

(4)收租盈利。收租盈利又称为专利盈利。这种盈利模式是靠专利技术来实现的,包括著作权、版权等。例如小说,在改编为影视剧时是需要买版权的,对于作者来说这是一种盈利模式。

(5)资源盈利。资源盈利又称为垄断盈利,是通过掌握一定的核心资源进行垄断进而获得盈利的方式。例如,国家电网将电力资源垄断在企业中,获得资源盈利。

(6)金融盈利。金融盈利是指互联网公司拥有大量的用户及整合用户在平台中进行交易,能够实现金融盈利。例如支付宝、微信钱包等。

(四)管理团队

企业的竞争从根本上来看是人才的竞争。因此,一个优秀的团队对于企业来说非常重要。在商业计划书中,应对团队的成员介绍、特色展示、管理模式、工作模式进行逐一分析。

团队的成员介绍主要涉及团队的负责人是谁,具体成员有哪些。团队的特色展示应主要表现团队的整体定位、人才的互补优势、能力的全面性,展示团队的战斗力以及凝聚力的竞争优势。团队的管理模式主要从公司外脑的优势、人力资源管理优势等方面介绍。团队的工作模式主要涉及工作内容的分工、工作培训计划、具体工作内容。

(五)市场与竞争分析

市场与竞争分析分为两个方面,一个是市场分析,另一个是竞争分析。

对于市场的分析,要解决以下问题:什么是细分市场,目标客户群有哪些,现在拥有多大的市场,目标市场份额有多大,市场竞争情况,以及市场的预测。

竞争分析主要是对竞争对手进行分析。明确竞争对手、竞争对手所处的市场地位以及采用的市场策略。要了解一家公司的竞争地位可以从几个维度进行分析,包括成本、服务、产品质量和创新。为了确定公司的哪个组成部分将决定它的实力,必须知道该公司在每个领域都在做什么。

在这里,可以采用SWOT分析法,分析企业优势、劣势、机会和威胁。它是一种用于评估企业绩效、竞争能力、风险和潜力的分析工具。在SWOT分析中,撰写者必须通过四个维度以及公司战略来分析其公司。首先,评估公司的优势。为避免重复,这里的优势不应该涉及产品或服务的具体优势,而应谈论公司具有优势的领域。这些部门可以进行产品开发和研发,研发包括:公司为创新和推出新产品及服务而进行的活动;生产、制造和采购;销售和营销;售后服务;行政或财务。同样,也应分析企业劣势。此外,由于公司的优势,机会可能是可以使公司变得更好的机会,威胁可能是由于公司的劣势而发生的事件。

（六）营销策略

在制定营销策略前,首先要确定并介绍公司的战略,这是实现总体目标的行动计划。在商业计划中,战略表明公司的行动计划,用于推动整个公司朝着其使命和愿景迈进。可以帮助企业进行战略管理的一些指导方针可能是:以绩效为导向、持续、动态但不是静态的、考虑现在和未来、关心公司内部和外部、满足利益相关者等。

确定好公司的战略,即可进行营销策略的制定及分析。营销策略可以从产品促销策略、渠道策略、价格策略、广告营销策略及推广营销策略进行分析。

（七）财务情况与融资需求

1. 财务情况

在商业计划书中应表明企业的财务情况,企业经营活动的成果在资金方面的反映,查看资金占用和资金来源之间在企业项目上的对比,观察资金占用及其来源是否合理。这里主要强调过去三年的财务情况和未来投资计划。过去三年的财务情况主要包括过去三年的现金流量表、资产负债表、损益表以及年度财务总结报告书。未来投资计划主要包括:预计的风险投资数额,筹资资本结构如何安排,获取风险投资的抵押及担保条件,投资收益和再投资安排,投资资金的收支安排,投资者介入公司经营管理的程度等。

2. 融资需求

要列出资金需求计划、所需要的资金额、需求时间,以及需要详细说明资金用途。还需要给出融资方案,包括投资人所占的股份情况、资金的使用范围,以及融资渠道来源等。

（八）风险分析

只有对风险进行有效评估和分析,才能让投资者放心投资。商业计划书的风险分析涉及不确定因素可能带来的资金损失情况。不确定因素主要有风险出现的不确定、风险时间的不确定、风险结果的不确定。对于风险分析要分析可能出现的风险因素、风险事件、风险损失。对于风险的考虑要从自然角度和人为角度分别进行。

在商业计划书中要注重风险管理的内容阐述,根据流程识别风险内容,确定风险类型,度量风险后果,制订对应计划,选择相关措施,实施处理方案。

（九）退出方式

风险投资后的退出方式有四种,分别是上市退出、并购退出、回购退出以及清算退出。商业计划书中要详细说明后期资金的退出措施,给予投资人余地。退出措施分为两种,一种是项目失败的退出措施,另一种是项目成功的退出措施。项目失败的退出措施以资本保本为目标进行展示,安排上应把投资人的损失降到最低。项目成功的退出措施以上市、并购、回购为主,向投资人展示成功所带来的收益。

三、商业计划书的实战案例

本章的最后用来介绍一些[①]商业计划书的实战案例，以及撰写商业计划书需要注意的地方。当然，不同的投资人对不同的商业计划书的想法和观点大不相同，本章的重点主要是帮助投资人更加深入地理解商业计划书的撰写和使用方法。在撰写商业计划书时需要找到自己的风格，力求更适合自己，找到自己的逻辑思路，最终能够达到撰写和使用商业计划书的目的。

第六章：市场销售推广与服务

第七章：公司团队与管理

第八章：融资需求与使用

第九章：历年经营状况及分析

第十章：未来5年的财务预测

第十一章：项目的投资价值

图 10-2　传统目录

（一）目录

下面将对两份商业计划书的目录进行比较，两个案例所呈现的质量完全不一样。商业计划书的目录要表现出商业计划书的重点，以及能够吸引到投资者或者阅读者的地方。如图 10-2 所示，这份目录比较中规中矩，没有什么大的问题，但是不能够从目录上看到亮点。这样的商业计划书很可能无法给阅读者留下好的印象，并且很有可能让投资人不想继续看下去。再看图 10-3 的目录，非常有亮点，是"无处不在"的自我推销，并且也突出了重点，能够第一时间抓住阅读者的眼球。

第4章　主要产品

  4.1　项目定位

    4.1.1　文化定位：引领"食上（时尚）健康"轻奢风

    4.1.2　客户定位：锁定高端消费群体

    4.1.3　地域定位：以点带面，全面发展

  4.2　产品内容介绍

    4.2.1　产品理念

    4.2.2　已有产品内容：每一件食材，都"鲜"到窒息

    4.2.3　即将规划的产品："成品、半成品食材"让懒人坐享其成

图 10-3　更新后的目录设置

（二）内容细节

1. 市场分析

市场分析无疑是商业计划书的重点部分，很关键的一点在于落点要在项目本身，重心不能偏移。市场的规模有多大？要拿到多少份额？用户是什么样的？又动了谁的奶酪？怎样解决重点问题？以用户定位为例，如表 10-1 所示，这是一个确定的用户情况，在市场分析中一定要给出用户画像，精准将消费者划分出来。很重要的一点是在给用户画像时一定不能全凭自己的主观去判断，要适时使用一些客观数据，并且要着眼于目标用户与项目的匹配度，从而去论证市场的可行性。

---

① 吕森林.创业从一份商业计划书开始[M].北京：电子工业出版社，2019.

表 10-1　用户情况

有机农产品主要消费群体	大众富裕阶层
高收入群体	年家庭总收入 77.4 万元,家庭总支出 39.8 万元,符合条件
30 岁以上	30 岁以上人群占 81%,符合条件
育有小孩	14%家庭育有二孩,子女平均年龄为 16.5 岁,符合条件

2. 战略规划

在进行战略规划时,一定要注重远近结合,有近期的规划,也要展望未来,而不是单纯地描述未来的情况。其中需要明确近 3 年的目标是什么,要明确每一年甚至每个季度的任务,要有数字等依据进行支撑。要清楚中远期的图景是什么样的,要有清晰的蓝图。在此以图 10-4 和表 10-2 进行对比分析。可以清楚地发现图 10-4 所做的战略计划存在目标维度不清晰、量化程度低、缺乏依据等问题,没有相关数据进行支撑,这样的战略很大可能只是空想,并且看起来可信度较低。而表 10-2 的战略计划详细,有数据进行支撑,将任务量化也更直观。这就需要注意在撰写商业计划书时要注重数据的使用,尤其是在战略规划板块。

> 4.4.3 战略实施计划
>
> 　　2015年起,××进入战略起航、扩张和腾飞的关键阶段,根据市场发展现状和自身实际情况,战略实施计划如下。
>
> 　　1.2015年
> 　　(1)阶段目标:完成平台搭建,聚集首批用户。
> 　　(2)阶段工作重点:
> 　　　市场框架建设:2015年10月启动首批样板地区的加盟招商工作。
> 　　　股权融资:启动天使轮融资。
> 　　　资本市场运作:2015年下半年进入上市孵化通道,最快可于2015年9月底在上海股权交易中心Q板完成挂牌。
> 　　　平台建设:2015年10月前,推出十里讯购App(iOS和安卓系统)。
> 　　　品牌传播:在样板地区本地论坛、生活服务公众号等媒体以及餐饮、写字楼等场所中展开高强度的造势。
>
> 　　2.2016年
> 　　(1)阶段目标:成为四川省知名社区O2O电商平台。
> 　　(2)阶段工作重点:

图 10-4　战略计划

表 10-2　更新后的战略计划

序号	项目	单位	2017 年	2018 年	2019 年	2020 年及以后
1	星级会员数量(累计)	人	3 000	15 000	50 000	从中高端向大众渗透
2	至尊会员数量(累计)	人	50	150	300	自然增长
3	覆盖地区	—	四川省及周边省份	一线城市及经济发达省份	全国	进军全球

（三）商业计划书的 PPT 演示

1. 不能套用模板

正如我们前面提到的,商业计划书的存在是透过逻辑的阐述将相关数据、资料传递给投资人,向投资人全面展示公司状况、未来发展潜力的材料。之所以要用 PPT 来呈现 BP,是因为相对于冗长的文稿,投资人可以用最短时间读懂项目亮点、数据模型、商业模式、运营数据等内容,这意味着这份 PPT 很重要。传统的做法是在网上找大量的商业计划书 PPT 模板,但事实是这类 PPT 模板除了劣质之外,并不能精确传递商业计划书的逻辑。因为没有一家企业的商业模式是雷同的,同样也没有一家企业的运营数据是雷同的,面对行业不同、投资人不同,这份 PPT 承载的内容也不尽相同。因此,必须精准设计自己的 PPT。

2. 拒绝噱头

案例 10-1　国福家庭保险销售服务公司:商业计划

不能套用模板,要精准设计,但这里不包括使用大量的效果模式。花里胡哨的版面设计会让人感觉莫名其妙,故作聪明的文字游戏也会让人愤怒。吸引力不等于噱头,尽量写一些有张力的句子,并且少用一些专业术语。

 思政课堂

以毛泽东为代表的中国共产党人,在领导中国革命和建设的过程中,第一次实现了马克思主义中国化,创立了毛泽东思想。同时,毛泽东在探索适合中国的道路的过程中完成了大量的著作。他在 1925 年写出了《中国社会各阶级的分析》,主要分析了中国资产阶级的特殊情况,科学地将其划分为买办资产阶级和民族资产阶级,指出各自的政治态度,也指出了国民革命的中心问题是农民问题,揭示了中国革命的对象,并且提出"谁是我们的敌人?谁是我们的朋友?这个问题是革命的首要问题"。同样,《中国社会各阶级的分析》对商业计划书的撰写也具有借鉴意义。全面了解实际情况,先认清自己,再认清对手。不仅如此,毛泽东于 1935 年所创作的《论反对日本帝国主义的策略》阐明了与民族资产阶级建立统一战线的可能性,分析了买办资产阶级发生分裂和变化的可能性。这属于策略的范畴,对于商业计划书来说就是如何做的问题。

中国革命在不断探索尝试的过程中前进,也进行了详尽的统筹规划。中国共产党人将马克思主义基本原理与中国实践相结合,将毛泽东思想作为一切工作的指针,制定出适合中国国情、符合中国人民利益的纲领、路线、方针和政策,为中国人民的斗争指明了正确的方向。

 本章课后习题

一、名词解释

1. 商业计划书

2. 提交计划书

二、简答题

1. 简述商业计划书的主要用途。

2. 简述商业计划书的要素。

3. 简述商业计划书的构成内容。

三、技能实训题

根据本章所提出的商业计划书的相关内容,请你收集关于支付宝的相关信息,写出其商业计划书的思维导图。

即 测 即 练

参 考 文 献

[1] 蒂尔,马斯特斯.从 0 到 1:开启商业与未来的秘密[M].北京:中信出版社,2015.

[2] 霍夫曼.让大象飞:激进创新,让你一飞冲天的创业术[M].北京:中信出版社,2017.

[3] 施莱辛格,基弗,布朗.创业:行动胜于一切[M].北京,北京大学出版社,2017.

[4] 霍夫曼.穿越寒冬:创业者的融资策略与独角兽思维[M].北京:中信出版社,2020.

[5] ASANTE E A,AFFUM-OSEI E. Entrepreneurship as a career choice: the impact of locus of control on aspiring entrepreneurs' opportunity recognition[J]. Journal of business research, 2019, 98(MAY): 227-235.

[6] BELITSKI M,GRIGORE A M,BRATU A. Political entrepreneurship: entrepreneurship ecosystem perspective[J]. International entrepreneurship and management journal, 2021(17): 1973-2004.

[7] BHATTACHARYA U,HSU P H,TIAN X,et al. What affects innovation more: policy or policy uncertainty? [J]. Journal of financial & quantitative analysis, 2017, 52(5): 1869-1901.

[8] BOCKEN N,SNIHUR Y. Lean startup and the business model: experimenting for novelty and impact[J]. Long range planning, 2020, 53(4): 101953.

[9] COSTA S F,SANTOS S C,WACH D,et al. Recognizing opportunities across campus: the effects of cognitive training and entrepreneurial passion on the business opportunity prototype[J]. Journal of small business management, 2018, 56(1): 51-75.

[10] DEMBEK K,YORK J,SINGH P J. Creating value for multiple stakeholders: sustainable business models at the base of the pyramid[J]. Journal of cleaner production, 2018, 196(PT. 863-1704): 1600-1612.

[11] EL SHOUBAKI A,LAGUIR I,DEN BESTEN M. Human capital and SME growth: the mediating role of reasons to start a business[J]. Small business economics, 2020, 54(4): 1107-1121.

[12] FERREIRA C C. Experiential learning theory and hybrid entrepreneurship: factors influencing the transition to full-time entrepreneurship[J]. International journal of entrepreneurial behaviour & research, 2020,26(8): 1845-1863.

[13] FIORE E, SANSONE G, PAOLUCCI E. Entrepreneurship education in a multidisciplinary environment: evidence from an entrepreneurship programme held in Turin[J]. Administrative sciences, 2019,9(1): 1-28.

[14] GOERZEN A. Small firm boundary-spanning via bridging ties: achieving international connectivity via cross-border inter-cluster alliances[J]. Journal of international management,2018, 24(2): 153-164.

[15] GUO H,TANG J,SU Z,et al. Opportunity recognition and SME performance: the mediating effect of business model innovation[J]. R & D management, 2017,47(3): 431-442.

[16] FU H,OKUMUS F,WU K,et al. The entrepreneurship research in hospitality and tourism[J]. International journal of hospitality management, 2019(78): 1-12.

[17] IGWE P A,ODUNUKAN K,RAHMAN M,et al. How entrepreneurship ecosystem influences the development of frugal innovation and informal entrepreneurship? [J]. Thunderbird international business review, 2020,62(5): 475-488.

[18] KUMP B,ENGELMANN A,KESSLER A,et al. Toward a dynamic capabilities scale: measuring organizational sensing, seizing, and transforming capacities[J]. Industrial and corporate change, 2019, 28(5): 1149-1172.

[19] LI Z,DING T,LI J. Entrepreneurship and economic development in China：evidence from a time-varying parameters stochastic volatility vector autoregressive model[J]. Technology analysis and strategic management，2015，27(6)：660-674.

[20] CARDON M S，et al. Entrepreneurial passion as mediator of the self-efficacy to persistence relationship[J]. Entrepreneurship：theory & practice，2015，39(5)：1027-1050.

[21] OO P P,SAHAYM A,JUASRIKUL S,et al. The interplay of entrepreneurship education and national cultures in entrepreneurial activity：a social cognitive perspective [J]. Journal of international entrepreneurship，2018，16(3)：398-420.

[22] ORMISTON J,THOMPSON N A. Viewing entrepreneurship "in motion"：exploring current uses and future possibilities of video-based entrepreneurship research[J]. Journal of small business management，2021，59(5)：976-1011.

[23] PATHAK S. Contextualizing well-being for entrepreneurship[J]. Business & society，2021，60(8)：1987-2025.

[24] PRASHANTHAM S,FLOYD S W. Navigating liminality in new venture internationalization[J]. Journal of business venturing，2019，34(3)：513-527.

[25] MARTÍNEZ-GREGORIO S，BADENES-RIBERA L，OLIVER A. Effect of entrepreneurship education on entrepreneurship intention and related outcomes in educational contexts：a meta-analysis[J]. The international journal of management education，2021，19(3)：100545.

[26] SOETANTO D，HUANG Q，et al. Obstacles, networking approaches and entrepreneurial network changes[J]. European management review：the journal of the European Academy of Management，2018，15(2)：171-189.

[27] SYMEONIDOU N，NICOLAOU N. Resource orchestration in start-ups：synchronizing human capital investment，leveraging strategy，and founder start-up experience ［J］. Strategic entrepreneurship journal，2018，12(2)：194-218.

[28] WALTER S G,BLOCK J H. Outcomes of entrepreneurship education：an institutional perspective [J]. Journal of business venturing，2016，31(2)：216-233.

[29] ALRAWADIEH Z，et al. Exploring entrepreneurship in the sharing accommodation sector：empirical evidence from a developing country[J]. Tourism management perspectives，2018，28：179-188.

[30] 弗拉姆豪茨,兰德尔.企业成长之痛：创业型企业如何走向成熟[M].北京：清华大学出版社,2011.

[31] 卑立新,焦高乐.互联网商业环境下创业企业技术创新与商业模式创新的迭代式共演研究[J].管理学刊,2021,34(3):89-104.

[32] 陈勇.猎头之道：成长创业与事业长青[M].北京：中国人民大学出版社,2021.

[33] 陈雨萌.论中国共产党精神谱系中的创业传统[J].思想教育研究,2021(6):95-98.

[34] 陈哲,张晓晴,张弛,等.创新型科技企业创业团队素质与公司成长间关系的实证研究——以中国"新三板"挂牌的软件和信息技术服务业公司为例[J].投资研究,2019,38(7):95-104.

[35] 成长群.激励更多科研人员创新创业[N].人民日报,2020-08-10(19).

[36] 习近平在2021年中国国际服务贸易交易会全球服务贸易峰会上的致辞[EB/OL].(2021-09-02).https://www.12371.cn/2021/09/02/ARTI1630586883080854.shtml.

[37] 中华人民共和国国民经济和社会发展第十三个五年规划纲要（全文）[EB/OL].http://www.12371.cn/special/sswgh/.

[38] 中华人民共和国国民经济和社会发展第十四个五年规划和2035年远景目标纲要[EB/OL].(2021-03-13).https://www.12371.cn/2021/03/13/ARTI1615598751923816.shtml.

[39] 华超.MR.HUA 创业手记：从 0 到 1 的"华式"创业思维[M].北京：中国海关出版社，2016.

[40] 吉云.风险投资进入能提升创业型企业的创新绩效吗？[J].科学学与科学技术管理，2021,42
(5)：32-50.

[41] 蒋兵,张文礼,程钧谟.新创企业创业制度环境、创业拼凑与商业模式创新研究——基于决策偏好
的调节效应[J].软科学，2021,35(9)：124-130.

[42] 卡尔森.关键时刻 MOT：Moments of truth[M].韩卉，虞文军，译.北京：中国人民大学出版
社，2010.

[43] 科克雷尔.卖什么都是卖体验[M].北京：中信出版社，2014.

[44] 李鸿磊,柳谊生.商业模式理论发展及价值研究述评[J].经济管理，2016,38(9)：186-199.

[45] 李姗姗,黄群慧.社会创业导向、跨界搜索与社会企业绩效：市场环境的调节作用[J/OL].科技进
步与对策，2022,39(2)：10[2021-11-01].http://kns.cnki.net/kcms/detail/42.1224.G3.20210528.
1001.010.html.

[46] 李书玲.寻找规律：中国企业常见管理问题的本质理解与应对思路[M].北京：机械工业出版
社，2013.

[47] 李颖,赵文红,杨特.创业者先前经验、战略导向与创业企业商业模式创新关系研究[J].管理学
报，2021,18(7)：1022-1031,1106.

[48] 林羽霄,贾绪计,罗良.中国创业型民营企业家的创造力结构及影响因素研究[J].北京师范大学
学报(社会科学版)，2021(5)：56-67.

[49] 吕森林.创业从一份商业计划书开始[M].北京：电子工业出版社，2019.

[50] 拉马努詹,塔克.创新变现：以价格为核心的产品设计策略[M].北京：中国人民大学出版
社，2018.

[51] 马鸿佳,吴娟,郭海,等.创业领域即兴行为研究：前因、结果及边界条件[J].管理世界，2021,37
(5)：15,211-229.

[52] 马天女,路京京,王西.创业型经济发展与城乡收入差距——基于不同创业类型的探讨[J].经济
问题探索，2021(10)：27-34.

[53] 沃特金斯.创始人[M].北京：中信出版社，2016.

[54] 庞长伟,王琼,刘丽雯.创业企业高管团队认知与新颖型商业模式创新——被调节的中介效应
[J].研究与发展管理，2021,33(4)：97-110.

[55] 秦兰,胡芬,王国红,等.创业者创业激情影响机会识别的内在机理——基于过程视角的多案例分
析[J].管理案例研究与评论，2021,14(3)：295-308.

[56] 邱泽奇,乔天宇.组织退出：生命周期还是企业家自主选择？——淘宝平台上小型电商创业组织
的研究[J].社会学评论，2021,9(5)：42-64.

[57] 石泽杰.开放式战略[M].北京：中国经济出版社，2015.

[58] 麦克里斯特尔,等.赋能：打造应对不确定性的敏捷团队[M].北京：中信出版社，2017.

[59] 孙凯,王振飞,鄢章华.共享经济商业模式的分类和理论模型——基于三个典型案例的研究[J].
管理评论，2019,31(7)：97-109.

[60] 孙陶然.有效管理的 5 大兵法[J].金融言行：杭州金融研修学院学报，2019(10)：82.

[61] 孙陶然.创业 36 条军规[M].北京：中信出版集团，2015.

[62] 孙秀梅,高德芳,宋剑锋.创业者行业经验、资源整合与商业模式创新性[J].华东经济管理，2021,
35(5)：61-70.

[63] 汪志谦,朱海蓓.峰值体验：影响用户决策的关键时刻[M].北京：中信出版社，2021.

[64] 王烽权,江积海.跨越鸿沟：新经济创业企业商业模式闭环的构建机理——价值创造和价值捕获
协同演化视角的多案例研究[J/OL].南开管理评论：1-30[2021-11-01].http://kns.cnki.net/
kcms/detail/12.1288.f.20211014.1503.002.html.

[65]　王美钰,李勇泉,阮文奇.民宿创业成功的关键要素与理论逻辑:基于扎根理论分析[J/OL].南开管理评论:1-19[2021-11-01].http://kns.cnki.net/kcms/detail/12.1288.F.20210930.1512.002.html.

[66]　王清宪,徐锦庚.助力企业家完成创业"剧本"[N].人民日报,2020-01-06(5).

[67]　王庆金,周键,周雪.创业环境、创业警觉性与新创企业绩效关系研究[J].东岳论丛,2019,40(7):140-148.

[68]　王旭娜,谭清美.互联网背景下平台型商业模式价值创造分析[J/OL].科研管理:1-9[2021-11-01].http://kns.cnki.net/kcms/detail/11.1567.G3.20210910.1638.037.html.

[69]　王政,欧阳洁.为中小企业发展保驾护航[N].人民日报,2021-10-14(10).

[70]　卫武,赵璇.众创空间平台开放度对在孵企业商业模式创新的影响研究[J].软科学,2021,35(8):128-133.

[71]　魏炜,朱武祥.发现商业模式[M].北京:机械工业出版社,2009.

[72]　吴昊.SaaS创业路线图:to B产品、营销、运营方法论及实战案例解读[M].北京:电子工业出版社,2020.

[73]　习近平.在深圳经济特区建立40周年庆祝大会上的讲话[N].人民日报.2020-10-14(2).

[74]　萧然.厚植企业创新创业的沃土[N].人民日报,2019-11-06(18).

[75]　新华社记者.百年青春心向党 矢志建功新时代[N].人民日报,2019-05-04(1).

[76]　杨兰品,韩学影.营商环境优化对创业质量的影响效应　基于SDM模型的实证研究[J].华东经济管理,2021,35(7):56-65.

[77]　张永强,吴广昊,田媛.创业失败、再创业决策与再创业绩效[J/OL].南方经济:1-21[2021-11-01].https://doi.org/10.19592/j.cnki.scje.381320.

[78]　赵坤,荆林波,孙锐,等.创业企业韧性如何促进新产品开发?——资源保护理论视角下的单案例研究[J].技术经济,2021,40(5):133-145.

[79]　朱平芳,王永水,李世奇,等.新中国成立70年服务业发展与改革的历史进程、经验启示[J].数量经济技术经济研究,2019,36(8):27-51.

[80]　周航.重新理解创业:一个创业者的途中思考[M].北京:中信出版集团,2018.

[81]　周鸿祎.极致产品[M].北京:中信出版社,2018.

[82]　周文斌,后青松.创业投资税收优惠政策与创投企业资金流向[J].税务研究,2021(7):44-51.

[83]　周翼翔.新创企业创业政策效果模型构建及评估:"供-需"匹配和感知价值视角[J/OL].科研管理:1-17[2021-11-01].http://kns.cnki.net/kcms/detail/11.1567.g3.20211001.1931.014.html.

[84]　左文明,陈华琼.分享经济模式下基于TRIZ理论的服务创新[J].南开管理评论,2017,20(5):175-184.

后 记

"这是一个最好的时代",在服务需求加速增长、服务领域改革持续推进、服务创新能力提升、产业融合不断深化等动力作用下,服务业领域创业的机遇千载难逢,"大众创业、万众创新",人人皆可成为创业人。但"这也是一个最坏的时代",因为行业边界正在逐渐消融,中小型企业间的竞争不断加剧,创业者要抓紧机会、做出自己的特色、保持可持续发展是十分艰难的。

传统的营销理论框架是否适应日新月异的现代服务业的实践变化?创业者应当如何开启自己的服务业领域的奋斗史?带着这些思考,我们开启了对服务创业管理的探索。

山再高,往上攀,总能登顶;路再长,走下去,定能到达。书稿的完成不是句号,我们对服务创业管理的思考才刚刚开始。

在本教材的编写和修订过程中,要特别感谢中南财经政法大学营销管理系的同人们,感谢姚梦蓉、廖婧萍、王宜凡和郭芯蕊,他们不同程度地参与了该教材的编写、资料收集和讨论,其中姚梦蓉负责第三、七章,廖婧萍负责第五、六章,王宜凡负责第二章,郭芯蕊负责第四、十章。尽管我们对本教材的内容进行了多次修改,但不足之处在所难免。诚恳地欢迎广大营销管理理论和实践的工作者批评指正,欢迎读者们提出宝贵的意见。

编 者

2022 年 4 月于中南财经政法大学

延 伸 阅 读

教师服务

感谢您选用清华大学出版社的教材！为了更好地服务教学，我们为授课教师提供本书的教学辅助资源，以及本学科重点教材信息。请您扫码获取。

▶▶ 教辅获取

本书教辅资源，授课教师扫码获取

▶▶ 样书赠送

创业与创新类重点教材，教师扫码获取样书

 清华大学出版社

E-mail: tupfuwu@163.com
电话：010-83470332 / 83470142
地址：北京市海淀区双清路学研大厦 B 座 509

网址：http://www.tup.com.cn/
传真：8610-83470107
邮编：100084